Reinhold Messner

Gasherbrum

Reinhold Messner

Gasherbrum

Der leuchtende Berg

Mit 24 Seiten Farbbildteil,
37 Schwarz-Weiß-Bildern,
6 Zeichnungen und einer Karte

Mehr über unsere Autoren und Bücher:
www.malik.de

Bibliografische Information der Deutschen Nationalbibliothek
Die Deutsche Nationalbibliothek verzeichnet diese Publikation in der
Deutschen Nationalbibliografie; detaillierte bibliografische Daten
sind im Internet über http://dnb.d-nb.de abrufbar.

MALIK NATIONAL GEOGRAPHIC

Aktualisierte Taschenbuchausgabe
Piper Verlag GmbH, München
Oktober 2010
© Piper Verlag GmbH, München 2008
Diese Ausgabe basiert in Teilen auf dem Buch: Reinhold Messner, *G I und G II.*
Herausforderung Gasherbrum, BLV-Verlag, München.
Umschlaggestaltung: Dorkenwald Grafik-Design, München
Umschlag- und Innenteilfotos: Archiv Reinhold Messner, mit Ausnahme
der Abbildungen S. 289 und 290: Archiv Karl Unterkircher
Autorenfoto: Peter von Felbert
Karte: Anneli Nau, München
Satz: Büro Sieveking, München
Papier: Naturoffset ECF
Druck und Bindung: CPI – Clausen & Bosse, Leck
Printed in Germany   ISBN 978-3-492-40396-2

Das Papier wurde aus chlorfrei gebleichtem Zellstoff hergestellt.

Inhalt

Der Name Gasherbrum setzt sich aus den Balti-Worten *rgasha* (schön) und *brum* (Berg) zusammen. Angesichts der überwältigenden Schönheit, wenn die Westwand des Gasherbrum IV in der Abendsonne erstrahlt, wird das Felsmassiv auch als der »leuchtende Berg« bezeichnet – ein Name, der sich auf alle Gasherbrums überträgt.

Ein schöner Name für diese edel geformten Riesenpyramiden.
GÜNTER O. DYHRENFURTH, 1934

*Der menschliche Materialismus ist doch noch
lange nicht so verheerend wie der Idealismus
der Menschen.*

GÜNTER O. DYHRENFURTH

Vorwort – Der entscheidende Schritt

17 Jahre nach der ersten Besteigung des Gasherbrum I, auch Hidden Peak genannt, gelang mir 1975 mit Peter Habeler die zweite Besteigung dieses Achttausenders. Wir folgten einer neuen Route durch die schwierige Nordseite, verzichteten auf den Einsatz von Hochträgern, Fixseilen, Sauerstoffgeräten und vor allem auf Hochlager. Damit verabschiedeten wir uns endgültig vom üblichen Expeditionsstil, der in mehreren Seilschaften und in Etappen, von Hochlager zu Hochlager, vorgetragen worden war.

Schon Herbert Tichy hatte sich 1954 bei der Erstbesteigung des Cho Oyu von der teuren und schwerfälligen Art der Himalaja-Expedition abgesetzt. Er reiste mit nur 600 kg Expeditionsgepäck, zwei Freunden und einigen Sherpas an, bezog die Verpflegung seiner Expedition direkt aus dem Lande, baute wenige Hochlager auf und verzichtete auf Aufstiegshilfen. Zu dritt (Herbert Tichy, Sepp Jöchler und Pasang Dawa Lama) erreichten sie den Gipfel.

Es war dann Hermann Buhls Idee, der am Broad Peak 1957 keine Hochträger mehr einsetzte, die das Höhenbergsteigen weiter vorantrieb. Mit 2000 kg Expeditionsgepäck, wenigen Fixseilen am Berg und nur drei Hochlagern bezwangen alle vier Expeditionskameraden (Marcus Schmuck als Expeditionsleiter, Fritz Wintersteller, Kurt Diemberger und Hermann Buhl) den Gipfel.

Damit war der Moment für den letzten und entscheidenden Schritt zum Alpinstil an den Achttausendern gekommen. Peter Habeler und

G III und G I von Norden gesehen. Der G II ist zwischen den beiden Gipfeln versteckt.

ich konnten ihn tun, indem wir zuletzt auch auf die Hochlager verzichteten. Mit nur 200 kg Expeditionsgepäck und einem Minibudget gelang der Hidden Peak über eine bis dahin unbegangene Route – ohne jede Fremdhilfe oder Expeditionslogistik. In der Geschichte des Höhenbergsteigens war das eine Sensation, ja eine Revolution. Denn damit hatten wir den Beweis erbracht, dass es möglich ist, auch mit einem Minimum an Ausrüstung die höchsten Gipfel zu erreichen. Fortan wusste ich, dass ich alle meine Reisen zu den interessanten Bergen der Welt selbst finanzieren und organisieren konnte. Ein Meilenstein in einer Zeit, in der nur mit erheblicher Mühe große Geldsummen für eine Achttausenderbesteigung aufzutreiben waren – eine Grundvoraussetzung für das Umsetzen neuer Ideen.

Jede Generation kann ihre Welt und ihr Tun neu erfinden. Meist geht die Entwicklung aber nicht mit großen Schritten, sondern in mehreren fehlertoleranten Wagnissen von sich. Durch Versuch und Irrtum erst lernen wir, was an der Grenze zum Unmöglichen gerade noch möglich ist. Das gilt auch für das Höhenbergsteigen.

Einige meiner Kritiker aber, von denen es immer sehr viele gab, teilen diese Ansicht bis heute nicht uneingeschränkt. So wurde mein Stil, auf die Achttausender zu steigen, zur Verteidigung folgendermaßen kommentiert: »Die gegenwärtige Richtung beim Höhenbergsteigen wurde unzweifelhaft im Sommer 1975 vorgegeben, als Reinhold Messner und Peter Habeler eine neue Route auf einen 8068 Meter hohen Nachbarn des K2 eröffneten, den Hidden Peak, und zwar ohne Flaschensauerstoff, Hilfsteam, Fixseile, die Kette zuvor eingerichteter Lager und ohne andere Belagerungstaktiken, wie sie bisher im Himalaja üblich waren. Messner nannte diesen mutigen neuen Stil kurz und prägnant Bergsteigen ›by fair means‹ – mit fairen Mitteln – und brachte damit zum Ausdruck, dass es unredlich sei, einen Berg auf andere Art zu besteigen.«

So streng bin ich nicht, aber wer den jeweils nächsten Schritt setzen will, muss den Weg seiner Vorgänger kennen. Deshalb erzähle ich die Geschichte der leuchtenden Berge nach. Ich beginne mit den ersten Versuchen an den Gasherbrums, berichte von der Erstbesteigung des Hidden Peak und von der Geburt meiner Idee, einen Achttausender zu zweit im Alpinstil anzugehen, die mir während der gescheiterten Großexpedition an der Lhotse-Südwand immer klarer vor Augen trat. Zusammen mit Peter Habeler konnte ich diese Vision dann erfolgreich am reizvollen G I umsetzen. Enden möchte ich meine Geschichte der Gasherbrums mit den Versuchen und dem Wagnis, die geheimnisvollen Ostflanken von G I und G II zu meistern. Was der Südtiroler Karl Unterkircher 2007 am Nordostpfeiler des Gasherbrum I gewagt hat, ist einmalig. Viele Stunden lang kletterte er mit seinen Kameraden unter gewaltigen Séracs. Unter maximaler Exposition! Die Gefahren waren enorm! Die drei aber hatten Glück und gewannen. Ihre neue Route sollte nie wiederholt werden!

Wer heute, 50 Jahre nach den großen Erfolgen der Erstbesteiger mit dem Höhenbergsteigen beginnt, dem stehen auf der Grundlage eines enormen Erfahrungsschatzes unendlich viele Möglichkeiten offen, weiter und immer weiter an das »Jenseitige« heranzukommen.

Nur unter Einsatz unserer letzten persönlichen
Spargroschen und Kredit-Möglichkeiten gelang
es mit äußerster, wirklich verzweifelter Anstren-
gung, die Expedition vor dem Zusammenbruch
zu retten und zum Abschluss zu bringen.

GÜNTER O. DYHRENFURTH, 1935

G I – Der erste Versuch 1934

Es war 1934, als die »Internationale Himalaya-Expedition« unter
der Leitung von Günter O. Dyhrenfurth den Baltoro-Gletscher er-
forschte, mit dem Ziel, erstmalig den Gasherbrum I zu besteigen.
Dyhrenfurth, der als Erster die Idee des Achttausender-Bergsteigens
in Deutschland propagiert hatte, wollte mit dieser Unternehmung
ein Exempel setzen. Er führte seine Expedition zum oberen
Abschnitt des Abruzzi-Gletschers, wo man nach einem Weg zum
Gipfel suchte und schließlich den Aufstieg wagte. Der Versuch der
Besteigung des G I (8068 m) über den IHE-Sporn sollte allerdings
scheitern. Auch wenn Dyhrenfurth der Gipfelerfolg verwehrt blieb,
so machte sich seine Expedition insbesondere bei der Erkundung
der südlichen Gasherbrum-Gletscher und der Innenseite der Gasherbrum-Gruppe verdient. Unter seiner Führung wurde das Grenz-
gebiet zwischen Baltoro- und Siachen-Gletscher abgeschritten, um
die Übergangsmöglichkeit von einem Tal zum anderen zu prüfen,
wobei zwei Erstbesteigungen gelangen: alle vier Gipfel des Sia Kangri (»Queen Mary Peak« – Hauptgipfel 7422 m) sowie der SE-Gipfel
des Baltoro Kangri (»Golden Throne«, ca. 7250 m). Mit dieser Leistung waren die ersten Siebentausender im Karakorum-Himalaja
erobert. Ein sensationeller Erfolg, der durch seine Frau Hettie
Dyhrenfurth gekrönt wurde, die bei der Ersteigung des Sia-Kangri-

Lager am Rande des Baltoro-Gletschers. Dahinter ragen die Granitwände der Trango-Türme empor.

Westpfeilers (ca. 7315 m) einen bergsteigerischen »Höhenrekord« für das weibliche Geschlecht aufstellte – »Mem Sahib« wurde weltberühmt. Doch auch die einzigartige fotografische Ausbeute sowie der Spielfilm *Dämon Himalaja,* der während der Expedition gedreht wurde und die großartige Gebirgswelt Hochasiens in die deutschen Kinos brachte, trugen zum großen Erfolg dieser Reise bei. Trotz der Tatsache, dass er zum zweiten Mal an einem Achttausender (nach dem Versuch der Kantsch-Nordwand im Jahr 1930) gescheitert war, erwarb sich Professor Dyhrenfurth mit dieser Unternehmung das Renommee eines »Himalaja-Papstes«.

Bereits 1909 erkundeten Vittorio Sella und seine Kameraden die Chogolisa nahe der Gasherbrums.

Hidden Peak 1936

Das große Bergabenteuer im Himalaja begann im 19. Jahrhundert. In den Jahren 1921–1924 konzentrierte sich das Interesse auf den Mount Everest, bevor es sich später auf den Kangchendzönga verlagerte. 1929, 1930, 1931 scheiterten dort mehrere Expeditionen. 1932 nahmen unter der Leitung von Willy Merkl Deutsche und Amerikaner den Nanga Parbat, den A. F. Mummery bereits 1895 versucht hatte, gemeinsam in Angriff, und 1934 ereignete sich dort jene große Tragödie, die dem Berg gemeinhin die Bezeichnung »Schicksalsberg der Deutschen« einbrachte: Alfred Drexel, Willy Merkl, Willo Welzenbach, Uli Wieland und mehrere Sherpas kamen bei der Expedition ums Leben.

Auch die Gasherbrums lockten den eroberungswütigen Westen. 1936 brach erstmals eine französische Expedition zum G I auf, den man mittlerweile zum Hidden Peak umgetauft hatte – so versteckt tief liegt er im Karakorum. Unter der Leitung von Henry de Ségogne wollte man den »verborgenen Gipfel« mit seinen 8068 Meter Höhe bezwingen. Große Bergsteiger nahmen an dieser Unternehmung teil: Pierre Allain und Jean Leininger, die ihre Kletterkünste in Fontainebleau erworben hatten, sowie eine erprobte Mannschaft, zu der Louis Neltner, Jean Charignon, der Arzt Jean Arlaud und der Fotograf und Kameramann Marcel Ichac zählten. Es ist unbestritten, dass Ichac auf dieser Expedition Erstaunliches geleistet hat, obwohl er sich selbst in seiner Doppelrolle nicht wohlfühlte:

Blick vom Lager der Expedition von 1909 auf den Broad Peak

»Ich war Bergsteiger, aber kein besonders guter, und auch ein bisschen Kameramann. Nun ja, die Bergsteiger haben mich hauptsächlich als Kameramann gesehen, und die Filmleute hielten mich eher für einen Bergsteiger. Mit diesem Zwiespalt habe ich lange leben müssen!«

Doch mit den Bildern, die Ichac aus dem Himalaja zurückbrachte, legte er den Grundstein für seine filmerische Karriere, die später Millionen Zuschauern in Frankreich die Augen für eine unbekannte Welt öffnen sollte. Sein Film *Karakoram* über Srinagar, das »glückliche Tal« in Kaschmir, zeigt die grandiose Kulisse des Himalaja, die niemand mehr vergessen kann, der sie je gesehen hat. Bilder, so faszinierend und surreal wie von Jules Verne. Selbst 50 Jahre später schwärmte Marcel Ichac noch vom Karakorum: »Es ist eine phantastische Landschaft, der Baltoro-Gletscher, den ich die Champs-Élysées des Himalaja getauft habe. Stellen Sie sich einen Eis-Boulevard vor, ungefähr 60 Kilometer lang, unglaublich lang, und die Landschaft verändert sich nicht, auch wenn man den lieben, langen Tag marschiert.«

Und marschieren muss jede Expedition vor dem Klettern. Die Franzosen legten damals 500 Kilometer zurück. Mit einem riesigen Heer von Trägern, 800 an der Zahl – die eine Hälfte der Träger war nur dazu da, das Essen für die andere Hälfte zu transportieren –, ging es immer tiefer ins Gebirge hinein, immer höher hinauf. Damals wurden einheimische Träger zwar nicht mehr wie Sklaven angetrieben, aber doch ohne viel Zuneigung behandelt, galten die eingeborenen Baltis doch als primitive Wesen. So spottete Pierre Allain: »Einen Balti kann man zwei oder drei Meter weit riechen. Wenn es aber 50 Baltis sind, kann man sie 50 Meter weit riechen. Es riecht nicht einmal schlecht, ein ganz besonderer Duft, ein Geruch, so wie nach Kuh oder wie ein Pferd riecht. Es ist nicht exakt derselbe Duft, man riecht ja selbst nach Balti.«

Neben den Trägern waren 35 Sherpas mit von der Partie, die eigens 2000 Kilometer weit aus Darjeeling angereist waren. Diese erfahrenen Bergsteiger, von den Engländern auf früheren Expeditionen geschult, begleiteten die Herren aus Frankreich, ihre »Sahibs«, auf deren Erkundungs- und Eroberungszügen sowie am Berg. Im Gegensatz zu den bescheiden gekleideten Sherpas waren Pierre Allain und seine Landsleute wie Bergsteiger in den Alpen ausgerüstet: Baumwollhosen, Wollstrümpfe und Schuhe aus bestem Leder, die extra mit Triconi-Nägeln versehen worden waren, was ihr Gewicht deutlich erhöhte. Dazu kamen Daunenwesten, Pickel, Steigeisen und ein Gesichtsschutz gegen die Höhensonne. Ein Expeditionsteilnehmer von damals berichtete: »Wir hatten Hanfseile, die viel weniger biegsam waren als Nylonseile. Vor allem waren sie viel schwerer als moderne Seile, besonders bei Nässe.«

Als schließlich am 30. Mai 1936 der Aufstieg begann, stieß die Expedition bereits auf die ersten großen Schwierigkeiten: Ein Sporn von ungefähr 1500 Metern Höhe, der IHE-Sporn, den die Dyhren-furth-Expedition zwei Jahre zuvor entdeckt hatte, musste präpariert werden, da – wie damals bei allen Achttausender-Expeditionen üblich – systematisch Seile fix verlegt wurden, um den Lastentransport zu den einzelnen Hochlagern zu erleichtern. Doch das Gestein war brüchig, das Gelände gefährlich. Drei Wochen vergingen mit anstrengender Vorarbeit am gefährlichen Sporn, und immer wieder trieb schlechtes Wetter die Bergsteiger und Sherpas zurück ins Basislager. Pierre Allain, ein erfinderischer Geist, probierte im Kampf um einen zügigen Aufstieg alles Mögliche aus. Er verbesserte den Karabiner, perfektionierte das Sicherungsmaterial und übernahm die Expeditions-Logistik. Doch der Plan, rasch voranzugehen, fünf aufeinanderfolgende Camps zu errichten und die Schulter in 7069 Meter Höhe zu erreichen, scheiterte. Plötzliche Wetterumstürze, hervorgerufen durch tropische Winde aus Indien, machten den Männern das Leben schwer: Erst war der Himmel bedeckt, dann wieder der Berg in Wolken gehüllt, extreme Kälte fiel überraschend ein, und der Sturm riss die Zelte vom Boden. Zehn Tage lang steckten die Männer im Camp V, auf 6550 Meter Höhe, fest. Die Lebensmittel wurden knapp. Schließlich war es zu spät. Henry de Ségogne ordnete den sofortigen Rückzug an. Louis Neltner jedoch wollte sich noch nicht geschlagen geben; er verlangte, vom Abstiegsbefehl entbunden zu werden, um auf eigene Faust und Gefahr den Gipfel in Angriff zu nehmen. Über Radio – zum ersten Mal gab es Funkverbindung zwischen den Lagern, eine Premiere im Himalaja – kam es zu einer heftigen Diskussion, in der Ségogne Neltners Ansinnen strikt ablehnte und wiederholt auf dem unverzüglichen Abstieg bestand. In diesem Moment riss eine ungeheure Lawine zwei Sherpas 600 Meter mit sich in die Tiefe. In Ichacs Film sieht man zwei kleine schwarze Punkte, die den Abhang hinunterkugeln – zwei Menschen, die von einer Lawine davongetragen werden. Zum Glück gelang es Pierre

Allain, sie zu bergen: »Sie sind mit einem Teil ihrer Last über eine felsige Partie hinweggesprungen ... und sind unten mehr oder weniger unversehrt angekommen. Mit Spezialträgern wurden sie sofort nach Srinagar gebracht.« Auch Ichac wurde von der Wucht der hinabdonnernden Schneemasse umgerissen, die Kamera lief weiter.

Am 11. Juli 1936 führte Neltner die Spitzengruppe ins Basislager zurück. Alle fanden ihr Zelt wieder, und für ein paar Tage wurde sogar das Wetter wieder schön. Während die Enttäuschung über die Niederlage bei Pierre Allain groß war, trug Marcel Ichac sie mit Fassung. Er fügte sich in das Schicksal und wollte wiederkommen. Der Himalaja hielt ihn seit damals gefangen.

Gasherbrum I oder Hidden Peak im Karakorum,
Baltoro
Geografische Lage: 35° 43' nördlicher Breite
und 76° 42' östlicher Länge
Höhe: 8068 m = 26 470 ft
Erstbestiegen am 4.7.1958

GÜNTER O. DYHRENFURTH

Die erste Besteigung 1958

Der Gasherbrum I ist mit 8068 Meter Höhe der zwölfthöchste Gipfel der Welt und war 1958 einer der letzten unbestiegenen Achttausender.

Mehr als zwei Jahre investierte der US-Amerikaner Nick Clinch, um eine geeignete Mannschaft zu rekrutieren, die Bewilligung der pakistanischen Regierung zur Besteigung des Gasherbrum I zu erhalten, Nahrungs- und Ausrüstungslisten aufstellen zu lassen, den Transport zu organisieren und, was das Schwierigste war, den nötigen finanziellen Rückhalt für einen Versuch des G I zu finden. Für eine amerikanische Mannschaft war dies die letzte Gelegenheit zur Erstbesteigung eines Achttausenders.

Zu den Expeditionsmitgliedern gehörten Robert L. Swift und Peter K. Schoening, ein überaus starker und umgänglicher Mann, dessen Erfahrung und Entschlusskraft ihm die einstimmige Wahl zum Leiter der Arbeit am Berg eingetragen hatten, ferner Tom McCormack, Andy Kauffman und der Arzt Thomas »Doc« Nevison. Die pakistanischen Bergsteiger-Offiziere Captain Mohammed Akram und Captain Tash Rizvi stießen erst in Pakistan zur Mannschaft.

Am 18. Mai landete die Expedition mit dem Flugzeug in Skardu, und bereits drei Tage später, am 21. Mai, war sie unterwegs zum Baltoro, begleitet von sechs Hochträgern und 120 Kulis. Die Ausrüstung – das Beste, was in Amerika, der Schweiz und in Frankreich aufzutreiben war – und der Proviant, großteils aus England stammend, wurden in fünf Tagen nach Askole gebracht, wo weitere 50 Kulis angeheuert wurden, die für die anderen Lastenträger *atta* (Mehl) zu tragen hatten.

Am 6. Juni stand das Basislager: 6,5 km östlich des G I. 3000 Meter darüber erhob sich deutlich sichtbar der Gipfel des Hidden Peak. Dyhrenfurth hatte aufgrund seiner Erkundungen von 1934 wiederholt empfohlen, den G I über den IHE-Sporn zu versuchen, und die Amerikaner folgten seinem Ratschlag, sodass man am 1. Juli das Lager I (5300 m) am Fuße des IHE-Sporns errichtete.

Die Strecke bis zum Lager II (ca. 6100 m) gestaltete sich lang und schwierig, was zum Teil daran lag, dass nur wenige Hochträger mit den Amerikanern Lasten schleppten. Das technisch anspruchsvollste Stück war jedoch der schmale Grat zum Lager III (ca. 6550 m) auf dem scheinbaren Sporngipfel. 1500 Meter Fixseile wurden verhängt. Ab diesem Zeitpunkt galt es: Berg, Mannschaft und Route waren endgültig festgelegt.

Der unermüdliche Schoening ging meist in Führung, vor allem in den schwierigeren Passagen, bei denen selbst der erfahrene Bob Swift öfter gestehen musste: »Dieser Hang verursachte mir geradezu Übelkeit. Allein oder mit den Kameraden wäre es sicher o.k. gewesen, aber die Träger wollten immer angeseilt werden. Zu ihrer Ehre muss ich sagen, dass keiner der Baltis abstürzte, sonst hätten wir unweigerlich auch den Sahib, der jeweils mit angeseilt war, verloren.«

Vom Lager III aus brachen Clinch, Rizvi und zwei Träger auf und folgten einem gewellten Kamm anderthalb Kilometer nordwestlich zum Plateau, von dem man nun endlich die Gasherbrum-Gipfelpyramide sehen konnte. Sie schien ersteigbar, wenn auch nicht leicht. Doch wieder waren es schlechte Schneeverhältnisse, die ein rasches

Die US-Mannschaft am Fuße des G I (Hidden Peak) in Pakistan

Vorwärtskommen vereitelten. An einen Vorstoß zum geplanten Lager IV war nicht zu denken.

Trotzdem: Mannschaft, Ausrüstung und Nahrung lagen jetzt hoch genug am Berg. Sobald das Wetter mitspielte und die Voraussetzungen stimmten, konnte der Gipfelsturm beginnen. Als es endlich so weit war, stellte sich unerwartet ein neues Problem ein. Auf dem scharfen Grat, der den Sporngipfel mit dem Urdok-Kamm verbindet, lagen so viele Wechten, dass Menschen und Lasten etwa 30 Meter auf den Urdok-Gletscher abgeseilt werden mussten (für den Rückzug ist man hier immer auf ein fixes Seil angewiesen). Das jedoch verweigerten die Balti-Träger, sodass den Amerikanern nichts anderes übrig blieb, als das Lager am Rand des Plateaus aufzustellen und die abgeseilten Lasten im Pendelverkehr selbst dorthin zu bringen. Damit stand fest: Lager IV (6700 m) lag zwei Kilometer weiter tiefer als geplant. Doch damit nicht genug. Der pakistanische Ver-

G 1 von Südwesten gesehen. Der Aufstieg der Amerikaner ist verdeckt.

bindungsoffizier Captain Rizvi und ein Balti waren körperlich vollkommen erschöpft, und auch Tom McCormack, an Lungenentzündung erkrankt, musste aufgeben. Zudem wurde das Wetter immer schlechter. Die Gipfelmannschaft harrte jedoch trotz der Widrigkeiten im Lager IV aus. Sie versuchte, eine Spur auf dem Urdok-Kamm in Richtung Hidden Peak offen zu halten, indem sie immer wieder drei Kilometer weit zwischen Berg und Lager hin und her pendelte. Wind und Schneetreiben deckten die Piste regelmäßig wieder zu. So ging es vier Tage lang. Endlich, am 4. Juli, drehte der Wind nach Norden. Es klarte auf. Zu fünft sollte ein Camp V als Sturmlager erstellt werden. Wenn man nur Skier hätte! Wenigstens Kurzskier. Nur mühsam und mit einem Sauerstoffgerät bahnte sich der Vorausmann eine Spur durch den tiefen Schnee. Die anderen stapften hinterdrein bis auf eine Höhe von etwa 7100 m, wo das Zelt aufgeschlagen wurde. Bis zum Gipfel des Hidden Peak (8068 m) galt es

Andy Kauffman mit Sauer-
stoffmaske und US-Fahne
am Gipfel des G I

noch mehr als 900 Höhenmeter und vier Kilometer Horizontalstre-
cke – ohne weitere technische Schwierigkeiten – zu überwinden.
Und das alles bei knietiefem Schnee.

Clinch, Swift und Dr. Nevison, der Expeditionsarzt, der sich
zugleich als Bergsteiger und Hochträger einbrachte, wankten von
Camp V zurück ins Lager IV. Nur Peter K. Schoening und Andrew J.
Kauffman blieben im letzten Lager zurück und hielten den extremen
Bedingungen stand – nachts atmeten sie Schlaf-Sauerstoff, für den
Gipfelaufstieg standen den beiden je zwei Sauerstoffflaschen zur Verfügung. Am 5. Juli um 6 Uhr morgens bei prächtigem Wetter brachen
sie auf. Nach vier Stunden erreichten sie einen flachen Sattel und
querten schräg ansteigend die große Firnmulde zwischen Schulter
und Gipfelpyramide, wo sie endlich auf harten, vom Wind verblase-
nen Schnee stießen. Die Steigeisen griffen nun gut, die Sauerstoff-

ausrüstung leistete ihre Dienste. Um drei Uhr nachmittags arbeiteten sie sich über den Ostgrat zum Gipfel empor. Dann der große Moment: Erstmals stehen Amerikaner auf einem Achttausender! Schoening und Kauffman hissen die Flaggen der Vereinigten Staaten, Pakistans und des freien Ungarn. Die Aussicht auf die anderen Gasherbrum-Gipfel und den K2 ist atemberaubend und belohnt für die Strapazen. Doch nach einer Stunde Rast mussten die beiden mit dem Abstieg beginnen. Ihre Energien waren aufgebraucht, die Spuren von Wind verweht, der Sauerstoff ging zur Neige. Sie litten unter Durst und eisiger Kälte. Mehr als fünfzehn Stunden nach dem Aufbruch kamen sie abgekämpft und mit Erfrierungen ins Lager V zurück. Sofort wurde nach diesem sensationellen Erfolg ein zweiter Gipfelgang angedacht, aber bald wieder verworfen, da der Weg zum Gipfel zu weit und die Spur der Erstbesteiger schon nicht mehr vorhanden war.

Rückblickend lässt sich sagen, dass es in der Pionierzeit des Achttausenderbergsteigens keine Aufstiege im Gänsemarsch gab, war es doch damals noch unmöglich, den Wetterbericht über Satellitentelefon abzurufen oder sich gar per Internet mit den lebenswichtigen Informationen zu versorgen. Diese Zeit der Pioniere geht daher zu Recht als eine großartige Zeit mit herausragenden Charakteren und unvergleichlichen Herausforderungen in die Geschichte des Höhenbergsteigens ein.

Es ist geboten, über die Himalaja-Bergsteiger
keine falschen Vorstellungen aufkommen zu
lassen, und hinsichtlich dieser Tatsache ver-
sündigt sich gerade der Film Der Dämon des
Himalaja *an den Himalaja-Bergsteigern.*

PAUL BAUER

Großexpedition zur Lhotse-Südwand

Endlich im Hochlager II

In der Vormonsunzeit 1975 nahm ich an einer großen italienischen Expedition an der extrem schwierigen Lhotse-Südwand teil. Der 65-jährige Riccardo Cassin war unser Expeditionsleiter. Anders als Paul Bauer war er ohne Neid, großzügig und weise.

Nach einem Tag der Erholung im Basislager setzten wir die Versicherungsarbeiten in der Wand fort. Ich stieg mit Aldo Leviti auf, um das zweite Hochlager aufzubauen. Die Lager waren alle besetzt: Im ersten befanden sich einige Sahibs und ein halbes Dutzend Sherpas, im zweiten nun Leviti und ich.

Leviti war der Benjamin der Mannschaft. Keine 25 Jahre alt, Ski- und Kletterlehrer bei der italienischen Finanzwache. Seine Bergerfahrung ging auf eine Unzahl schwieriger und schwierigster Dolomitentouren zurück. Auch wenn er an der italienischen Mammut-Expedition 1973 zum Everest teilgenommen hatte, war er nicht als expeditionserfahren zu bezeichnen. Seine Äußerungen, soweit sie unsere Route und Taktik betrafen, klangen manchmal naseweis, dafür wusste er allerdings viele Mädchengeschichten zu erzählen. Eher klein von Wuchs, war er doch schnell im Gehen und sehr stark. In gefährlichen Situationen zeigte er Mut und Entschlossenheit.

Dick vermummt holte Leviti am Abend das Funkgerät aus dem Schlafsack und wartete geduldig auf das Piepszeichen.

Punkt 6 Uhr meldete sich Cassin: »Hauptlager ruft Lager eins, warten auf Antwort.«

Es folgte ein Rauschen im Gerät, ein Knacken und Sausen. Offensichtlich war die Verbindung zwischen Lager I und uns gestört. Wir konnten die Fragen und Antworten unseres Leiters kaum verstehen.

»Hauptlager ruft Lager zwei.«

»Lager zwei an Hauptlager: Wie ist die Verständigung?«

»Jetzt gut.«

»Wir haben einen günstigen Lagerplatz, etwa 6600 Meter hoch, relativ sicher.«

»Was heißt relativ sicher?«

»Über uns sind zwei große Spalten, die kleinere Lawinen von oben schlucken müssten. Wenn allerdings die halbe Rampe abbricht, sind wir begraben. Aber es ist der beste Platz weit und breit.«

»Was werdet ihr morgen tun?«

»Weiterklettern.«

»Der Wetterbericht ist schlecht. Es wird Sturm geben.«

»Auch das noch! Und was gibt's unten Neues?«

»Aldo Anghileri ist heute abgehauen, Piussi und die beiden Alippi kommen mit dem Seilbahnbau recht gut voran.«

»Das ist erfreulich. Bis morgen und gute Nacht euch allen!«

Der Wind kam in starken Stößen. Wir hatten das Gefühl, weggefegt zu werden. Erst gegen 10 Uhr öffnete ich den Zelteingang. Der Schneesturm, der uns in der Nacht nicht hatte schlafen lassen, warf sich mir entgegen und drohte mir die Plane aus den Händen zu reißen. Ein Schwall Schnee schwappte herein. Nur mit Mühe konnte ich den Zelteingang schließen. Erschöpft legte ich mich hin.

Als der Sturm dann endlich abflaute, wurde es wieder ruhig. Ich versuchte noch einmal, das Zelt zu öffnen, doch da traf mich erneut eine Windböe. Es war, als hätte der Sturm nur auf mich gewartet. Er schlug mir Schnee und Graupelkörner ins Gesicht. Diesmal hatte ich den eingerollten Schlafsack rasch bei der Hand und schob ihn an den offenen Schlitz, sodass nicht noch mehr Schnee ins Zeltinnere trieb. Hartnäckig wartete ich, bis die Windböe abklang, dann öffnete ich schnell den Reißverschluss am Zelt, trat hinaus und zog ihn hinter mir gleich wieder zu. Der Sturm fiel mit hellem Johlen und Pfeifen von der Flanke herunter, wirbelte über das Lager hin und plusterte die Zelte auf. Für einige Sekunden hüllte er mich in eine Schneestaubwolke und zerrte an meinen Kleidern. Sofort klammerte ich mich mit der einen Hand am eiskalten Zeltdach fest, mit der anderen hielt ich die Mütze, die mir der Wirbelsturm beinahe vom Kopf gerissen hätte. Unsicheren Schritts tappte ich einige Meter vom Zelteingang weg, scharrte zwei kleine Stufen in den Schnee und blieb gegrätscht darin stehen, um zu pinkeln.

Der Wind war hier in Lager II besonders heftig. Er fegte in wuchtigen Böen über uns hinweg, zwischen denen es kurzzeitig ganz ruhig und still wurde. Auf der Bergseite der Mulde waren die Zelte, die Pickel, die Ausrüstungsgegenstände und alles, was draußen lag, unter dem Schnee begraben. Der Sturm brauste wütend über die Zeltdächer, pfiff um die Ecken der Boxen, blies alle Kanten ab, füllte jeden toten Winkel mit Pressschnee. Doch ich genoss es jetzt, die kalte Schneeluft in vollen Zügen einzuatmen und gegen die Sturmböen anzukämpfen. Später musterte ich, immer noch vor den Zelten stehend, die Wolken und Nebelfetzen am Gipfelgrat.

»Dir scheint es draußen ja richtig zu gefallen«, kam Levitis Stimme von drinnen.

»Nicht schlecht.«

Es dauerte einige Minuten, bis er das Zelt öffnete und durch einen schmalen Schlitz herausschaute.

»Du musst dich nur daran gewöhnen«, ermunterte ich ihn. »Es ist nicht so schlimm, wie es sich von innen anhört. Es heult drinnen mehr als draußen.«

»Ewig kann ich den Druck auf der Blase auch nicht aushalten.«

Mit diesen Worten zog er den Reißverschluss ganz auf.

»Heute bleiben wir noch hier, ruhen uns ein bisschen aus und versuchen, unsere Kräfte wieder zu sammeln. Morgen geht es weiter. Wie ich das Gelände einschätze, müssen die nächsten fünf- bis sechshundert Meter leicht sein. Die schaffen wir auch bei schlechtem Wetter.«

Leviti war inzwischen zu mir ins Freie getreten. Steif von der langen Nacht, gemartert von der Anstrengung, mit der er dem Sturm standgehalten hatte, bewegte er sich unsicher, wie ein alter, kranker Mann. Seine Augen brannten im grellen Tageslicht, und seine Stirn war von tiefen Falten zerfurcht. Missmutig brummte er, dass er lieber aufsteigen würde, als hier im Zelt zu sitzen und dauernd auf den Sturm zu hören.

Wie jeden Tag gegen zehn Uhr begann sich das Wetter zu verschlechtern. War es bisher noch der Wind gewesen, der uns Sorgen gemacht hatte, so waren es jetzt die Wolken. Die Nebeldecke weit draußen über den Tälern stieg höher, wurde dichter. Die Wolken am Himmel – vor einer Stunde noch vereinzelte Schleier – bildeten eine undurchdringliche Masse. Der Sturm aber ließ langsam nach, und am Nachmittag fing es an, leise zu schneien.

Leviti machte sich daran, sein Tagebuch nachzutragen, und ich las in einem der Bücher, die ich bis hierher geschleppt hatte. Dabei bemühte ich mich, nicht an die Lawinengefahr zu denken, die mit jeder Stunde Neuschnee wuchs. Aber je hartnäckiger ich mir einredete, dass es eine solche Gefahr gar nicht gäbe, desto weniger gelang es mir, mich auf das Buch zu konzentrieren. Plötzlich merkte ich, dass ich gar nicht verstand, was ich las, und steckte das Buch wieder weg.

Mit verzweifelter Zähigkeit hatte Leviti am Abend versucht, Kontakt mit dem Basislager zu bekommen, und obgleich die Verständigung sehr schlecht war, war er glücklich, als sich von unten eine Stimme meldete. Wir erfuhren, dass der Wetterbericht wie üblich aussah und dass wir anderntags absteigen sollten, falls der Sturm anhielte. Die Nacht über aber müsste – wollte man dem nepalesischen Nachrichtendienst vertrauen – der starke Wind nachlassen. Die Temperatur würde fallen und von Westen sich eine Hochdruckzone nähern, die das schlechte Wetter in spätestens zwei bis drei Tagen umschlagen ließe.

»Zwei oder drei Nächte bei diesem Sturm und ohne Schlaf, das halten meine Nerven nicht aus«, sagte Leviti.

»Morgen steigen wir entweder höher oder ins Basislager ab«, entschied ich.

Es wurde ein Marsch ins Basislager, das wir nach stundenlangem Wühlen durch grundlosen Neuschnee völlig durchnässt erreichten.

Die Lawinenkatastrophe

Nach der aus dem Zwiespalt aus Ehrgeiz und Heimweh erwachsenen Entscheidung Aldo Anghileris, nach Hause zurückzukehren, war ich jetzt allein im Zelt, das wir auf einer natürlichen Plattform oberhalb des Ausrüstungsdepots aufgebaut hatten. Es stand der Wand am nächsten.

Ich schlief sehr tief und wurde nicht von jenen schrecklichen Wachträumen geplagt, die oft nach aufregenden Tagen die Nächte in Stücke reißen und unendlich werden lassen. Im Traum verhandelte ich in aller Ruhe und Gelassenheit mit einem Bauern meines Heimatdorfes über den Preis, zu dem er mir seinen Hof verkaufen wollte. Wir besichtigten die Stallungen, den Wald und die Felder. Die Sonne stand schon tief im Winkel zwischen Tschann und dem

Rittner Horn, als wir handelseins wurden. Ein Handschlag besiegelte den mündlichen Vertrag. Voller Freude darüber, dass mein Lebenswunsch, einen Bauernhof zu besitzen, in Erfüllung gegangen war, umarmte ich die Bäuerin, küsste sie und drückte sie immer wieder fest an mich. Uschi, die unsere Verhandlungen aufmerksam verfolgt hatte, gab den Bauern ebenfalls einen Kuss – wir waren glücklich, voller Überschwang wie vor einem wohlvorbereiteten Fest.

Plötzlich wusste ich nicht mehr, wie mir geschah. Ein tödlicher Sog riss mich jäh aus dem Traum von grünen Wiesen. Das Zelt war weg, um mich tobte ein Wirbel aus Schnee und Sturm. Ich vermochte kaum mehr zu atmen, war nicht mehr imstande, mich zu orientieren. Dann brauste und krachte es fürchterlich, als würde die Welt in Stücke gerissen, und schließlich brach etwas über mir zusammen, das mich zu zerquetschen schien. Zugleich hatte ich das Gefühl, ich müsse schwimmen, mit den Armen rudern, um an die Oberfläche zu gelangen. All das vollzog sich blitzschnell, und ich begriff intuitiv, was vor sich ging. Es kam mir nicht schrecklich, sondern fast selbstverständlich vor: Eine Lawine hatte das Basislager erfasst, bald musste es aus sein.

Einige Eisbrocken – oder waren es Gaskartuschen? – flogen an mir vorbei. Ich duckte mich und ruderte erneut, mit weit ausgestreckten Armen. Ich wusste nicht, ob ich selbst in Bewegung war oder alles ringsherum schwebte, rollte, vorwärtsdrängte. Was ich spürte, war, dass ich kein schützendes Zelt mehr über dem Kopf hatte und meine Füße noch im Schlafsack steckten. Augenblicke des Schreckens. Ohne mich genau erinnern zu können, wie und wann ich aufgewacht war, musste ich wohl schon vollkommen bei mir gewesen sein, als die erste Schneestaubwolke über das Basislager hinwegrollte. Noch während ich ruderte, ahnte ich, dass es nur der Luftdruck einer Lawine sein konnte, der uns erwischt hatte. Andernfalls wäre ich keines Gedankens mehr fähig gewesen. Dann war der Spuk vorbei. Ich wurde ruhig und gefasst. Als der Luftdruck nachließ und der Schneestaub absackte, saß ich bis zum Bauch in feinstem Pulverschnee. »Schöne Bescherung!«, sagte ich zu mir selbst. »Jetzt muss ich ein anderes Zelt finden.«

In diesem Moment erst merkte ich, dass ich barfuß und nur mit der Unterwäsche auf dem Leib dastand. Orientierungslos. Ich wusste weder, was sich um mich herum tat, noch wo ich mich befand. Ich fand keine Schuhe und keine Kleider. Waren die anderen Zelte vor oder hinter mir, links oder rechts? Ob sie überhaupt noch standen? Nichts rührte sich, kein Laut, kein Licht, kein Zeichen. Pechschwarze Nacht.

Ich begann, den Schlafsack aus dem Pressschnee zu zerren, wobei mir der übliche nächtliche Wind zu Hilfe kam und die abbröckelnden Schneeschollen mit sich wirbelte. Dann versuchte er, mir das eisige Bündel aus den Händen zu reißen, sodass ich den zusammengerollten Schlafsack fester unter den linken Arm presste. Mit den nackten Füßen tastete ich die steinige Fläche unter dem Schnee ab und arbeitete mich in die Richtung vor, in der ich das Zentrum des Lagers vermutete. Der feine Pulverschnee blieb an den schlafwarmen Füßen hängen. Ich spürte einen stechenden Schmerz, konnte aber nicht unterscheiden, ob er die Folge von Hitze oder Kälte war. Eine Zeit lang stapfte ich herum, fand das Lager nicht, auch nirgendwo eine Spur von Leben. Ich wurde ratlos, unschlüssig.

Plötzlich, weit unter mir, blinkte eine Lampe auf: das Lager!

Die Aufregung in der Mannschaft war nicht allzu groß. Zwar waren einige Zelte eingedrückt, aber außer meinem keines vollkommen weggetragen worden. Die Sherpas waren nur kurz aufgestanden, und auch Cassin kehrte nach wenigen Minuten in sein Zelt zurück.

Bei Mario Conti – den wir Mariolino nannten, um ihn von Mario Curnis zu unterscheiden – fand ich Unterschlupf. Der kleine Kletterer aus Lecco war verstört und kaum mehr zu beruhigen. Er borgte mir einige seiner Kleider und pflückte mir die Schneeschollen aus den Haaren.

»Keine Nacht bleibe ich mehr hier!«, begann ich zu schimpfen.

»Ich auch nicht.«

»Sauerei, verdammte!«

»Morgen müssen wir das Basislager verlegen.«

»So hat es mich noch nie erwischt.«

»Es hätte schlimmer kommen können. Stell dir vor, es stünde jetzt kein Zelt mehr. Nichts zum Anziehen. Die Hysterie bei den Trägern.«

»Nicht auszudenken.«

»Glaubst du, es war eine Neuschneelawine?«

»Nein. Muss Eis gewesen sein. Liegen ganz schöne Brocken herum, draußen.«

»Hätten wir uns vorher ausrechnen können. Lagern einfach zu nahe an der Wand.«

»Hab’ ich gleich gesagt. Auch wenn hier alle anderen vor uns auch gelagert haben – die Karwendler 1970 bei der Lhotse-Shar-Expedition und dreimal die Japaner. Alle seit zehn Jahren am selben Platz, und ausgerechnet uns erwischt es.«

Plötzlich fiel mir ein, dass meine Rollei und das Manuskript für das Buch über die Bergvölker, an dem ich gerade die letzten Korrekturen vornahm, irgendwo im Schnee liegen mussten. Mariolino und ich standen auf und suchten. Der Platz zwischen den Zelten war knöcheltief mit feinem Pulverschnee gefüllt. Da und dort ragten Fetzen von Kleidern und Zelten aus der weißen Fläche. Auf der Bergseite wirkten einige unserer Behausungen wie eingestürzt. Im Licht der Taschenlampe sah das ganze Lager aus wie frisch gekalkt. Überall, wo der Luftdruck kein Hindernis gefunden hatte, liefen dicke Streifen aus Eiskörnern wie geschwollene Adern am Boden entlang. Unter einigen Schachteln, Kleidern und Schneeschollen fanden wir kurze Zeit später die Kamera und das Papierbündel. Ich war beruhigt.

Mariolino, obwohl vom Cerro Torre her an Stürme gewöhnt, konnte nach diesem Vorfall lange nicht einschlafen. Was passierte, wenn noch ein größeres Stück Eis in der Wand abbrach? Diesmal träumte ich, dass ich schwimmen lernte.

Es war 5.30 Uhr und noch eisig kalt. Seit einer halben Stunde sann ich vor mich hin, hatte die Lawine aus meiner Erinnerung verbannt, döste. Schon richteten sich meine Gedanken wieder auf den Berg, zu den Kameraden in der Wand, als ich gegen 6 Uhr plötzlich das Gefühl hatte, es stürze etwas über uns herein, drohe uns zu erdrücken.

»Eine Lawine? Warum eigentlich? Aus welchem Grund sollte sich jetzt noch eine zweite Lawine gelöst haben?«, fragte ich mich. Auch Mariolino war von jenem dumpfen Schlag erwacht. Dem Knall war ein Dröhnen gefolgt, das die Zelte einige Sekunden lang hatte erzittern lassen.

Mariolino schob die Daunenjacke beiseite, mit der er sich in der Nacht über dem Schlafsack die Brust zuzudecken pflegte, setzte sich in der Daunenhülle auf und schien angestrengt zu lauschen. Er dachte an den Schrecken des Vorabends, an den Druck und den Schnee am Zelteingang. Doch nichts, alles friedlich und ruhig. Trotzdem war es da, das Gefühl, irgendetwas stürze sich auf uns, es wurde stärker und durchfuhr uns jäh wie ein elektrischer Schlag. Hoch über uns wurde ein gewaltiges Donnern laut.

»Was ist los?«, rief Mariolino erschrocken.

Dann lächelte er einen Augenblick, ein kleines irres Lächeln. Verzweifelt griff er nach dem Reißverschluss am Schlafsack.

Die Südwand des Lhotse. Erst 1990 gelang einer groß angelegten Expedition aus der Sowjetunion die Durchsteigung in direkter Linie.

»Vielleicht ist es eine zweite Lawine«, sagte ich halb im Scherz, halb im Ernst, mochte diese Bemerkung aber wenige Sekunden später nicht mehr wahrhaben.

Das Dröhnen kam näher und näher.

Mit einem Ruck wandte sich Mariolino zum Zelteingang, zog die mit Pressschnee verklebten Leinenstücke auseinander und hätte beinahe aufgeschrien vor Schreck. Der ganze Himmel war ein walzendes graues Ungeheuer, so hoch wie die Berge, so hoch, wie Mariolino sehen konnte. Wie ein Atompilz stand der Schneestaub in der Luft. Die Angst, die sich seiner bemächtigte, als er diese Wolke, die alles zu ersticken drohte, auf das Lager zukommen sah, lähmte ihn für einige Augenblicke. Dann zwang er sich zu handeln. Immer straffer wurden seine Gesichtszüge, alle Muskeln und Sehnen spannten sich, und ich sah, dass sich seine Augen mehr und mehr weiteten. Er kam zurück zum Schlafplatz und schälte sich mit einer Drehung aus dem Daunensack. Wie angesteckt von der Bereitschaft, die aus jeder seiner Fasern sprach, setzte auch ich mich zurecht. In Erwartung des Furchtbaren, das sich jeden Augenblick ereignen musste, hockten wir beide zusammengekauert da, den Kopf zwischen die Schultern gezogen, den Schlafsack über die Beine gelegt, die Hände gespannt zur Abwehr.

Es war nur ein kurzes Beben in der Luft zu spüren, dann ein Zittern in den Fingern und Zehen. Irgendetwas nahm mir den Atem, und schon waren wir ohne Dach über dem Kopf. Zeltstangen wirbelten durch die Luft, Stofffetzen flogen vorbei, ein unheimlicher Druck presste mir Schnee in Mund und Nase. Nur mit Mühe konnte ich die Augen einen Schlitz weit offen halten. Bilder und Geräusche waren dieselben wie beim Lawinenabgang der letzten Nacht. Wieder ruderte ich mit den Armen und versuchte, den Mund weit aufzureißen. Instinktiv hatten wir uns beide mit dem Strom gedreht, sodass der Druck auf unsere Rücken fiel. Trotzdem hatte ich Zweifel, ob die Lawine von hinten oder von vorn kam oder ob sie vielleicht schon vorüber war. Saß Mariolino überhaupt noch neben mir, oder war er weggeschleudert worden? Was flog da durch die Luft? Ein Stein oder eine Kiste? Wie Fische beim Tiefseetauchen schossen an mir Sauerstoffflaschen, Gasflaschen, Eisschollen vorbei. War ich überhaupt noch am gleichen Platz, oder schwamm ich mit dieser Flut in die Tiefe? Mir graute. Dann, plötzlich, eine kurze Pause. Ich atmete auf. Vorbei? Gerettet? Einen Augenblick lang wandte ich mich um und begriff, dass die dunkle Gestalt hinter mir Mariolino war, der ebenfalls ruderte. Ich merkte, dass wir doch in Stromrichtung saßen, aber im nächsten Augenblick wogte und brauste schon wieder alles durcheinander. Mehr als zehn Minuten wurden wir gedrückt, geschoben, gepeitscht, von Eis und Schnee übermannt und verschüttet. Das Schlimmste war das Gefühl zu ersticken. Zehn Minuten, die wie eine Ewigkeit dauerten.

Dann war alles vorbei. Mein Atem flog, mein Puls hämmerte, dass man ihn weithin hätte hören müssen. Mariolino und ich schauten uns an, konnten es noch nicht fassen. Ich spuckte den Schnee aus, der meine Zunge lähmte. Mariolino hatte tiefe Falten im Gesicht. Der Pressschnee hatte sich in ihnen festgesetzt. Wenn Mariolino sich mit der Hand über die Haare fuhr, blieb der Schnee in vielen kleinen Knöllchen hängen wie der Mist an einer ungestriegelten Kuh. Beide zitterten wir am ganzen Körper. Kein einziges Zelt stand mehr, das Lager glich einem Trümmerfeld. Die Nahrungsmittel- und Ausrüstungsdepots waren weggefegt und die Expeditionsküche – ursprünglich ein geräumiger Raum aus vier Trockenmauern mit einer Plastikplane als Dach – zu einem Steinhaufen zusammengeschoben worden. Ein trostloser Anblick. Wo steckten die Sahibs? Die Sherpas? Der Begleitoffizier Tschottre? Das Zelt von Curnis und Lorenzi war verschwunden, das von Cassin lag, wie von einer Walze plattgedrückt, am Boden.

Mariolino hustete neben mir. Er war seit Beginn der Expedition gesundheitlich nicht ganz auf der Höhe gewesen und litt doppelt unter der nassen Kälte. Er wäre der ideale Gipfelmann gewesen, schnell, ausdauernd, leicht und erfahren in mittelschwierigem Gelände. Jetzt stand er fröstelnd da, ein Wrack, psychisch am Boden. Die weiche Melancholie, die sonst immer auf seinem Gesicht lag, war einer bitteren Enttäuschung gewichen. Nur in dem Augenblick, als sich in den Resten von Cassins Zelt erstmals etwas regte, leuchteten seine Augen auf, ein raues Lächeln deutete eine Spur von Freude an, einen Schimmer von Hoffnung. Das gelbe Zelt wand und streckte sich – einem Dinosaurier ähnlich –, stand auf, klappte wieder zusammen, rappelte sich erneut auf. Ein Reißverschluss scharrte, und heraus kroch der 66-jährige Riccardo Cassin. Er hatte die Katastrophe unversehrt überstanden. Geistesgegenwärtig wie er war, fingerte er das Funkgerät aus dem kaputten Zelt, stellte es auf Empfang. Es war wenige Minuten nach 6 Uhr: Funkzeit. O-beinig stand der Alte da, in der Rechten das Gerät, mit der Linken zum Lhotse weisend, als verfluchte er den Berg.

In diesem Augenblick erst sah ich die Ausbruchstelle in der Wand. Knapp unterhalb von unserem zweiten Hochlager war ein riesiges Stück Eis abgebrochen. Eine Million Kubikmeter etwa, wie wir später ausrechneten. Diese Masse war durch die Schlucht heruntergefegt, die den Eisgrat von der Rampe trennt. In etwa 6000 Meter Meereshöhe weist die Schlucht eine Kurve auf, die der Lawine eine Richtungsänderung gegeben haben musste, sodass sie von dort direkt auf uns zugerast war und alles für immer begraben hätte, wäre das Lager nicht erhöht, 100 Meter über dem Gletscher, angelegt gewesen. Die steile Moräne hatte die Eismassen nach links abgedrängt und so das Schlimmste verhindert. Der Luftdruck allein jedoch hatte genügt, um unser Basislager vom Erdboden zu tilgen.

Erst als wir die verletzten Hochträger – es waren insgesamt vier – geborgen und versorgt hatten, ruhten wir uns aus und zogen eine erste Bilanz. Die Unglück schien zu groß, als dass wir hoffen konnten, es zu bewältigen: Unsere Ausrüstungsgegenstände lagen in einem Umkreis von drei Kilometern verstreut. 20 Kilogramm schwere Gasflaschen waren 60 Meter ins Tal hinabgeschleudert worden, wenn auch nicht explodiert. Eine Woche später noch sollten wir bei einem Streifzug am toten Gletscher unter dem Lhotse allerlei Kleinkram entdecken: eine Geldtasche mit wenigen Rupien, ein Bild von Contis Frau – ein rassiges Mädchen, Skilehrerin –, einen aufklappbaren Tisch aus dem Esszelt und zwei Briefe sowie eine Karte von Uschi. Die hatten mir bisher nicht gefehlt, obwohl ich sonst alles sammelte, was sie mir schrieb.

Der alte Cassin schüttelte fassungslos den Kopf. Er konnte es immer noch nicht glauben. Alle seine Hoffnungen, die Arbeit von zwei Jahren, waren nun unter Eis und Schnee begraben. Vier Sherpas verletzt, die Hälfte der Ausrüstung verschüttet, die Mannschaft demoralisiert. Hatte es überhaupt noch Sinn weiterzumachen?

Inzwischen hatten sich alle zur Aussprache um den einzigen Gaskocher versammelt, eine gewohnheitsmäßige Sitzung, die im Laufe der Expedition zum Ritual geworden war. Immer vor grundsätzlichen Entscheidungen hatte der Alte die Mannschaft zusammengerufen, um mit uns zu diskutieren. Diesmal sollte in einer demokratischen Abstimmung der Fortgang der Expedition festgelegt werden.

Während in unseren Köpfen immer noch Bilder von Verheerung, Schreckensschreien, Angst vor dem Erstickungstod spukten, diskutierten die Kameraden aus den Hochlagern eifrig über die Lawine und den Fortgang der Expedition. Sie hielten es mehr noch als wir für ein Wunder, dass keiner tot war. Ihnen fehlte das unmittelbare Erlebnis, das uns betroffen hatte und das uns alles anders sehen ließ. Wir fünf, die wir in den Zelten von der Katastrophe erfasst worden waren, stellten keine Fragen, ergaben uns in unser Schicksal. Wir saßen in der Runde wie ein Haufen gebrochener Krieger. Nicht geschlagen, aber von den Göttern bestraft.

Die Sherpas hatten eine einfache Erklärung für das Unheil: Wir hatten einen Yak geschlachtet, und deshalb müsste wenigstens einer von uns sterben. Die Lawinen waren nur Vorboten der Strafe, die die Götter für uns ausgedacht hatten. Ang Tsering, der Sirdar, und Tschottre, der Begleitoffizier, baten uns deshalb, die Expedition abzubrechen. Sie glaubten nicht nur an den Zorn der Götter, sie hatten dafür Beweise: Am Everest hatten Franzosen einige Jahre zuvor sechs Yaks geschlachtet, sechs Bergsteiger waren wenig später von einer Lawine getötet worden. Eine japanische Expedition hatte am Dhaulagiri drei Yaks geschlachtet, wenige Tage vor unserer Katastrophe waren drei Bergsteiger dieser Gruppe tödlich abgestürzt. Jeder geschlachtete Yak – ein toter Sahib!

»Na ja«, sagte der Alte, die Hände tief in den Taschen, mit seinen O-Beinen unbeweglich dastehend, »das hat uns gerade noch gefehlt.«

»Gott sei Dank ist es so abgegangen«, tröstete Ignazio Piussi. »Die große Lawine in der Nacht, und keiner hätte eine Chance gehabt bei dieser Kälte und der Dunkelheit – nicht auszudenken, nachts, ohne Taschenlampe und halb nackt bei 15 Grad minus.«

Mit dieser Bemerkung brachte Piussi wieder Stimmung in die Runde. Einige lachten bei dem Gedanken an fünf Gestalten, die nachts in Unterhosen aus dem Schnee kriechen. Der Alte kratzte sich am Kopf. Der hatte schon schlimmere Situationen überstanden. Der war nicht unterzukriegen.

»Der Lawine wegen werden wir uns doch nicht vertreiben lassen!«

Allein die Tatsache, dass Piussi für das Weitermachen plädierte, ließ den Großteil der Mannschaft neuen Mut schöpfen. Die alte Gesetzmäßigkeit galt: Lawinen gehörten einfach zu solchen Unternehmungen dazu, Angst hatte ein Bergsteiger nicht zu haben.

»Wer wird denn wegen zweier Staubwolken schon gleich in die Hosen scheißen!«

»Das Basislager wird verlegt, und weiter geht's.«

Auch Gigi Alippi war dafür, nicht aufzugeben. In seiner ruhigen, bedächtigen Art bildete er das ausgleichende Element in der Gruppe. Am Ende der Beratung sprachen wir uns alle dafür aus, das Basislager weiter talwärts zu errichten, in der geneigten Mulde an der orografisch rechten Talseite, dem Island Peak gegenüber. Durch einen Gratrücken waren wir an dieser Stelle vor neuen Staublawinen geschützt. Außerdem wollten wir einen vorsichtigen Bericht nach Italien senden. Nachsatz: *Alle wohlauf.* Und dann sollte es weitergehen.

Für den Aufbau seiner neuen Behausung hatte jeder eine eigene Technik. Der Alte ebnete zuerst einen Platz ein, ließ dann ein Zelt holen und stellte es auf. Schluss, fertig. Sandro suchte viele Stunden lang seine Habseligkeiten zusammen und musste schließlich mit dem Platz vorliebnehmen, der übrig geblieben war. Piussi, dem das große Wohnzelt zugeteilt worden war, das er mit Franco Guggiati, unserem Doktor h. c., teilen sollte, wälzte mit viel Geräusch Steintrümmer beiseite, hob Grund aus und baute Stützmauern auf der Talseite, als würde es gelten, den Bauplatz für ein ganzes Haus einzuebnen. Ich selbst hatte – gebranntes Kind – weit draußen, etwa 100 Meter von den übrigen Zelten entfernt, unter einem Felsüberhang eine sichere Stelle entdeckt und baute dort ein Zweimannzelt auf. An diesem Platz war ich geschützter als die anderen. Wäre allerdings die halbe Lhotse-Wand abgebrochen, hätte es auch mich in meinem Adlerhorst erwischt. Dass ich mein Zelt lediglich aus Sicherheitsgründen unter den Felspfeiler gebaut hatte, wollten die Kameraden nicht recht glauben. Sie wussten, dass in wenigen Wochen meine Frau nachkommen sollte und lächelten verständnisvoll.

Neuer Beginn und alte Probleme

Es war hell, als ich, von Stimmen geweckt, die Augen aufschlug. Das neue Zelt war im Vergleich zu dem alten Dreimannzelt eng. Ich lag noch im Schlafsack, spürte aber schon die Sonne auf dem Zeltdach. Eine halbe Stunde später saßen wir alle am Frühstückstisch. Ungewohnte Atmosphäre auch im neuen Esszelt.

»Wo stecken denn Conti und Lorenzi?«, wollte einer wissen.

»Auch Leviti fehlt«, fiel jetzt allen auf.

»Die haben's nicht mehr ausgehalten hier ohne Mädchen«, meinte Piussi.

»Haben einen Schock von der Lawine, keine Nerven mehr.«

»Was heißt hier keine Nerven, die müssen sich entspannen, sind schließlich keine Greise«, verteidigte Piussi die drei.

Die zentrale Südwand des Lhotse: 3500 Meter hoch, nach oben hin steiler werdend, meist nebelverhangen

»Die haben sich schon beim Aufstieg umgeschaut. Lorenzi hat sich die Dorfschöne von Namche angelacht; Leviti ist auch kein Jüngling mehr. Wetten, die sind nach Namche Bazar gegangen.«

»Wahrscheinlich hast du recht. Die kommen schon wieder, wenn sie sich ausgetobt haben.«

»Gute Schocktherapie. Die hätten wir wohl alle nötig.«

»Du kannst ja eines von den Sherpa-Mädchen vernaschen, die wöchentlich Holz, Kartoffeln und Mehl bringen.« Diese Aufforderung war an Piussi gerichtet.

»Glaubst wohl, mir graust es vor gar nichts? So viel Holz können die gar nicht mitbringen, dass man genügend Wasser warm machen könnte, um nur eine davon gründlich zu waschen.«

Jetzt, nach der großen Katastrophe, waren solche Gespräche häufiger als vorher. Auch wenn sie sich oft nur wie Internatsgespräche Halbwüchsiger anhörten, so steckte doch viel mehr dahinter. Der großen Leere nach den Lawinen folgte das verstärkte Bewusstsein des Lebens, das weiterging, der elementare Wunsch, es voll auszuschöpfen. Erst die Nähe des Todes, dann das zwingende Verlangen, ein Mädchen, eine Frau zu haben, so stark, als ob allein die Lust diese Schrecken des Todes wieder aufheben könnte.

»Alle können sich's eben nicht so einrichten wie Reinhold. Lässt sich die Frau ins Basislager nachkommen.«

»Immer, wenn ich Uschi dabeihatte, habe ich den Gipfel erreicht«, wehrte ich mich scherzhaft.

»Dann hätten wir sie von Anfang an einplanen müssen.«

»Stellt euch vor, was hier los wäre, wenn jeder seine Frau oder Freundin mitbrächte«, meinte Curnis.

»Das gäbe Mord und Totschlag.«

»Das möchte ich nicht behaupten. Ich träume schon lange von einer gemischten Expedition: Die Frauen kochen und versorgen die ersten Hochlager.«

Einige lachten laut.

»Die kämen ja gar nicht bis ins erste Lager hinauf.«

»Da täuschst du dich aber. Frauen sind gerade in großen Höhen zäher, als man denkt. Das weiß ich vom Noshaq her. Je höher sie kamen, desto besser waren sie in Form. Bei den Männern ist es meist umgekehrt.«

»In ihrer beharrlichen Ausdauer sind Frauen stärker«, pflichtete Sandro mir bei.

»Anghileri hat sich rechtzeitig aus dem Staub gemacht. Der ist jetzt schon daheim. Der zerbricht sich über das alles nicht mehr den Kopf.« Curnis hatte damit ein heißes Eisen angefasst. Über das Weggehen Anghileris gab es in der Mannschaft unterschiedliche Meinungen.

Mario Curnis aus Bergamo war sicher kein so exzellenter Kletterer wie Anghileri, dafür aber der bessere Alpinist. Vielleicht sogar der vielseitigste von uns. Expeditionserfahren – zweimal Anden, Everest –, sicher und schnell vor allem im kombinierten Gelände. Wenn er den Mund aufmachte, hatten seine Worte Gehalt.

»Anghileri hat doch gesagt, wir seien hier nicht 15 Leute, sondern hundert. Denn in Gedanken seien unsere Mütter da, die Frauen, die Kinder. Je weiter ich mich jedenfalls von meiner Frau entferne, desto näher komme ich ihr, desto besser begreife ich sie.«

Langes Schweigen.

»Wenn Anghileri das Gefühl hatte, seine Frau sei hier bei ihm, warum hatte er dann solche Sehnsucht nach ihr?«, fragte Giuseppe Alippi verständnislos.

»Genau!« Endlich fühlte sich Gigi, der Namensvetter von Det, in seiner Überzeugung bestätigt. »Anghileri hätte bleiben müssen. Am McKinley damals war ich 23. Zehn Tage lang waren Jack Canali und ich allein am Gletscher, weit und breit kein Mensch. Ich war verzweifelt, ich weinte, ließ ihn aber nicht sehen, dass ich heulte.«

»Eine Expedition verlangt Opfer, über eine lange Zeit hinweg. Da zeigt sich dann der wahre Charakter, und es reift die Überzeugung von dem, was einer ist und was er kann«, wollte ein anderer wissen.

Alles in allem, ganz verdammte die Mannschaft den Abtrünnigen nicht. Wir waren nach den sieben Wochen zusammen am Berg ein Haufen verschworener Freunde, und das, obwohl wir uns vorher kaum gekannt hatten. Untereinander stritten wir zwar über Anghileri, Dritten gegenüber aber verteidigten wir ihn. Irgendwie gehörte er immer noch zu uns. Einige bewunderten ihn sogar für seinen Mut, zur Familie zurückzukehren.

Nach dem vierten Becher Tee merkte ich, dass die Nebel draußen dichter geworden waren. Der Wind kam stoßweise, und es wurde spürbar kälter. Gegen Mittag legte sich dann der Wind, statt seiner war nun das rhythmische Klopfen der Graupelkörner auf dem gespannten Zeltdach zu hören.

Zur Abwechslung räumte ich mein Zelt neu ein. Seit einer Woche schon war das Wetter schlecht. Alle Kleider nass, das Daunenzeug vergammelt. Zwar waren wir in der Zwischenzeit nochmals bis ins zweite Hochlager aufgestiegen, doch Neuschnee und Lawinengefahr hatten uns wieder von dort vertrieben. Noch dazu war ich krank geworden, Magenverstimmung oder weiß der Teufel was, und hatte mich elend gefühlt. An diesem Vormittag kam für eine Stunde die Sonne durch. Sofort legte ich die modrigen Klamotten auf das Zeltdach. Mit der Hülle der Daunenjacke kehrte ich den Gummiboden des Zeltes aus, warf Steinchen, Staub und Gras auf die kleine Terrasse vor dem Eingang. Es roch nach Schimmel und Schweiß. Ein Wunder, dass nicht auch wir langsam vermoderten.

Die Wand stand als riesige Senkrechte über uns, vor der ein durchsichtiger Nebelvorhang hing. Wohin die Schleier auch zogen, einige Wandfetzen ließen sie immer frei. Wenn durch ein Nebelloch plötzlich der Gipfel zu sehen war, wirkte er wie von einem anderen Stern. Von uns bis zu ihm waren es 3500 Meter.

Die Stimmung in der Mannschaft war auf den Nullpunkt gesunken. Die alten, gut gemeinten Hänseleien blieben schon seit geraumer Weile aus. Piussi kam noch am besten über diese toten Tage hinweg. Er hatte sein Zelt zu einer Art Bar ausgebaut und hielt es für alle offen. Am Abend nach dem Essen trafen wir uns zumeist dort, im »Night«, wie Piussis Zelt von nun an hieß. Dort wurde diskutiert, getrunken und gespielt. Als dann ein wildfremder Italiener, der seiner Frau davongelaufen war und zwei Jahre in Australien gelebt hatte, zu uns stieß, wurde im »Night« auch gesungen. Endlich war jemand da, der Gitarre spielen konnte, und die Stimmung stieg zumindest kurzzeitig. Denn es ließ sich nicht leugnen, dass bei einigen sich der Prozess des psychischen Verfalls mehr und mehr bemerkbar machte. Man maulte mit den Sherpas in der Küche, bemängelte dies und jenes an der Ausrüstung. Wer krank wurde, war am schlimmsten dran, weil er andauernd im engen Zelt liegen musste und Platzangst bekam.

Die Lieder, die am Abend gesungen wurden und oft von uns selbst getextet waren, übertrafen sich Tag für Tag an Obszönitäten, Hass auf die Kirche und Spott über die Politik. Heiliges Land Italien! Auch unsere Gespräche spiegelten das Italien des zwanzigsten Jahrhunderts wider.

Im Grunde konnte unsere Expedition als ein winziger italienischer Staat gelten, der in den Himalaja verpflanzt worden war – eine Handvoll sensibler Leute, ausgefeilte Gesetze, die allerdings nicht eingehalten wurden, Wein und Bier, viel Unordnung, rasch aufflammende Begeisterung, die ebenso schnell wieder abflaute. Trotzdem oder gerade deswegen: Diese Expedition ist mir, was die Menschlichkeit und Kameradschaft anbelangte, als mein erfreulichstes Himalaja-Abenteuer in Erinnerung. Ich war mit Deutschen und

Österreichern unterwegs gewesen, aber niemals zuvor hatte ich eine solche Unmittelbarkeit, diesen Zusammenhalt in einer Mannschaft gespürt. Nationale Expeditionen – davon bin ich überzeugt – spiegeln das Charakteristische der Nation und die Mentalität der jeweiligen Landsleute wider. So gleicht eine österreichische Expedition einem kleinen, in sich ruhenden Staat nach österreichischem Muster, eine deutsche einem deutschen, eine englische einem englischen usw.

Bei der Lhotse-Expedition gab es keinen üblichen Expeditionsvertrag. Wir konnten deshalb vor- und nachher sagen, was wir dachten, und hatten die Möglichkeit, auch während des Unternehmens mitzubestimmen. Cassin war kein autoritärer Expeditionsleiter, er war eher wie ein Vater zu uns. Oft saß er bis spät in die Nacht hinein mit uns im »Night«, erzählte und lachte. Er war einer von uns.

So konnte Piussi offen seine Kritik an dem bestehenden Expeditionsstil aussprechen: »Für derartige Wände muss man schneller sein, und das geht nur mit flexibleren Expeditionen. Der klassische Stil mit Hochlagern, monatelanger Vorbereitung, einem Heer von Trägern ist vorbei.«

Arcari hielt dagegen: »Diese Art von Alpinismus, wie wir sie betreiben, verlangt immer das Letzte, so oder so. Ich glaube nicht, dass man eine solche Wand auch in Seilschaft machen könnte. Bonatti plädiert zwar für einen sportlichen Schwierigkeitsalpinismus an den höchsten Bergen der Welt, aber da geht er zu weit.« Gianni Arcari, ein Freund Walter Bonattis und wie dieser aus Monza, war einer der Erfahrensten in der gesamten Mannschaft. Er konnte vier Expeditionen, fast alle großen Touren in den Alpen vorweisen.

»Für mich sind Unternehmungen wie die unsere sinnlos.« Alessandro Gogna wollte das Gespräch beenden.

»Warum bist du dann mitgekommen?«

»Ich wollte es nach der Annapurna noch einmal versuchen.«

Piussi, der kurz ausgetreten war, kam wieder ins Zelt zurück. Der gefrorene Boden schien unter seinen Tritten zu zittern. Nicht, dass Piussi dick gewesen wäre, er war nur außerordentlich groß und stark. Um einen ganzen Kopf überragte er uns alle. Seine Finger konnten eine Teeschale zu einer Blechkugel zusammendrücken.

»Ich will hier nicht angeben. Ich bin zu alt dazu. Aber die Zukunft, das ist ein Achttausender zu zweit, Bergsteigen wie in den Alpen. Das verlangt allerdings ganze Männer, keine Hosenscheißer, die beim ersten Wind schon ›Mamma mia‹ schreien.« Piussi war zufrieden mit dem Erfolg der Expedition. Er hatte gelernt, Siege und Niederlagen zu nehmen, wie sie kamen.

»Kleinere Gipfel, weniger Leute, keine Fixseile.« Ein einfaches Rezept. Es kam von Sereno Barbacetto.

»Wie ich diese Jümarbügel hasse! Überhaupt das Aufsteigen an Fixseilen. Die reinste Onanie. Und das oft über tausend Meter. Zwei, drei Tage lang nur Fixseile. Einhängen und schieben, schieben, schieben. Zum Kotzen.« Damit war Gogna seinen Ekel über das klassische Expeditionswesen losgeworden. Jetzt schien er erleichtert.

»Diese Steigklemmen sind allerdings nicht im Himalaja erfunden worden«, lachte Piussi und leitete zu seinem Winterabenteuer Civetta-Nordwestwand über, das er wortreich in der Runde zum Besten gab.

Senkrechte Welt über den Wolken

Das tägliche Serkim-Gebet vor dem Aufstieg war zu Ende. Eine halbe Stunde hindurch hatte der Sherpa Lama im Lotossitz auf dem Stein oberhalb der Küche gesessen und aus einem Buch vorgesungen. Die Stimmen der anderen Sherpas waren mit einem choralartigen Gesumme eingefallen, aus dem sich immer wieder geheimnisvolle Worte heraushoben: »Hargallio – wir gehen zu Gott.«

Selbst der Koch, der unter der niederen Plane mit allerlei Töpfen und Pfannen hantierte, schien mehr auf das monotone Gebet konzentriert als auf das Frühstück für die Sahibs. Und Ang Tsering, der für die Verteilung der Sherpa-Lasten verantwortlich war, übergab sie den Trägern mit der auf und ab wogenden Stimme des Betenden.

Jetzt schwieg der Lama. Der groß gewachsene junge Mann, ein Halbbruder von Ang Tsering, legte einen hölzernen Deckel auf die losen Strauchblätter und stieg vom Opferstein, der Rauch aber quoll weiter aus dem grünen Laub und verbreitete einen wohligen Duft. Alle im Camp gingen zur gewohnten Unordnung über. Der Küchenjunge brachte das Frühstück ins Esszelt, und die Sherpas hockten neben ihren gepackten Rucksäcken und schoben Reisknödel, die sie mit den Fingern formten, in ihre Münder. Welche Unmengen von Reis sie schon am frühen Morgen verschlingen konnten!

Für unseren bevorstehenden Schlussangriff sollten alle Hochträger eingesetzt werden, und zusammen mit Cassin hatte ich einen genauen Plan ausgearbeitet, wer in den nächsten Tagen in welches Hochlager aufsteigen würde. Da Mario Curnis und ich die Gipfelwand erkunden sollten, brachen wir als Erste auf. Die Sherpas, die uns begleiteten, gaben jedem von uns eine Handvoll geweihten Reis mit, den wir vor gefährlichen Stellen ausstreuen sollten, wie auch sie es zu tun pflegten. Die zarten Federwölkchen, die sich langsam am Himmel verschoben, gaben dem Tag etwas Spielerisch-Hoffnungsvolles. War mein Glaube an den Erfolg in den Tagen zuvor und besonders in der letzten Nacht dem allgemeinen Pessimismus gewichen, so gewann ich in der frühlingshaften Aufbruchsstimmung mein Vertrauen zurück. Wie hatte Piussi vor dem Schlafengehen gesagt? »Wenn man vom Erfolg nicht mehr spricht, aber an ihn glaubt, dann kommt er.«

Ich wandte den Blick zur Gipfelwand hin, wo ein Windstoß gerade eine Schneefahne auftrieb. Über die alten Zeltplätze kletterte ich dann zum Einstieg empor. Der Lawinenschnee war inzwischen geschmolzen, und zum Vorschein kamen zerrissene Zeltplanen, zu Trümmerhaufen zusammengeschobene Lagerhütten, verbogene Alustangen. Immer noch fehlten uns wichtige Ausrüstungsgegenstände.

»Unlöschbar ist mein Durst nach Todesgefahr«, sagte Curnis neben mir und lachte.

»Lammer«. Ich erkannte den Dichter sofort.

»Ich bin bereit, mein Leben hinzuwerfen wie einen zerbrochenen Bergstock«, zitierte er weiter.

Nein, das war Mario nicht, das wusste ich. Dazu war keiner von uns bereit.

Tatsächlich sollten wir im Verlauf der Expedition ebenjenen kritischen Punkt erreichen: Ginge man über ihn hinaus, würde unsere Unternehmung Selbstmord bedeuten, bliebe man hinter ihm zurück, würde unser Einsatz mit dem Vorwurf der Ängstlichkeit und mit Misserfolg quittiert werden.

Mario und ich kletterten, durchstiegen ausgeschwemmte Rinnen, umgingen pilzartige Eistürme, balancierten über fußbreite Simse, immer am fixen Seil gesichert.

Im Lager I sah es schlimm aus. Hier herrschte ein Durcheinander wie nie zuvor, alles war nass, die zweiten Schlafunterlagen verschwunden, kein Zünder, die Pfannen dreckig. Wir verbrachten eine trostlose Nacht.

Um 3 Uhr morgens war es sternenklar. Der Himmel schwarz, die Milchstraße ein weißer Streifen, der Orion über dem Ama Dablam. Um 5 Uhr funkelten nur noch einzelne Sterne durch eine zerschlissene Wolkendecke. Dämmerung.

Zwei Stunden später brachen wir auf. Der Felspfeiler über uns glich einer riesigen, angezuckerten Turmspitze, abwärts geschichtet, vereist. Am Eisgrat war von einem Aufschwung zum nächsten kaum ein Unterschied zu sehen – Nebel füllte jede Mulde. Mit schmerzenden Augen begannen wir, uns zum Lager II vorzutasten. Auch unter uns nichts als ein weites Nebelmeer, dicht, aschfarben, unwirklich, reglos, flach. Kam schon der Monsun? Die Stille hier war vollkommen. Über den Wolken nur ein Gipfel: der Makalu. Wie eine Insel stand er im Osten, hell schimmerte sein Eis. Nichts sonst unterbrach das Halbrund. Ich wähnte die Erde weder unter noch über uns, sondern irgendwo, weit weg. Wir hatten fünf Stunden gebraucht, um die Nebeldecke zu durchstoßen. Fünf Stunden im knietiefen Schnee, wühlend, steigend.

Als wir schließlich Lager II erreichten, waren wir übermüdet, konnten aber nicht schlafen. Deshalb lagen wir einige Stunden einfach nur so da. Dann rappelte ich mich auf und bereitete Tee. Der halbrunde Himmelsausschnitt im Eingang der Zeltbox war von hellen Streifen durchzogen, die Sonne war also schon hinter dem Nuptse verschwunden.

Wir hatten nach der Lawinenkatastrophe keinen Yak mehr geschlachtet, auch hatten die beiden Alippi ihre Vogelfallen entschärft. Mit Steinplatten und Stöcken hatten sie eine Art Fallbeil gebaut, um einige von den Schneehühnern zu fangen, die sich zuweilen in der Umgebung des Basislagers aufhielten. Noch lieber hätten sie einen der Königsvögel erlegt, doch bekamen sie nur einen einzigen zu Gesicht. Auch wenn wir nicht an das Gesetz *Ein getöteter Yak – ein toter Bergsteiger* glaubten, bemühten wir uns, die Götter nicht weiter zu reizen. So hatten wir es unseren Sherpas versprochen. Wir achteten fortan die Bräuche der Einheimischen, die verboten, oberhalb von Dingpoche irgendwelche Tiere zu töten.

Allein durch unsere Präsenz, durch das Vorhaben, einen so hohen Berg zu besteigen, griffen wir empfindlich in die Welt der Nepalesen ein. Wir Bergsteiger – damit meine ich auch frühere Expeditionen – haben die Einheimischen zwar dazu veranlasst, unsere Technologie zu bewundern, gleichzeitig aber ihre kulturelle Identität gefährdet. Unsere Art zu campieren, zu kochen, Krankheiten zu heilen, war für uns die einzig mögliche. Sie brachte jedoch – gewollt oder ungewollt – das religiös-moralische Gefüge in diesen Bergdörfern aus dem Gleichgewicht. Mit jeder Expedition ging ein kleines Beben durch das Traditionsbewusstsein der Einheimischen. Mit unseren Sauerstoffgeräten konnten wir zum Beispiel die höchsten Berggipfel, die Throne ihrer Gottheiten, erreichen. Mit unseren Funkgeräten überschritten wir willkürlich die natürliche Begrenzung von Raum und Zeit. Wir waren in den Augen der Einheimischen also fähig, Dinge zu vollbringen, die in ihrem Land nur Menschen zugeschrieben wurden, denen die Erlösung bereits zu Lebzeiten zuteil geworden war und die aus dieser Vollkommenheit heraus Wunder vollbringen konnten. Deshalb glaubten sie, wir seien ihnen in irgendeiner Weise überlegen, geistig als auch religiös. Wie hätten da einheimische Religion und Denkweise auf die Dauer unangefochten bleiben können?

Vor jeder Spalte, bei jeder schwierigen Kletterstelle hatten die Sherpas, die mit Mario und mir weiter aufgestiegen waren, geweihten Reis gestreut. Sie hatten ihre Gebete gemurmelt und zwischendurch die Luft durch die Zähne ausgestoßen, dass es pfiff. Auch wir waren besonders vorsichtig gewesen, wenn es über Wechten und Spalten ging, wenn wir Neuschneehänge querten. Gegen Lawinen, Wetterstürze und die Schwerkraft konnten selbst wir nichts ausrichten – irgendwie blieben die Götter doch die Überlegenen.

Die Wolkenfront, die jetzt im Süden stand, war stahlblau. Wie eine riesige tibetische Gebetsfahne hingen die Nebel auch am Ama Dablam. Man sah bis ins Basislager hinab: Die Erde unter uns war unendlich weit weg.

Einen Tag später stiegen wir mit Det Alippi und zwei Sherpas auf, um Lager III zu errichten. Ein guter Teil des Weges dorthin war bereits erkundet und versichert, das Zelt sollte unter der 500 Meter hohen senkrechten Gipfelwand stehen. Det kletterte voraus. Wie eine Maschine wühlte er sich vorwärts. Er hob das eine Bein, bis das Kniegelenk einen spitzen Winkel bildete, setzte es auf. Dann das nächste Bein. Bis weit über die Knie versank er jedes Mal im Pulverschnee. Eine höllische Schinderei.

Det war nach Cassin der Zweitälteste in der Mannschaft. 41 Jahre, aber wenn es um Ausdauer und Willen ging, der Erste von uns allen. Seine Handflächen sahen aus wie ein ausgedörrtes Stück Lehmboden, und seine Gesichtshaut schien aus Leder zu sein. Schmal und klein, war er für große Höhen besonders geeignet. Er, der nicht zu den Stars der Mannschaft gehörte, keine sensationellen Erstbegehungen auf seiner Tourenliste stehen hatte, war von den »Primadonnen« in der Mannschaft enttäuscht und zeigte – halb bewusst, halb unbewusst –, dass hier oben nicht der Name eines Bergsteigers, sondern allein die Leistung zählte.

Der Höhenmesser zeigte mittlerweile 7100 Meter an. Ich wollte nur mehr dastehen und warten, bis mein rasendes Herz wieder gleichmäßig schlagen, die strapazierten Lungen wieder langsamer pumpen würden. Mein Blick schweifte über die endlosen Schneehänge, an denen sich die Sèracs und Spalten im leichten Nebel kaum abhoben. Der Wind am nahen Gipfelgrat heulte jetzt nicht mehr, er zischte. Eben bekam ich wieder einen Schwall Graupelkörner mitten ins Gesicht. Wie Peitschenhiebe brannten sie auf der wunden Haut. Wenn die Karte stimmte, auf der wir im Basislager die Höhenschichtlinien abgezählt hatten, fehlten noch 100 Meter bis zum Ende der Eisrampe.

Nun stieg ich voraus. Mit gespannter Vorsicht setzte ich einen Fuß nach dem anderen auf. Die Schneefläche unter mir war bei diesem Zwielicht unbestimmbar. Ich merkte, dass ich automatisch den Boden abtastete, bevor ich einen neuen Schritt wagte. Ein Gefühl der Aussichtslosigkeit ergriff mich. Weit und breit kein sicherer Lagerplatz, die Wand wurde zusehends steiler. Das war nicht mehr die breite Rampe. Wir kletterten in einer riesigen vertikalen Eiswüste. Mir war, als stiegen wir seit Tagen hintereinander her. Kein Lebewesen sonst auf diesem abgesprengten Stück Welt. Waren wir noch am Lhotse?

Doch da, über uns, ein dunkler Streifen.

Ich zog mich am Pickel hoch und warf einen Blick über den Spaltenrand. Randspalte – Unterlippe – ungefährlich. Trotz des Nebels konnte ich sehen, dass die Oberlippe leicht auskragte wie ein Dachvorsprung. Wie mochte es bloß auf der rechten Seite aussehen? Ein Dutzend Schritte balancierte ich über dem Abgrund. Links die Spalte, rechts der Wandabbruch. Die Stufe von Unterlippe zu Oberlippe wurde kontinuierlich höher. Zu gefährlich. Ich kehrte zurück zum Ausstiegspunkt.

Mario stand neben mir. »Brauchbarer Platz, oder?«

»Wenn wir die Zeltbox eingraben, ja.«

»Ein Stück hinein, und wir liegen sicher wie in einer Katakombe.«

Die Sherpas hatten ihre Lasten abgeworfen und stiegen unter der Führung von Det ab, zurück ins zweite Hochlager. Mario und ich sortierten das Material: ein Zelt, zwei Schlafmatten – kaum mehr als einen Zentimeter dick –, ein Kocher, Nahrungsmittel für zwei Tage, eine Schneeschaufel. Das Kletterzeug und die private Ausrüstung steckten noch in unseren Rucksäcken. Es dauerte zwei geschlagene Stunden, bis unser Zelt stand, die hintere Hälfte im Eishang, die vordere teilweise durch den oberen Spaltenrand geschützt. Eine Lawine hätte es zwar eindrücken, nicht aber mitreißen können – trotzdem hatten wir Angst. Vor Müdigkeit konnten wir kaum etwas essen und hatten Mühe, wieder in die gefrorenen Außenschuhe zu kommen.

Erst als wir vor das Zelt traten und uns anseilten, überkam mich trotz des fauchenden Sturms die gewohnte Ruhe. Inzwischen waren die Nebel gesunken. Die helle Wolkendecke unter uns, glatt wie ein See und undurchsichtig, blendete stark. Der Horizont schien wie mit einem Zirkel gezogen, ein exakter Halbkreis. Kein Gipfel ragte darüber empor. Wie klein doch unser Gesichtsfeld jetzt war.

Nach weiteren zwei Stunden hingen die 100 Meter Seil, die uns zur Verfügung gestanden hatten, über uns in der Wand. Am Nachmittag brachten zwei Sherpas eine neue Rolle: Arbeit für den nächsten Tag.

Als die Nacht einbrach, war an Schlaf nicht zu denken. Jeder wusste vom andern, dass er wach war, außerstande, sich zu entspannen, dass er den Atem anhielt, immer wieder, um zu hören, was draußen geschah. Stille. Wir lauschten. Nichts.

Plötzlich, erst grollend, dann donnernd: Wumm – bum – bum …

Wir schreckten auf, fuhren hoch. Ein Schneerutsch fegte über unser Zelt. Riss er uns mit? Angst packte uns. Mit einem Mal war es wieder still. Das flache Dach hing bis zur Zeltmitte durch. Fingerdick klebte der Reif an den Wänden. Wir hatten Glück gehabt, wieder einmal. Nach einer Viertelstunde schliefen wir ein.

Am Umkehrpunkt vom Vortag schloss Mario zu mir auf. An zwei Standhaken gesichert, schob er langsam das Seil durch die Bremse. Einen Zentimeter, Ruhe, wieder einen Zentimeter. Der Fels war brüchig, grobbrüchig. Wenn ich den Kopf zurücklegte und nach einem Weiterweg forschte, überkam mich die seltsame Vorstellung, dass gleich der ganze Berg in sich zusammenbrechen würde.

»Sassi!« Immer wieder warnte ich Mario vor fallenden Steinen. Ganz plötzlich tauchten sie in der Luft auf, kleine schwarze Punkte über uns, schwirrten vorbei und schlugen weit unten wie Schrapnelle im Eis ein.

Wir hatten die Verschneidung erreicht, die schräg von rechts nach links die zweite Hälfte der Gipfelwand durchreißt. 7500 Meter Höhe. Das Eisbeil am Handgelenk, die Handschuhe an Bändern, schob ich mich über glatte Urgesteinsplatten, spreizte eine Rinne hoch und erreichte einen senkrechten Riss. Die Steigeisen knirschten metallen auf dem Fels. Der Haken, den ich in eine Längsspalte steckte, blieb hängen. Fünf Schläge mit dem Eisbeil, und er hielt. Reepschnur eingefädelt, doppelt natürlich, Karabiner eingeklinkt, und schon hatte ich eine Zwischensicherung. Im Hauruck-Verfahren wollte ich den Riss nehmen: Entweder schaffte ich ihn auf Anhieb oder überhaupt nicht. Für langes Probieren reichten mein Mut und meine Kraft nicht aus. Ich kam nur bis zur Mitte. Weiter oben kein Griff mehr, der Fels zu steil, als dass ich mich auf den obersten Tritten hätte aufrichten können. Verdammt!

»Aufpassen!«, rief ich zu Mario hinunter. Ich wagte es nicht, ihm ein Zeichen zu geben, weil ich dabei das Gleichgewicht hätte verlieren können. Da war ein faustgroßer Felskopf. Drei gezielte Hiebe mit der Haue, und das Eis spritzte weg. Schnell fummelte ich eine Reepschnur vom Klettergürtel, legte sie um den Felsen, prüfte nach, ob dieser hielt, und pendelte, an ihr gesichert, nach rechts auf ein Band. Gerettet.

An einem Klemmkeil und zwei Querhaken gesichert, wollte ich Mario nun nachkommen lassen: »*Vieni!*«

Er hatte eben den einen Haken herausgeschlagen – den zweiten ließ er für die Fixseile stecken –, als eine ganze Steinlawine auf uns zuraste. Es hob ein Krachen, Singen, Hüpfen und Pfeifen an, das erst fünf Minuten später wieder aufhörte. Mario und ich standen an den Fels gedrückt da, die Rucksäcke über den Köpfen, und warteten. Zuerst starr vor Schreck, dann schicksalsergeben. Am liebsten hätten wir uns im Berg verkrochen.

Das war zu viel. Es roch nach Schwefel, und die Luft zitterte noch, während wir uns abseilten. Unser Entschluss stand fest: zurück ins Lager und ab ins Hauptlager. Vorerst hatten wir die Nase voll.

Gescheitert

Der Aufenthalt im Basislager war eintönig. Die Gleichgültigkeit der demoralisierten Mannschaft bedrückte mich zunehmend. Ich schrieb in mein Notizbuch: *die Lhotse-Wand.* Und fügte hinzu: *der Himalaja, die Achttausender, diese Umwelt, fremd und lebensfeindlich.*

Das waren die Kräfte, die uns geformt hatten, vielleicht mehr als alle Bergsteigermoral und -literatur.

Diese Landschaft aus Fels und Eis, die keine weichen Flächen kennt, die nirgends weit ist, außer am Gipfel, und die immer unter Spannung steht. Dieses Gebirge, das wenige Kilometer voneinander entfernt die grausame Hölle der Todeszone und die friedliche Harmonie der Lamaklöster in sich vereint. Dieses Klima, das Hitze und Kälte mischt wie der Schmied Feuer und Wasser beim Härten von Eisen. Am Tag die Sonne senkrecht über einem wie in der Wüste, nachts Polarkälte mit Schnee und Stürmen. Würde ein Durchschnittsbürger in drei Monaten die Energie verbrauchen, die ein Bergsteiger einsetzt, um einen Achttausender zu besteigen, er wäre im Nu um zehn Jahre älter. Zumal der Sturm, immer wild und gewalttätig, den ausgeglichensten Menschen mit innerer Unruhe erfüllt und ihn wie einen Schiffbrüchigen der Verzweiflung aussetzt. Die Landschaft steil, das Klima grausam; Gefahr unabwendbar, wohin man auch tritt; die Gipfel über den Wolken großartig, aber entrückt, wie nicht für uns geschaffen. All das hatte unser Wollen geprägt. Darum blieb es nur bedingt von logischen, weit weniger noch von materiellen Überlegungen abhängig.

Es dauerte vielleicht gerade deshalb nicht lange, da erwachte in mir die alte wilde Begierde nach Taten. Ich verbot mir, unentwegt nur an Sicherheit zu denken, und legte mir ein neues Expeditions-ziel zurecht. Ein Ziel und der Glaube an den Erfolg reichen aus, um es zu gewinnen, um das Leben zu ertragen. Der Aufstieg durch die direkte Gipfelwand kam offensichtlich nicht mehr infrage. Die Wand war zu steil, zu brüchig und zudem völlig vereist. Ich machte daher den Vorschlag, es weiter links zu versuchen, über eine Rampe und einen kurzen Pfeiler, der schräg nach links zum Grat weist. Dort, am Grat, mussten wir meiner Meinung nach an einer Stelle ausstei-gen, die unmittelbar über dem »Tal des Schweigens« lag, das sich vom Khumbu-Eisfall zwischen der Nordwand des Nuptse und der Südwestwand des Everest zum Fuße der Lhotse-Nordflanke hinauf-zieht. Vielleicht konnte man von dort trotz der steilen Schneehänge absteigen. Absteigen zu den Japanerinnen, die noch auf dem Nor-malweg zum Everest waren und dort unten ein Lager haben muss-ten. Es wäre weiter kein Problem gewesen, dann über den versicher-ten Khumbu-Eisfall in ihr Basislager zu gelangen. Einige von uns sollten westlich um Nuptse und Lhotse herummarschieren und uns am Fuß des Everest erwarten.

Dass es für einen Gipfelangriff auf den Lhotse zu spät war, wuss-ten inzwischen alle. Bis jetzt – und es war inzwischen Anfang Mai – hatten wir noch nicht einmal ein drittes Lager stehen! Es schien, als hätten wir die Lhotse-Wand bereits im April verspielt. Doch mein neuer Plan, der eine Überschreitung der Nuptse-Lhotse-Mauer gebracht hätte, stieß nicht auf allgemeine Begeisterung. Als ich ihn am Abend nach dem Essen vor versammelter Mannschaft vor-brachte, las ich in Riccardos Gesicht, dass er nicht die Unterstützung aller Kameraden erwartete und deshalb wenig Aussicht sah, das komplizierte Manöver durchzuführen. Er selbst jedoch erhob keine Einwände. Wahrscheinlich erkannte er, dass diese letzte Chance nicht blindlings abgeschlagen werden sollte und dass auch nur ein Teil der Männer genügt hätte, einen derartigen Erfolg zu realisieren.

Die Möglichkeit dieser Überschreitung war für mich so faszinierend, dass ich sie kaum weniger reizvoll fand als die Lhotse-Besteigung selbst. Aber erst nach einigen Tagen der Diskussion war ein Großteil der Mannschaft für meinen Plan zu haben. Cassin bestimmte, wo und wie die Hochlager aufzubauen wären und wer die Spitze übernehmen sollte. Eine Seilschaft musste zuerst die letzten 200 Meter bis zum Grat versichern, dann eine andere den Versuch einer Überschreitung wagen. Eine zweite Seilschaft sollte folgen. Auf diese Weise konnte die erste relativ schnell den Grat erreichen und dann, ohne dort ein Lager errichten zu müssen, auf der anderen Seite absteigen. Die zweite Seilschaft hätte den Abstieg der ersten verfolgen und im Notfall von oben Hilfe bringen können.

Als die Details endlich festgelegt waren und der Überschreitung nichts mehr im Wege stand, brach erneut schlechtes Wetter über uns herein. An einen ernsthaften Versuch war nun nicht mehr zu denken.

Wie nach dem Scheitern am Makalu wog ich auch jetzt die Vor- und Nachteile einer starken Expeditionsmannschaft gegeneinander ab. Da waren auf der einen Seite größere Sicherheit, Rückendeckung, Kameradschaft und die Möglichkeit, im Krankheitsfall ersetzt zu werden. Auf der anderen Seite standen die geringe Beweglichkeit, die langen Diskussionen und der Mannschaftsgeist, der unter Umständen allen Auftrieb ersticken konnte. Bei der richtigen Vorbereitung und der nötigen Erfahrung musste eine Zweier-Expedition nicht nur schneller und billiger, sondern auch sicherer sein, davon war ich überzeugt. Und dass am Berg jeder für sich selbst verantwortlich ist und die Wahrscheinlichkeit, nur *einen* gleichwertigen Partner zu finden, wesentlich höher ist als zehn oder 15 Kameraden, steht bis heute außer Frage.

Am 13. Mai war es so weit: Riccardo Cassin erklärte unsere Expedition endgültig für gescheitert. Von diesem Augenblick an gab es für mich nur noch eines: Sehnsüchtig wartete ich auf Uschi, die bald das Basislager erreicht haben musste. Wenn alles gut ging, musste sie nach zehn Tagen Anreise – Flug nach Kathmandu, zwei Tage Warten auf das Trekking-Permit (eine Art Wandererlaubnis), Flug nach Lukla, zwei Tage Fußmarsch bis Namche Bazar, eine Tagestour nach Tengpoche und dann noch zwei Tage Anstieg zu uns herauf – im Lager sein.

Von dem, was inzwischen zu Hause geschehen war, ahnte ich noch nichts. Vor etwa einem Jahr hatte ich bei der Regierung von Pakistan um die Erlaubnis zur Besteigung des Hidden Peak angesucht, lange Zeit jedoch keinen Bescheid erhalten, keinen mehr erwartet und das Ganze nahezu vergessen. Nun war völlig überraschend eine Antwort aus Pakistan eingetroffen und mit ihr die ersehnte Genehmigung erteilt. Uschi hatte den Brief aus Rawalpindi zum Bergfilm-Festival nach Trient mitgenommen, wo sie an meiner Stelle den ITAS-Preis für mein Buch *Der siebte Grad* entgegennahm. Senatspräsident Spagnolli überreichte ihr persönlich Urkunde und Geld – Manna für die expeditionsgeschwächte Haushaltskasse – und flüsterte ihr dabei etwas ins Ohr.

»Was hat er gesagt?«, bohrte Emanuele Cassará, ein Journalist, der sofort mit gezücktem Bleistift parat stand, gleich nach.

»Sie sind auf 7200 Meter angekommen und beginnen den Quergang zum Gipfel. In einer Woche haben sie's geschafft«, erwiderte Uschi.

Wenngleich sie schon viele italienische Expeditionsinformationen bekommen und gelernt hatten, nicht mehr alles für bare Münze zu nehmen, wollten sie beide daran glauben.

Uschi hatte die Gelegenheit der Feierlichkeit genutzt, um Peter Habeler anzusprechen, den sie insgeheim über den Brief und die Genehmigung aus Pakistan unterrichtete. Peter war sofort Feuer und Flamme gewesen und hatte begeistert zugesagt, mit mir zusammen den Hidden Peak in Angriff zu nehmen. Doch sollte vorerst noch niemand anderer erfahren, auf welches große Wagnis wir uns da einlassen wollten.

Abends, in meinem kleinen Zelt, ließ ich all jene Augenblicke an mir vorüberziehen, in denen ich Uschi nach langer Trennung wiedergesehen hatte: 1971 im späten Herbst in Karatschi – ich kam von Neuguinea zurück und hatte mir eigens für sie ein neues Hemd gekauft. Wenige Monate vorher in Mailand – erst war sie umsonst zum Flughafen gekommen, da man ihr einen falschen Ankunftstag mitgeteilt hatte, eine Woche später empfing sie mich wieder, und wir kletterten zu ihrem Geburtstag die Delagokante. Sie ging so leicht, als ob sie nie etwas anderes getan hätte. Dann nach dem Manaslu-Abenteuer in München – am Münchner Flughafen Riem gab es in jenem Augenblick auf der ganzen Welt zur zwei Menschen, Uschi und mich. Als sie auf mich zukam und ich sie in die Arme nahm, fühlte ich mich in schwindelerregende Höhen versetzt, wie über den Wolken. Irgendwo ganz tief unten, ganz weit weg waren all die Journalisten, die Freunde, Gönner und die übrige Welt. Das war nun schon drei Jahre her, drei lange Jahre voll Trennung und Wiedersehen, Schmerz und Glück.

Ich versuchte mir ihr Gesicht vorzustellen. Ihr frohes, offenes Lächeln. Aber wie lang war zuletzt ihr Haar gewesen? Auf welcher Wange saß der winzige braune Leberfleck? Ich wusste es nicht mehr. Sosehr ich mich bemühte, mich zu erinnern, ihre Züge blieben verschwommen.

Am nächsten Morgen bat ich Cassin um die Erlaubnis, meiner Frau entgegengehen zu dürfen. Er willigte ein. Ich wollte so lange gehen, absteigen, laufen, bis ich sie traf. Piussi sollte mitkommen, um im Japaner-Hotel bei Khumjung Geld abzuholen, das für die Trägerlöhne benötigt wurde. Kurz nach dem Frühstück zogen wir los. Im Rucksack nur die Schlafmatte, ein hartes Brot und einige Konserven.

Nach dieser beschwerlichen Expedition bis weit über alle Gipfel der umliegenden Berge kam mir der Abstieg wie eine Rückkehr ins Leben vor. Knapp unter dem Basislager, wo nur Büschel von dürrem Gras wuchsen, stießen wir auf das erste verkrüppelte Buschwerk, vereinzelt noch, dann folgten frische Grasmatten, und weiter unten im Tal, hinter endlosen Einöden, ausgedehnte Waldstreifen und Flecken dampfender Erde. Die obersten kargen Almen waren schon bewohnt. Ja, es waren Almen, diese zimmergroßen braungrünen Flächen zwischen den Steinen, diese winzigen Oasen am Fuße der Achttausender – die armselige Heimat der Sherpas, die unfruchtbaren Weidehänge des genügsamen Yak. Beim Aufstieg vor gut sechs Wochen waren mir die Unterschiede zwischen den letzten bewohnten Weilern und den Moränenrändern der Gletscher nicht weiter aufgefallen. Ich hatte mich allein auf den Berg mit seinen ständig wechselnden Gesichtern konzentriert. Jetzt aber, als ich von den unwirtlichen Hochregionen, wo die Steine kaum mit Moos und Flechten bewachsen waren, herunterkam in diese blühende Frühlingslandschaft, war ich überwältigt von dem, was ich um mich herum sah. An den schattigen Stellen lag fleckenweise noch Firn, der Rhododendronbüsche und Gras mit eisiger Hand niederdrückte. Wenige Meter daneben sprossen die ersten Blumen: Primeln, winzige Glockenblumen und hellgrüne Blätter, mit feinen Härchen übersät.

Weiter unten breitete sich im Tal dichter Nebel aus. Ich konnte es kaum erkennen, aber da, zwischen der gescheckten Hausmauer und dem halb eingestürzten helleren Steinwall, ein gelber Fleck, ein Zelt! Dort musste sie sein! Ich eilte nordseitig an Dingpoche vorbei. Das Zeltdach leuchtete aus dem Dunkelgraublau der Nebelmassen hervor und verschwand auch dann nicht, wenn zerblasene Nebelschwaden darüber hinwegzogen. Ich war keine Dutzend Schritte mehr vom Zelt entfernt, da vernahm ich Stimmen. Es waren unverkennbar deutsche Wortfetzen, die mein Ohr trafen, aber Uschis Stimme war nicht zu hören. Zögernd zog ich den Zelteingang auseinander. Da erblickte ich Heidi, Uschis Schwester, und Ilse, ihre Freundin. Aber wo war Uschi?

Sie stand etwas abseits an eine Mauer gelehnt. Ich sprang zu ihr hin und küsste sie, presste sie an mich, um sie zu spüren. Das waren Augenblicke großen Glücks. Der Talwind wehte ihr die Haare aus der Stirn. Meine Finger schoben sich zwischen die von Uschi, ihre Haare berührten zart mein Gesicht.

Das Wetter hatte wieder aufgeklart. Den ganzen Vormittag über war ein feiner, dichter Regen niedergegangen, doch nun brachen hier und dort einzelne Sonnenstrahlen durch den grauen Nebelvorhang. Die Äcker, die Steinplatten auf den Hausdächern, die Sträucher und Begrenzungsmauern zwischen den Feldern dampften. Das Wasser in den schmalen Bewässerungsgräben blitzte in der hellen Maisonne. Es war 4 Uhr nachmittags, als wir uns für einen kurzen Spaziergang zurechtmachten. Hand in Hand, wie Kinder, schlenderten wir über die Felder, kletterten über Mäuerchen und saßen lange am Fuße eines Tschorten*, den Blick durch ein Wolkenloch hindurch auf den heiligen Berg Taboche gerichtet. Die Streifzüge durch das fast unbewohnte Dorf nahmen erst in der Dämmerung ein Ende. Dieser Tag war zweifellos mein schönster während der ganzen Expedition – es war ein Tag, an dem ich Uschi wiedersah und wiederentdeckte. Am selben Abend gab mir Uschi die Genehmigung der Regierung für den Hidden Peak im Karakorum. Zunächst

---

* Symbolische Bauwerke des lamaistischen Weltbildes; sie stehen meist an Ortseingängen, Kreuzungen, Bergpässen und exponierten Wegen.

zeigte ich mich äußerlich gleichgültig, aber innerlich baute sich vor meinem geistigen Auge dieser Achttausender als eine neue Herausforderung auf, die anzunehmen ich bald bereit war – sie war viel zu verlockend.

Uschi hatte in den zwei Monaten unserer Trennung nicht viel Zeit für Grübeleien gehabt. Auch jetzt machte sie einen vergnügten und ausgeglichenen Eindruck. Sie war in guter Form und ganz erfüllt von den Erlebnissen beim Anmarsch. Diesem selbstständigen, führerlosen Herumstreunen in unbekannten Gebieten galt schon früher ihre ganze Leidenschaft, und sie lebte die Überzeugung, dass jede Landschaft eine ganz bestimmte Ausstrahlung auf sie hätte. Die argentinischen Anden zum Beispiel hatten sie in tiefste Depressionen gestürzt, der karge Hindukusch hatte ihr Selbstvertrauen und Mut gegeben. Und der Solo Khumbu versetzte sie nun in heitere Ausgeglichenheit.

Während wir anderntags zum Basislager aufstiegen, hofften wir insgeheim, dass die Wand schon geräumt wäre und wir unsere Spaziergänge in Solo Khumbu fortsetzen könnten. Uschi hatte ihre Bluejeans aufgekrempelt. Ab und zu war der Steig so schmal, dass wir balancieren mussten. Sie tat es geschickt. Immer, wenn sie nicht weiterwusste, wandte sie sich um und lächelte.

Der Empfang bei unserer Ankunft im Basislager war groß und ausgelassen, da die seit Wochen angekündigten und sehnsuchtsvoll erwarteten Mädchen nun endlich eintrafen. Dicht gedrängt standen meine Kameraden um die Neuankömmlinge herum. Während sie Uschi schon von den Expeditionsvorbereitungen und vom Abflug in Mailand her kannten, wussten sie von den beiden anderen, Heidi und Ilse, nur vom Hörensagen. Vor allem Cassin kümmerte sich rührend um Letztere, sodass ich Uschi guten Gewissens zu meinem kleinen Zelt führen konnte. Nach wenigen Stunden schon gehörten die drei Mädchen zur Gemeinschaft.

Am nächsten Tag sollten Sandro und ich zusammen mit einigen Sherpas in die Wand einsteigen, um die Hochlager abzubauen. Langsam begann ich den Aufstieg zur Moräne und stolperte unkonzentriert über die herumliegenden Steine weiter bis zum Wandfuß. Es wollte mit dem Bewegungsrhythmus einfach nicht recht klappen. Erst war mir zu warm, dann spürte ich einen Druck im rechten Schuh. Als ich einigermaßen in Tritt gekommen war, fiel es mir schwer, mich nicht umzudrehen. Vielleicht winkte ja Uschi noch? Schließlich wurde meine Aufmerksamkeit abgelenkt von den fixen Seilen, die teilweise in den Schnee getreten waren oder als vereiste Stränge in der Wand hingen. Auf halbem Weg zum Lager I erst hatte ich mich richtig eingelaufen und stieg zügig aufwärts.

Plötzlich überkam mich das beschämende Gefühl, wir hätten uns bei dieser Expedition nicht voll eingesetzt, hatten wir doch nicht einmal den Grat erreicht. Doch halt, aus welchem Grund sollte ich mich schämen? Einen Augenblick lang blieb ich – am Fixseil gesichert – stehen, lehnte mich zurück und schaute hinauf bis zum Grat, an dem jetzt dichte Nebelschwaden hingen. Noch einmal vergegenwärtigte ich mir unseren letzten Versuch, als Mario Curnis und ich vom Lager III zum Gipfelgrat vorzustoßen versucht hatten. Alles war gut organisiert gewesen, und wir hatten uns in bester Verfassung befunden. Aber die Felsen dort waren so fürchterlich brüchig, und der Wind tobte ohne Unterbrechung. Ich dachte an die leichteren Schneehänge an der Nordseite des Lhotse, an die Möglichkeit, vom Grat an nur einem Tag zum Gipfel aufzusteigen. Aber wir waren nicht bis zum Grat gekommen. Das Ganze war schlichtweg zu gefährlich gewesen. Es gab wirklich nichts, was wir nicht versucht hätten, und dennoch: Das Gefühl, etwas verspielt zu haben, wurde mit jedem Schritt stärker.

Jetzt, bei diesem schnellen Aufstieg, wurde mir mit einem Mal völlig klar, dass einige wenige Tage voller Einsatz genügt hätten –

das hohe Risiko natürlich mit einbezogen, das zu einem Blitzangriff gehörte. So aber waren wir gescheitert, auch wenn niemand mit dem Leben bezahlt hatte.

Ich sinnierte weiter. Was hatte es zu bedeuten, für mich zu bedeuten, den Gipfel nicht geschafft zu haben? Kein dritter Achttausender, das war nicht schlimm; aber nicht oben gewesen, nicht bis zum Ende gekommen zu sein, das nagte hartnäckig an mir. Es waren offenbar die Abschlüsse, die mich beruhigten. Ich war immer noch der gleiche Narr. Ich lächelte über mich selbst und griff wieder fest in die Seile.

Mit der rechten Hand schob ich den Jümarbügel aufwärts, mit der linken tastete ich am Fels, um das Gleichgewicht besser halten zu können. Zwischendurch machte ich sogar einige Sätze, und beinahe hätte ich vor Freude gejubelt, als ich feststellte, dass ich vom Hauptlager bis zum ersten Hochlager keine Stunde gebraucht hatte. Ich fühlte, wie sich meine Muskeln weiteten, gleichsam wie ein Ball, den man aufpumpt. Es prickelte in meinen Waden und Schenkeln. Irgendetwas trieb mich weiter und verbot mir, hier auf Sandro zu warten, wie ich es mir ursprünglich vorgenommen hatte. Ich stieg so zügig auf, dass mir fast Zweifel kamen, ob ich dieses Tempo bis zum Seilbahnlager in 6400 Meter würde durchhalten können. Kletterten da bereits die Sherpas vor mir? War ich wirklich schon an dem Platz, wo meine Steigeisen hingen? Mein Herz schlug heftig. Ich stieg fast automatisch, zog die Steigeisen an, stand auf und steigerte mein Tempo von Haken zu Haken. Einen Augenblick lang nur hielt ich an, als die Sherpas unmittelbar vor mir standen, die Hochträger, die sechs Stunden vorher vom Lager I aufgebrochen waren, um am Abend im Seilbahnlager zu sein. Ich kletterte entschlossen an ihnen vorbei und hetzte weiter.

Es dauerte eine gute Stunde, bis Sandro im Seilbahnlager eintraf. Ich hatte inzwischen Tee bereitet und die Winde kontrolliert. Auch hatte ich versucht, einige Schritte in Richtung Lager II aufzusteigen, aber der Schnee lag hier so tief, dass die Aussicht, es am selben Tag noch erreichen zu können, zu gering war, als dass ich einen ernsthaften Aufstieg in Erwägung zog. Zudem war ich nach einer kurzen Rastpause im Zelt träge und müde geworden – in dem Maße unlustig, wie ich vorher angespannt gewesen war.

Während wir uns am nächsten Vormittag die letzten Meter zum Lager II hinaufwühlten, durchriss plötzlich das Dröhnen eines Hubschraubers die eisigstarre Luft. Unsere Blicke wurden magnetisch von der nahen Maschine angezogen. An der Nuptse-Wand vorbei entschwand der Helikopter kurz darauf als ein kleiner schwarzer Punkt hinter dem Westgrat aus unserem Gesichtskreis. Das Intermezzo war schnell vergessen, als wir anschließend volle drei Stunden im völlig verschneiten Camp buddelten, um wenigstens Zelte, Sauerstoffflaschen, ein Funkgerät und Reste von Fixseilen bergen zu können. Die Sherpas schleppten das Expeditions-Strandgut bis zur Bergstation der Seilbahn, und von dort ließen wir es bündelweise hinuntersausen. Huiii – peng! 400 Höhenmeter auf etwa 800 Meter Seil. Unten schlugen die Pakete wie Blindgänger in den Schnee.

Als endlich alles, Menschen und Material, im Basislager angelangt war, galt es nur noch, die Sherpas auszubezahlen und für den Abmarsch zu packen. Dann waren wir freigestellt und durften auf eigene Faust vorauseilen, während Cassin es übernahm, die Trägerkolonne talwärts zu führen. In Namche Bazar wollten wir uns alle wieder treffen.

Der Nordwestgrat und die furchtbar steile
Nordwestfront des Hidden Peak kommen für
einen Besteigungsversuch nicht ernsthaft in
Frage.

GÜNTER O. DYHRENFURTH

Alpinstil am Hidden Peak

Wanderung durch das Sherpa-Land

Eben noch, so dachte ich, war ich Expeditionsbergsteiger gewesen, jetzt waren wir – Uschi und ich – Trekker, normale Wanderer. Einfach nur dahinspazieren, ohne Trägersorgen, ohne Eile oder Ballast – auch das hatte seinen Reiz.

Am ersten Tag waren wir bis zum Kloster Tengpoche gekommen. In einem der Gästeräume, die in den Seitenflügeln dieses Lamaklosters untergebracht sind, bekamen wir ein schlichtes Abendessen und einen Platz auf einer Pritsche. Außer uns verweilten hier noch einige andere Trekker, zwei Lamas, die Bier und Tibetika verkauften, und mehrere Nepalesen, die mit den Engländern am Nuptse gewesen waren und jetzt von Rasthaus zu Rasthaus heimwärts zogen. Der Schreck, den ihnen die talwärts donnernden Lawinen eingejagt hatten, saß ihnen immer noch im Nacken. Sie hatten den ganzen Abend Raksi getrunken, was dazu führte, dass sich einer mit mir anlegte. Ich aber war nicht aufgelegt zu Scherzen oder Plänkeleien und konnte ihn beschwichtigen. Es war Mitternacht, als uns ein lautes Geschrei weckte. Einer der Nepalesen, ein Gurkha, ließ sich hemmungslos über Europa – so, wie er sich Europa vorstellte, das er angeblich »von London bis Rom« kannte – und über die Expeditionen aus, an denen er teilgenommen hatte. »Diese Haufen von

Krüppeln«, grölte er, »die haben doch Angst, sobald sie allein sind.«

Mit einem Mal wurde uns klar, dass die Nepalesen – zumindest etliche von ihnen – anders über uns dachten, als wir geglaubt hatten, und dass in ihnen Feindseligkeit und Aggressivität steckten, die sie im Allgemeinen verdeckten, um sich nicht zu schaden. Dieser Mann jedenfalls hasste Europa, und zugleich brachte er diesen Hass mit den gemeinsten Beschimpfungen zum Ausdruck, die er von Europäern übernommen hatte.

Am nächsten Tag erkundeten wir das Kloster Tengpoche – in der Sherpa-Sprache *gomba* genannt – ausgiebig. Von Lama Gulu 1916 errichtet, stellt es heute einen geistigen Mittelpunkt des Sherpa-Lamaismus dar. Das Kloster liegt auf einem Hochplateau, das sich wie eine grüne Insel vor der gewaltigen Kette der heiligen Berge Ama Dablam, Kantega und Tamserku erhebt und den großartigsten Blick auf Everest und Lhotse bietet. Der Bau selbst ist vielschichtig gegliedert, seine pagodenförmigen Dächer steigen übereinander auf und scheinen sich gegenseitig aufzuheben. Die Wände sind mit Lehm verputzt und mit einem Rot gestrichen, das an pompejanisches Rot erinnert. Kunstvoll geschnitzte, vielfarbig verzierte Fenster, das Holz von der Sonne schwarz gebrannt, lockern die Wände symmetrisch auf. Vor dem Kloster liegt ein von hohen Steinmauern eingefasster Hof. Zu ihm führen steile Stufen, die oben auf ein geschnitztes Tor zuführen. Durch das Tor betritt man Hof und Kloster und die verrauchte Küche im Seitenflügel. Das Kloster selbst enthält eine Unzahl der schönsten *thangkas* – tibetische Rollenbilder, ikonografische Malereien, die der Selbstidentifikation mit den Gottheiten dienen; durch Meditation sucht man deren Eigenschaften in sich selbst zu entwickeln –, kostbare Buddhas aus Gold und Silber sowie Wandmalereien, auf denen das Leben Buddhas dargestellt ist. Hier war für mich einer der schönsten Plätze der Erde.

Unmittelbar unter dem Kloster querten wir einen Rhododen-dronwald. Der satte Geruch der sterbenden Blüten lag in der Luft, und die Blütenblätter variierten von Weiß über Gelb bis zu Dunkel-rot. Unter den Gelbtönen überwog das Orange, das Weiß war nicht selten mit Rosa überhaucht, oft zart wie frischer Schnee, dazwi-schen wieder ein ganzer Strauß mit rotbetupften, weißen Blumen.

Über Khumjung und Kunde, die wohl größte Sherpa-Siedlung, wollten wir nach Thame wandern, wo dieser Tage das *Mani Rimdu,* das höchste religiöse Fest des Jahres, stattfinden sollte.

Überall in den Dörfern liefen uns die Kinder nach, Buben, die auf den Wegen spielten, kleine Mädchen mit ihren Puppen im Schulter-tuch. Sie trugen sie genauso, wie die Mütter dort ihre Babys tragen. Uschi unterhielt sich oft und gern mit den Kleinen. Als sie sich unter-wegs einmal für einen Augenblick gegen eine Mauer lehnte, um sich auszuruhen, kamen sofort zwei Buben und ein Mädchen angelaufen, die sich neben sie setzten und versuchten, sie an den Händen zu fas-sen. Mit einem Mal änderte sich Uschis Gesichtsausdruck. Ein Hauch von Melancholie, eine Spur von Trauer legte sich auf ihre Züge. Bei ihrem Anblick fiel mir mein Traum ein: die Hotelhalle, der Akt von Kirchner, die Frau, die jemanden suchte. Ich glaubte, Uschi in dieser Frau wiederzuerkennen. Ja, sie war diese Frau. Was über einen Men-schen verhängt ist, lässt sich nicht leugnen.

Schon früh am Morgen verließen wir das Rasthaus in Kunde, wo wir unweit des Hillary-Hospitals genächtigt hatten. Nach einem ausgedehnten Marsch durch Pinienwälder und über steile Wiesen-hänge schlugen wir den Weg nach Thame ein. Es war drückend heiß. Bleigraue Nebel hingen knapp über dem Fuß der Berge, und nur ab und zu ließ ein Sonnenfleck die Steinmauern, die die Felder umrandeten, weiß aufleuchten. Als wir Thame erreichten, schien das Dorf wie ausgestorben. Weiter oben allerdings, in der winzigen Felsenstadt am Kloster, herrschte reges Treiben. Seit Tagen schon hielt der Zustrom der Gäste zum großen Fest an. Das Kloster Thame und die umliegenden Schuppen füllten sich mit Männern, Frauen und Kindern, die *gomba* mit Lamas von anderen Klöstern. Selbst aus den entlegensten Teilen des Sherpa-Landes waren festlich gestimmte Gläubige eingetroffen, und sogar Reisende aus dem Ausland mischten sich in das bunte Gemenge. Die Gasthäuser waren ausnahmslos überfüllt, um die Küchen im Freien drängte sich Jung und Alt. Vorerst glich das Festgelände mit tibetischen Altertumshändlern und Tschang-Verkäufern eher einem Jahrmarkt.

Bekannte Gesichter tauchten auf: zwei Sherpas, die mich am Makalu bis in jenes dritte Lager begleitet hatten, das wie eine kurze Sprungschanze in den mit 60° geneigten Eishang gegraben war; einige Expeditions- und Trekkingleute, die ich von Vorträgen in Europa her kannte. Ein kurzes Nicken zu den Sahibs hin, ein »*Namaste* – ich begrüße das Göttliche in dir« zu den Sherpas.

Wie üblich wurde die Feier am Nachmittag vor dem eigentlichen Festbeginn durch den Rinpoche eröffnet. Ein Glockenzeichen ertönte, und der Klostervorhof versank erwartungsvoll in andächtiges Schweigen.

Der folgende Morgen brachte auch für die Pilger Gebet und Meditation. Vom Dachvorsprung der *gomba* aus war eine Zeltplane gespannt, die den ganzen Hof überdeckte. Unter ihr saß, erhöht auf einem thronartigen Sessel im Lotossitz, der Rinpoche. Er trug die hohe rote Mütze seines Ordens und ein gelbes Seidengewand. Rechts von ihm, auf dem ebenfalls erhöhten Sessel, stand ein geschmücktes Bild des Dalai Lama, während etwas tiefer zu beiden Seiten des Rinpoche weitere würdige Lamas Platz genommen hatten. Auf einem Tisch vor dem Rinpoche lagen die wichtigen Kultgegenstände des Lamaismus: *dorje*, das Zepter, und *drilbu,* die Glocke. Von Zeit zu Zeit läutete der Rinpoche, tief in die Zeremonie versunken, mit der Glocke oder hob das Zepter. Er war ein junger Mann von erst

17 Jahren, und das hohe Amt, das er bekleidete, war ihm zugefallen, weil man in ihm die Reinkarnation jenes Lamapriesters erkannt hatte, der vor ihm das Kloster geleitet hatte.

Den Höhepunkt der Festlichkeiten bildeten die Maskentänze. In immer neuen Masken und Gewändern traten die Lamas aus der *gomba,* tanzten, spielten und rezitierten, wobei Musik, Bewegung und Gesang zu einer Einheit verschmolzen. Die symbolische, zeitlose Welt dieser Mönche nahm Uschi und mich gefangen und erfüllte uns mit ihren unendlich reichen Bildern, Tönen und Gerüchen.

Am Abend nach den Festlichkeiten ließ man uns in die *gomba* ein. Jetzt war der Rinpoche nicht mehr der unnahbare Priester, sondern ein auskunftsfreudiger Mann, der uns einen fingerdicken, einen Meter langen Eisenstab zeigte, in den er in einem seiner früheren Leben als Beweis seiner Berufung einen Knoten gedreht hatte, ohne den Stab vorher zu erhitzen. Trotz seiner Jugend strahlte er Ruhe und Würde aus. Er führte uns zu seinen privaten Gemächern und bat uns zu guter Letzt, sein Kofferradio zu reparieren – ein untrügliches Zeichen, dass auch hier, in diesen letzten Oasen der Stille, die Technik ihren Einzug hielt, obwohl die Zeit noch immer nach Monden, Sonnenauf- und Sonnenuntergang bemessen wurde.

Noch auf dem Rückmarsch bis nach Namche Bazar herrschte bei Uschi und mir Hochstimmung. Uschi, obwohl müde vom langen Gehen und der durchwachten Nacht in der engen, verlausten und lauten Klosterzelle, war noch ganz benommen und ergriffen von den stimmungsvollen Erlebnissen, während wir die Serpentinen nach Namche Bazar hinuntergingen. Cassin war dort längst eingetroffen und der Hauptteil der Lasten – 300 Gepäckstücke mit Trägern und Yaks – bereits nach Lukla unterwegs.

Warten auf die Herkules

»Campo base, campo due.«

Lautes Gelächter.

»Tutto bene, pico bello, mamma mia, pasta asciutta.«

Wie ein Schattenriss stand da eine schwarze Gestalt im Schein des flackernden Feuers: O-Beine, die Füße leicht nach außen gedreht, in der rechten Hand ein Holzscheit. Dazu der Tonfall und die Stimme des Alten.

»Pronto, pronto, campo base.«

Einer unserer Sherpas mimte Cassin beim Funken so treffend, dass nicht nur die Träger in der Runde, sondern auch wir schallend lachen mussten. Für Sekunden sah ich mich wieder ins Basislager zurückversetzt.

Es war schon Nacht, und ein Sherpa hatte uns vom verregneten Lagerplatz in sein Haus geholt.

Bei Raksi und Tschang, Tanz, Gesang und Gelächter saßen wir dort bis weit nach Mitternacht bei den Trägern. Sie waren ausgelassen, und ihre Heiterkeit steckte an. Wieder nahm einer der Sherpas das Holzscheit, imitierte die Beinstellung Cassins.

»Tutto bene?«

Wie genau sie uns beobachtet hatten! Bevor wir gingen, baten sie uns allerdings, dem Bara Sahib* von ihrem Spiel nichts zu verraten.

In den Feldern und Wäldern schillerten am Morgen alle Farbtöne von Gelb bis Blaugrün. Auf einer Terrasse spross die junge Saat vitriolgrün hervor, darüber stand in warmem Gelb die reife Gerste, eine bemooste Steinmauer hob sich dazwischen ab wie ein Band aus Seetang. Der Wald schimmerte vom Horizont herab in einem

---

* Bara Sahib heißt »großer weißer Herr«; so nennen die Einheimischen den Expeditionsleiter.

schmutzigen Graugrün, darunter schien er sattgrün, und ins Unterholz mischte sich da und dort ein Blauton, besonders wenn die Sonne hinter einer Wolke verschwunden war. Scheinbar ohne Abstufung gingen die Farben der untersten Baumstämme über in die Weideflächen außerhalb der Mauern, die in einem riesigen Netz alle Felder umspannten und gliederten. Und doch lagen – wenn man unmittelbar davorstand – mehrere feine Farbtöne zwischen dem schwefeligen Gelb der Flechten, die die Rinde der Stämme überwucherten, und dem stumpfen Goldgelb des dürren Grases am Waldrand.

Im Schatten einer Manimauer wartete ich auf Uschi. Auch Heidi und Ilse sollten gleich kommen. Es war nur mehr eine halbe Wegstunde bis Lukla; von dort würden wir am nächsten Morgen nach Kathmandu fliegen.

Durch den ausgedehnten Rückmarsch und Uschis Anwesenheit in ein neues inneres Gleichgewicht versetzt, war in mir inzwischen der Entschluss gereift, die Hidden-Peak-Genehmigung anzunehmen. Ich hoffte deshalb, möglichst bald nach Europa zu gelangen, um diese Expedition vorbereiten zu können.

Aber es kam anders. In Kathmandu saßen wir nun schon rund zwei Wochen fest. Längst war der Termin verstrichen, an dem uns die Militärmaschine unseren Berechnungen nach hätte abholen sollen. Wir alle drängten nach Hause, einige verloren langsam die Geduld. Ich versuchte die Zeit sinnvoll zu nutzen und mit dem Ministerium für Tourismus in Rawalpindi zu telefonieren. Vergeblich. Da seit dem Indisch-Pakistanischen Krieg 1971 alle Telefonate über London gingen, kamen Verbindungen selten zustande. Auch alle Telegramme, die meinen neuen Expeditionsplan betrafen, blieben ohne Antwort. Normalerweise hätte ich die Wartezeit in dieser Stadt der Tempel und Buddhas genossen, aber jetzt kam ich mir vor wie ein wildes Tier im Käfig. Jeder Tag, der hier tatenlos verstrich, konnte uns am Hidden Peak fehlen.

Endlich, am 7. Juni, meldete man uns die Herkules-Maschine. Drei Wochen lang hatte es gedauert, bis die Genehmigung erteilt worden war, über indisches Hoheitsgebiet zu fliegen. Nun sah es so aus, als ob die Hälfte des CAI-Vorstandes nach Nepal gekommen war, um uns abzuholen: Ein halbes Dutzend Funktionäre, deren Frauen, Journalisten und Freunde saßen in der Maschine. Jetzt erst, im Gedränge der Bekannten, unter den bohrenden Fragen der Reporter, kam Cassin unser Scheitern voll zu Bewusstsein. Er, der zuvor immer mit Erfolg von seinen Auslandsfahrten ins Mutterland Italien zurückgekehrt war, stand diesmal mit leeren Händen da. Die Antworten des Alten auf die vielen neugierigen Fragen waren rau, fast ruppig; er murrte und raunzte wie die Lhotse-Wand bei Sturm.

»Ist sie wirklich unmöglich, diese Südwand?«

»Unlösbar. Die Gipfelfalllinie haben wir sofort aufgegeben. Oben total brüchig, und unten fegten Steine und Eisstücke alles blank. Wenn es schneite, stürzten ganze Ströme von Schnee durch die Rinnen, weiter unten gab es ununterbrochen Lawinen. Heute steigt dort niemand hinauf, vielleicht in zwanzig Jahren einmal. Und dann braucht er viel, viel Glück. Die Lhotse-Wand ist nicht nur eine doppelte Eiger-Wand, sie ist ein Ungeheuer.«

Es war Cassin gewesen, der diese Expedition gewollt, die Verantwortung übernommen und sie zusammen mit dem Präsidenten des CAI, Senator Spagnolli, auf die Beine gestellt hatte. Der vorbildliche, klassische Alpinist – auf der einen Seite von einer unglaublichen Ehrlichkeit, auf der anderen von unbeugsamem Stolz getragen – war nun ein Geschlagener. Seine Worte, seine Haltung verrieten, dass er ein persönliches Drama durchlitt. Er hatte wohl bis zur letzten Konsequenz erfahren müssen, dass ein Ziel wie die Lhotse-Wand etwas vollständig anderes war als die Besteigung irgendeines hohen Berges über einen leichten Weg. Vaterlandsliebe und die Ehre, mit dabei zu sein, genügten da nicht mehr. Neben Disziplin und beinahe schon wissenschaftlichem Vorgehen gehörten ausgefeilte Technik, eiserne Härte sowie eine mentale Zähigkeit dazu, wie sie nur ganz wenigen Menschen eigen ist. In seinem Groll schimpfte Cassin über die Sherpas, dann wieder schwieg er in sich hinein, enttäuscht, verzweifelt. Es war nicht seine Schuld, und doch nagte der Schmerz an seinem Erfolg gewohnten, großzügigen Bergsteigerherzen.

»Und Anghileri?« wollte der Reporter weiter wissen.

»Er hat das Vertrauen, das ich in ihn gesetzt hatte, nicht erfüllt.«

»Anghileri aber sagte, man sei kein Verräter, wenn man nicht bleibt, bis man umkommt. Er lehnt sich gegen diese herkömmliche Bergsteigermoral auf, weil diese Regeln von den Alpinisten selbst aufgestellt würden. Zu leiden, um zu genießen, wäre ab einem gewissen Punkt nur noch Masochismus. Als man ihm nach seiner Rückkehr drohte, ihn aus dem CAI auszuschließen, lachte er nur.«

Cassin schwieg. Das waren nicht die Probleme, die für ihn bedeutend waren. Er, dem der italienische Alpinismus so viel verdankte, hat nie viel philosophiert. Er sah sich im Falle Anghileri schlichtweg in seiner Rolle als Vater der Expeditionsmannschaft betrogen und hatte zu all diesen Einwänden keinen Kommentar.

In den Wochen des ungeduldigen Wartens hatten Uschi und ich zwei junge Hunde gekauft: zwei Lhasa Apso, tibetische Klosterhunde. Im lauten und unverkleideten Militärflugzeug saßen die beiden meerschweinchengroßen Wollknäuel nun hechelnd in ihrem Körbchen, die Augen unruhig vor Angst. Als aber die Motoren aufheulten, legten sie sich auf den Rücken, alle viere von sich gestreckt, und blieben entspannt so liegen, bis die Maschine wieder landen sollte. Verwundert über diese Fähigkeit, vollkommen abschalten zu können, die sie wohl von den buddhistischen Lamas, den Züchtern dieser alten Rasse, übernommen hatten, sprachen wir auf der Reise von Nepal nach Italien viel über den Buddhismus und das verbotene Land Tibet, die Urheimat unserer beiden jungen Freunde.

Der Empfang in Mailand selbst war nicht groß. Einige Freunde warteten in der Ankunftshalle, darunter Aldo Anghileri, der jetzt schon spürbar nicht mehr zur Mannschaft gehörte. Und wieder Journalisten, von denen einige in der alpinen Literatur der Fünfzigerjahre bewandert waren. Sie wollten Antworten hören, die den Himalaja mystifizierten und Nepal als Traumland beschrieben. Aber so dachten wir nicht – für uns war alles einfach und selbstverständlich.

Schließlich fuhren Uschi und ich im Zug – die heiligen Hunde am Fenstersitz platziert – weiter nach Bozen, und am nächsten Vormittag waren wir endlich daheim. Auf dem Kalender stand der 13. Juni – drei Monate war ich mit der Lhotse-Expedition unterwegs gewesen.

Jetzt lockte der Hidden Peak. Die Zeit drängte.

Der Entschluss

Meine Versuche, Peter Habeler sofort telefonisch zu erreichen, blieben tagelang erfolglos.

»Vielleicht ist es besser so, damit ist es entschieden«, war mein erster Gedanke, als ich mich wieder einen halben Vormittag lang vergeblich bemüht hatte, mich mit Peter in Verbindung zu setzen. Er war offensichtlich nicht daheim, und ich vermutete, dass sein anfängliches Interesse am Hidden Peak durch meine allzu große Verspätung verschwunden war.

Ich ging zu Uschi in den Garten und sah mich nach den Hunden um. Wir hatten einen kleinen, aber üppigen Blumengarten an der Süd- und Ostseite des Hauses. Uschi bog die Büsche zurecht, zupfte Unkraut aus und warf es in einen Eimer. Sie band den jungen Zwetschgenbaum an die südliche Hauswand und freute sich sichtlich über jede Knospe, über jede offene Blüte.

»Das wird ein Sommer!«, sagte ich. »In der nächsten Woche werde ich mein Manuskript für das Buch über die Bergvölker abgeben, dann sind wir frei, und unser Leben wird wieder in seinen alten, gewohnten Bahnen verlaufen.«

Ich freute mich nun über den Verzicht auf den Hidden Peak. Uschi und ich würden stattdessen miteinander klettern, vielleicht eine Woche lang auf Gschmagenhart, eine Alm am Fuße der Geislerspitzen, ziehen und uns um die Kletterschule kümmern. Auch Uschi genoss die ruhigen Tage und freute sich auf einen gemeinsamen Sommer – noch nie hatten wir einen Frühling in Europa zusammen verbracht.

Dann ging sie ins Haus, um zu kochen. Ich lag immer noch auf dem Rasen, spielte mit den Hunden und blätterte in Zeitschriften, die während der Lhotse-Expedition ungelesen geblieben waren. Als Uschi wieder herauskam, konnte sie den inneren Widerstreit zwischen Freude und Sorge nicht verbergen.

»Peter hat angerufen«, sagte sie schnell, »er ist zu allem bereit.«

Und mit der gleichen Begeisterung, mit der sie meinen Verzicht auf den Hidden Peak aufgenommen hatte, sah sie meinen Entschluss wachsen.

»Du musst fahren«, sagte sie verständnisvoll und zugleich verzeihend. Sie wusste instinktiv, dass sie mit einer ablehnenden Haltung früher oder später Unmut bei mir hervorrufen würde, das leidige Gefühl, etwas versäumt zu haben. Wenn ich nicht fahren wollte, sollte ich das selbst entscheiden.

Plötzlich, um den 20. Juni, stand Peter vor der Haustür. Sein Enthusiasmus hatte sich zu einem Drängen gesteigert. Und als mein Freund Karl Vaja, Landtagspräsident von Südtirol, den Ehrenschutz über die Expedition anbot und seine persönliche Unterstützung zusagte, warf ich den Plan, zu Hause zu bleiben, endgültig über den Haufen.

Arme Uschi! Ich wusste, was ich ihr zumutete. Es war nicht allein das unruhige Leben, das ich führte. Ihr blieb auch noch alle Arbeit daheim, ganz abgesehen von dieser ständigen Ungewissheit: Wird er wieder zurückkommen? Das würde jede Frau verzweifeln lassen.

Doch Peters Begeisterung hatte in mir wie ein elektrischer Funke gezündet, und das hoffnungslose Hin und Her der letzten Tage, das mich im Grunde doch mehr belastet hatte, als ich es mir selbst eingestehen wollte, war wie weggeblasen. Ich spürte, dass meine Kraft und Konzentration nun auf diese Karakorum-Expedition ausgerichtet waren und alle anderen Interessen nebensächlich wurden. Ich fühlte Freude und Angst zugleich, ohne zu wissen, worin sie eigentlich bestanden. Unter einer Unmenge von Post fand ich die Kopie eines Briefes des Steirer Bergsteigers Hanns Schell aus Graz an Peter Habeler.

Lieber Herr Habeler!
Durch Edi Koblmüller habe ich soeben telefonisch erfahren, dass Reinhold Messner und Sie die Bewilligung für den Hidden Peak erhalten haben.

Voriges Jahr hat mir Reinhold erzählt, dass er einmal einen Achttausender nur zu zweit über einen schwierigen Weg besteigen möchte.

Seit Langem planten wir schon ein Unternehmen im Baltoro-Massiv. Leider habe ich erst sehr spät erfahren, dass dieses Gebiet von den pakistanischen Behörden wieder freigegeben wurde, und so zu spät um eine Bewilligung angesucht. Als Hauptziel war der Hidden Peak vorgesehen, von den neun angegebenen Zielen bekamen wir jedoch nur den Baltoro Kangri I bewilligt.

Meine große Bitte wäre nun, ob eine Möglichkeit besteht, vor der pakistanischen Behörde als eine Expedition aufzutreten.

Ich nehme an, dass Ihr den Nordwestgrat oder eine andere schwere Route versuchen wollt. Da wir den Normalweg über den IHE-Sporn vorhatten, würden wir Euch in keiner Weise stören und die Einmaligkeit Eures Zwei-Mann-Unternehmens auch nicht herabsetzen.

Falls die Behörden beide Unternehmungen als eine Expedition anerkennen, würden wir selbstverständlich die Bewilligungskosten sowie die Ausrüstung und sonstigen Kosten für den Begleitoffizier übernehmen. Falls Ihr noch keinen Arzt habt, könnten wir dieses Problem auch lösen.

Ich glaube auch, falls beide Unternehmungen für die Behörden nicht als eine Einheit anerkannt werden, dass uns die Ersteigungserlaubnis ebenfalls erteilt werden würde, wenn Ihr nichts dagegen hättet.

Falls Ihr Lust habt, könntet Ihr auch relativ angenehm eine Überschreitung durchführen.

Ich schreibe an Sie, da ich nicht weiß, wann und ob Reinhold vor Ihrer Abreise nach Europa zurückkehrt. Wir werden am 7. Juni in Europa wegfahren und am 14. oder 15. Juni in Rawalpindi eintreffen.

Wir sind insgesamt sechs Bergsteiger und wären sehr glücklich, wenn wir den Hidden Peak versuchen könnten.

> *Herzlichen Dank im Vorhinein,*
> *mit freundlichen Grüßen Hanns Schell*

»Der Begleitoffizier, der mir bisher am meisten Sorgen bereitet hat, wäre in dieser Form zu umgehen«, sagte ich zu Peter.

»Das Unternehmen könnte so auch leichter finanziert werden.«

Da wir schätzungsweise 3000 bis 4000 Dollar pro Kopf aufzubringen hatten und beide in finanziellen Schwierigkeiten waren – Peter hatte sich intensiv auf den Hidden Peak vorbereitet und nicht gearbeitet, ich war seit fünf Monaten ohne Einkommen –, machte uns diese Geldsumme Sorgen.

Im Großen und Ganzen finanzierten Peter und ich die Expedition selbst, und soweit wir fremde Quellen dazu heranzogen, waren diese privater Art. Einige Zeitungsverträge, ein kleiner Fernsehvertrag waren dabei und eine bescheidene Unterstützung vom Alpenverein und der Nordtiroler Landesregierung.

»Wenn Schell in Rawalpindi wartet, die Genehmigungsgebühr und alle Spesen für einen gemeinsamen Begleitoffizier übernimmt, soll er von mir aus den Normalweg machen. Stört unseren Plan ja nicht weiter«, meinte Peter. »Nur bekannt geben müssen wir es vorher – die Alpinhistoriker wachen mit Argusaugen über unsere Expedition.«

Ich setzte ein Telegramm an das Ministerium für Tourismus in Islamabad/Rawalpindi auf, und von der Antwort sollte es abhängen, ob wir uns tatsächlich mit Schell zusammentun wollten oder nicht. Schließlich musste er von unserem Kommen informiert werden.

Arrival of Tyrolian Karakorum Expedition to Hidden Peak in two weeks. Give notice to Hanns Schell, leader of Baltoro Kangri I. Immediately telling him that he can share our expedition. I expect answer by Schell immediately.

Messner, Tyrolian Karakorum Expedition

Im Wissen, dass mein Entschluss nun feststand, beteiligte sich Uschi am nächsten Morgen eifrig an den Expeditionsvorbereitungen. Obgleich noch nicht sicher war, ob wir am Dienstag oder Mittwoch der kommenden Woche fliegen würden, da die Antwort von der PIA (Pakistan International Airlines) aus Frankfurt noch ausstand, fuhr sie noch am selben Vormittag nach Brixen, um die wichtigsten Besorgungen zu machen. Am Abend forderte sie mich dann zu einem Spaziergang um die Kirche auf, den wir so gern miteinander machten. Wir benutzten diese Gelegenheit immer, um die Hunde ins Freie zu führen sowie ein Weilchen auf der Bank an der Friedhofsmauer zu sitzen und zu plaudern. Mit langsamen Schritten gingen wir den schmalen Schotterweg entlang. Ich hing noch nicht so sehr dem neuen Expeditionsplan nach – es war noch zu früh, etwaige Organisationsschwierigkeiten zu entwirren –, sondern versuchte mich vielmehr in der so plötzlich veränderten Lage zurechtzufinden.

»Wenn du nur die Wahl hättest, die Berge oder ich, wie würdest du dich entscheiden?«, fragte sie, nachdem wir schweigend nebeneinander gesessen waren.

»Eine solche Frage würdest du im Ernst nicht stellen.«

»Aber ich habe sie gestellt.«

Ich schwieg. Wie hätte ich in diesem Augenblick antworten sollen?

»Von allen Expeditionen schreibst du mir lange, sehnsuchtsvolle Briefe, wie sehr du mich vermisst; dann, zwei Wochen daheim, bist du schon wieder unterwegs.«

Nach einer kurzen Pause fügte sie hinzu: »Mit den Gedanken bist du sowieso kaum da.«

Sie hatte recht. Wie oft hatte ich mir geschworen: nie mehr eine große Reise ohne sie. In den Hochlagern, während der wochenlangen Anmärsche, in fernen Städten. Aber diesmal kam das nicht infrage, der Weg zum Hidden Peak war zu gefährlich, und zudem wollten Peter und ich allein sein – ein Achttausender zu zweit …

Die Filmaufnahmen, die ich am nächsten Nachmittag mit Luis Trenker zu machen hatte – ein Interview zum Thema 50 Jahre Furchetta-Nordwand –, waren in einer halben Stunde abgedreht. Der in der Kunst des Erzählens so routinierte Luis Trenker saß nachher noch einige Stunden bei uns im Garten und unterhielt alle: Kameraleute, Regisseur, Tontechniker; später kamen noch Peter Habeler und Karl Vaja dazu. Trenker, der als einer der Ersten in der 800 Meter hohen, lotrechten Furchetta-Mauer gehangen hatte – 1913 mit Hans Dülfer –, strahlte immer noch Charme und Vitalität aus. Er interessierte sich für unser Vorhaben ebenso wie für die Situation der Villnösser Bergbauern und erzählte heitere Episoden aus seinem Leben.

Nachdem Uschi unsere Gäste bis zur Haustüre begleitet hatte, kehrte sie in das Wohnzimmer zurück, setzte sich aber nicht, sondern ging auf und ab. Sie schien jetzt mein Verhalten nicht mehr zu billigen. Obgleich sie den ganzen Nachmittag und Abend überall ihre Überzeugungskraft aufgewandt hatte, unsere Freunde und Gäste für meine neue Expedition zu begeistern, und obgleich sie fühlte, dass ihr das vortrefflich gelungen war, war sie jetzt unzufrieden mit sich, mit mir, kam sich betrogen vor.

»Du frisst mich langsam mit Haut und Haaren auf«, klagte sie.

»Ich liebe dich.«

»Wenn du da bist, nimmst du mich komplett in Anspruch; wenn du fort bist, bleiben mir außer meinem Kummer all deine Sorgen, deine Arbeiten, deine Probleme. Das hält keine Frau auf Dauer aus.«

Wieder hatte sie recht, und obwohl ich einsah, dass ich mich viel zu wenig um sie kümmerte, wollte ich auf diese meine Herausforderung nicht verzichten. Der Plan stand fest. Nachher würde ich nur mehr für sie da sein.

»Nachher, das kenne ich. Da kommt die Auswertung: Vorträge, ein Buch vielleicht und dann sicher wieder ein neuer Plan.«

Sie war verzweifelt. Wie hätte ich sie trösten können?

Auch Peters Leben war mit Arbeit und Ereignissen ausgefüllt gewesen, die ihn voll beansprucht hatten. Nach dem Abschluss des Skiführerkurses, dessen Leitung ihm als Ausbildungschef des Österreichischen Bergführerwesens oblag, hatte er Vorträge gehalten und war dann nach Bozen gefahren, um Tiziana Weiß abzuholen.

Tiziana, ein junges Klettertalent aus Triest, der Bergheimat von Emilio Comici, hatte in den Jahren vorher mit großen Bergtouren, vor allem in den Dolomiten, von sich reden gemacht. Peter hatte sie beim Festival in Trient kennengelernt und dort einige Touren mit ihr unternommen. Gleichzeitig hatte er mit ihr vereinbart, sie im späten Frühling in den Wilden Kaiser einzuführen. Nun fuhren sie gemeinsam nach Ellmau, und bei der Begehung der Maukspitze-Westwand passierte etwas, was ihn jetzt noch genauso aus der Fassung brachte wie damals.

Sie waren schon im obersten Teil, die Hauptschwierigkeiten lagen hinter ihnen, als Peter, der die Tour von früher her kannte, mit einem ausbrechenden Griff plötzlich hintenüber stürzte. Tiziana, die ihn nicht sauber gesichert hatte, konnte ihn nicht halten, und Peter fiel scheinbar endlos in die Tiefe. Etwa 30 Meter unter ihrem Standplatz erst verfing sich das Seil zufällig an Tizianas Beinen. Peter pendelte im überhängenden Gelände. Das Mädchen konnte ihn weder zu sich heraufziehen noch Hilfe leisten. Geistesgegenwärtig schwang Peter hinaus an den Maukpfeiler, kletterte über ihn, ohne Karabiner und Fiffis zu benützen, hinauf und kehrte von oben zum Standplatz zurück. Tiziana war nicht wenig erstaunt, als er plötzlich wieder neben ihr stand. Er, den sie unter sich vermutet hatte, irgendwo in den Überhängen baumelnd, nicht mehr fähig, sich selbst zu helfen, vielleicht auch schon erstickt, kam von oben. Dieser Zwischenfall hatte nur wenige Minuten gedauert. Aber Peter erzählte mir immer wieder von diesem Sturz, der ihm nur deshalb passiert war, weil er die Tour allzu gut kannte, weil er einen Griff benutzt hatte, der früher immer sicher gewesen war, einen großen Henkelgriff, an dem man sich früher leicht mit einem Arm hatte hochziehen können.

In den letzten Tagen vor unserer Abreise zum Hidden Peak schickte ich ein Telegramm an das Foreign Ministry nach Pakistan mit dem Hinweis, dass wir am 4. Juli in Rawalpindi eintreffen würden. Das Telegramm hatte auch den Zweck, Hanns Schell nochmals zu verständigen. Ich hoffte immer noch, dass einer von der Schell-Gruppe in Rawalpindi auf uns warten würde und dass wir die Expedition während des Anmarsches irgendwie verbinden könnten.

Uschi und ich hatten in der Zwischenzeit die Arbeiten aufgeteilt. Sie erledigte wie üblich die Einkäufe in Brixen, und ich blieb daheim, um zu packen, zu planen, neue Listen auszufüllen. Meist blieben uns am Abend nur wenige Minuten für ein Gespräch, für einen kurzen Spaziergang. Ich merkte, dass Uschi unter der Hektik litt, und hatte Verständnis dafür. Ich war selbst nicht ganz glücklich mit meiner Entscheidung, nachdem ich doch Wochen vorher versprochen hatte, den Sommer über daheim zu bleiben. Aber der Gedanke an diese einmalige Gelegenheit, einen Achttausender zu zweit zu besteigen, auch die Möglichkeit, damit meinen dritten Achttausender zu bezwingen, drängte alle anderen Überlegungen in den Hintergrund.

Zwei Tage später fuhren Uschi und ich nach Innsbruck, um uns mit Peter zu treffen. Es wurde eine fürchterliche Hetze durch die Stadt: Fotos mussten abgeholt werden, ein Bild, das wir von Walter Spitzstätter, einem extremen Innsbrucker Bergsteiger, als Grußkarten hatten vervielfältigen lassen. Es zeigte den Hidden Peak vom Abruzzi-Gletscher aus. Anzüge wollten wir kaufen, gleiche Expeditionsanzüge für die Reise nach Pakistan, und zu guter Letzt mussten wir noch schnell ins Studio des Österreichischen Rundfunks rennen, um dort mit Manfred Gabrieli, der sich viel um die Bergsteiger und ihre Pläne kümmerte, ein Interview zu machen.

Die Zeit reichte wieder nicht für ein gemütliches Zusammensein. Wir tranken zwar am Abend vor der Heimreise – Peter fuhr zurück ins Zillertal, Uschi und ich nach Südtirol – gemeinsam Kaffee, redeten dabei aber fast ausschließlich über die neue Expedition, von den Geldschwierigkeiten und von der Ausrüstung, die noch zu besorgen war. Auch Nahrungsmittel fehlten noch sowie einige Karten, Kammverlaufsskizzen vom Karakorum, die wir unbedingt brauchten.

Auf der Fahrt über den Brenner kam es dann zu einer ernsten Auseinandersetzung zwischen Uschi und mir.

»Nicht einmal mehr Zeit haben wir, um in Ruhe einen Kaffee zu trinken«, warf sie mir vor.

»Entschuldige bitte«, konnte ich darauf nur sagen.

»Da gibt es nichts zu entschuldigen. Du bist das ganze Jahr unterwegs, und wenn du zwischendurch einmal für ein paar Monate oder auch nur ein paar Wochen heimkommst, sind deine Gedanken bei der Packarbeit, bei neuen Büchern, die du machen willst, oder auch schon beim nächsten Ziel, das in ein oder zwei Jahren auf dem Programm steht.«

»Das ist eine einmalige Gelegenheit, das weißt du genau, du warst selbst einverstanden.«

»Was heißt bei dir einmalige Gelegenheit? Alle deine Gelegenheiten sind einmalig. Der Everest '78 etwa nicht?«

»Die Abreise steht vor der Tür. Jetzt müssen wir planen, die letzten Angelegenheiten genauestens besprechen. Wenn wir eine Kleinigkeit vergessen, werden wir scheitern.«

»Ich weiß, ich weiß. Die Berge sind nun einmal dein Beruf, dein Ein und Alles.«

»Nein, das stimmt nicht, die Berge sind nicht mein Beruf, aber der Faszination, einen Achttausender wie einen Westalpenberg, wie das Matterhorn zum Beispiel, anzugehen, kann ich nicht widerstehen.«

»Das verstehe ich, aber warum muss es gerade in diesem Sommer sein, nachdem du erst vor drei Wochen heimgekommen bist?«

»Weil ich eben jetzt die Genehmigung erhalten habe und diese Art von Genehmigung wahrscheinlich in meinem Leben nie mehr bekommen werde. Es ist wirklich *die* Chance.«

»Ich verstehe, aber einen Kaffee zu zweit in Ruhe hätten wir uns doch noch leisten können.«

Uschi bestand auf ihrem Kaffee, und ich begriff ihre Argumente nur zu gut. Sie hatte vollkommen recht: Ich war ein Egoist, ich war ungerecht; ich hatte nur mehr Zeit und Kraft für mein neues Ziel, in das ich all meine Begeisterung steckte.

Als wir am nächsten Morgen aufstanden, bot Uschi sich freiwillig an, zum weiß der Teufel wievielten Mal nach Brixen zu fahren, um die letzten Nahrungsmittel für die Expedition einzukaufen. Ohne ihre Unterstützung hätte ich diese Expedition nicht auf die Beine stellen können. Und sie half nicht nur, sie bestärkte mich letzten Endes auch in meinem Plan, obwohl sie ihn nicht billigen konnte und traurig darüber war, dass sie wieder einmal monatelang allein sein sollte.

An diesem Vormittag waren mehrere Journalisten vom Südtiroler Fernsehen bei mir, und wieder galt es, auf Fragen zu antworten.

»Ist es möglich, den Hidden Peak zu zweit zu machen? Einen Achttausender ohne Sauerstoffgerät, ohne Hochlager, ohne Hochträger zu bewältigen?«

»Rein theoretisch ja.«

Als man mich fragte, wie groß die Chancen seien, dass wir zum Gipfel kämen, sagte ich überzeugt:

»Fünfzig zu fünfzig. Wir können hinaufkommen oder auch nicht hinaufkommen, das hängt vom Wetter ab, nicht zuletzt auch von unserer körperlichen Verfassung und dem Zufall, ob einer von uns krank wird oder nicht, ob unsere Ausrüstung den Anforderungen entsprechen wird.« Wir hatten, um die Expedition kostengünstig zu halten, in unserem Gepäck keinen Platz dafür vorgesehen, alles doppelt mitzunehmen.

Um die Mittagszeit des 30. Juni war es dann so weit. Ich hatte zwischen den Packarbeiten, meinen Telefonaten und einem anderen Fernsehinterview außerdem noch die wichtigsten Arbeiten erledigt und stand nun vor gefüllten Säcken und Kisten – am anderen Morgen konnte es losgehen.

Meine letzte Nacht zu Hause: Zwischen langen Pausen des Schweigens einige wenige Worte und die unterschwellige Angst, ob wohl alles klappen wird. Werden wir's schaffen? Aber es war keine Angst, wie sie Todeskandidaten oder Soldaten im Krieg fühlen müssen. Eine Ungewissheit nur, die sich zeitweise zur Angst verdichtete und wieder abklang, wenn Uschi etwas sagte. Wäre es möglich gewesen, sie mitzunehmen, dann wären diese Zweifel gar nicht erst aufgekommen, dessen bin ich mir sicher. Als Uschi eingeschlafen war, lag ich da und starrte ins Dunkle. Alle Schwierigkeiten früherer Expeditionen tauchten wieder vor mir auf: die Umkehr am Makalu, das Scheitern am Lhotse. Es war Wahnsinn, was wir vorhatten.

Um mich zu beruhigen, rekapitulierte ich alles: unsere Ausrüstung – die leichteste, die es gibt. Peter – einen besseren Partner konnte ich nicht finden: schnell, ausdauernd, zäh und genügsam, dabei einer der besten Kletterer der Welt. Vielleicht ein bisschen nervös, aber im Ernstfall doch nicht aus der Ruhe zu bringen. Kein Zweifler, aber auch kein blinder Draufgänger, verlässlich. Eher klein, mager, durchtrainiert bis zur letzten Faser. Körperlich wie geschaffen für einen Achttausender. Peter hatte noch alle ganz großen Touren zu Ende geführt, immer war er davongekommen, er musste es schaffen. Er war schon in Grenzsituationen gewesen, allerdings noch nie über 8000 Meter, aber auf sehr hohen Bergen. Die Todeszone war ihm zwar unbekannt, die Voraussetzungen dafür aber fehlten ihm nicht.

Über diesen Gedankenfetzen musste ich wohl eingeschlafen sein. Der Morgen wirkte beruhigend auf mich, und mit den ersten Handgriffen kam jene Selbstsicherheit zurück, die für den Start aller meiner Expeditionen den Ausschlag gegeben hatte. Uschi war vor mir aus dem Bett geschlüpft und wohl schon in der Küche.

Diese Unsicherheit, diese Angst des vorangegangenen Abends – worauf war sie zurückzuführen? Während ich mich wusch und anzog, dachte ich darüber nach. Waren es die Erfahrungen von früheren Unternehmungen, die meine Phantasie anregten, die alle möglichen Situationen in meinem Bewusstsein heraufbeschworen hatten? Hätte ein Unerfahrener weniger Bedenken? Wie wichtig war das Leben schon – mein Leben?

Die Kisten standen gepackt im Hausgang, und als eine Stunde später Karl Vaja auftauchte, waren auch die letzten Nahrungsmittel verstaut, die Uschi noch gebracht hatte. Wir verteilten die Kisten – zwei in Karls Wagen, eine in unseren VW – und fuhren am Nachmittag über Innsbruck nach Mayrhofen, wo der Bürgermeister eine Verabschiedungsfeier für unsere Expedition organisiert hatte.

Trotz des Regens waren viele Leute gekommen. Die Atmosphäre war herzlich. Über unsere Expedition war im Vorfeld viel geredet worden, auch jetzt wurde sie noch heiß diskutiert. Ich wusste um die Bedenken einiger Bergsteiger und war mir gleichzeitig sicher, dass wir trotzdem so viele Chancen auf einen Erfolg hatten wie eine große Expedition. Trotz aller Argumentationskünste war es mir bis zu diesem Zeitpunkt jedoch nicht gelungen, diese meine Überzeugung der Allgemeinheit verständlich zu machen.

Die Musikkapelle spielte, der Bürgermeister von Mayrhofen sowie unser Freund Karl, der als Schirmherr auch in seiner Eigenschaft als Vertreter der Südtiroler Landesregierung anwesend war, hielten eine Rede. Wolf Girardi brachte die Grüße der Nordtiroler Landesregierung zum Ausdruck, und Luis Lechner, Jugendleiter des Österreichischen Alpenvereins, ein alter Freund von Peter und mir, übermittelte uns die Glückwünsche des ÖAV. Besonders freute uns, dass Hias Rebitsch gekommen war, der alte Expeditionsbergsteiger, der Mann, der als Erster nach einem Versuch lebend aus der Eiger-Nordwand zurückgekehrt war. Hias, in seinem Bergsteigerleben viel vom Pech verfolgt, fand unseren Plan ebenso vermessen wie viele andere auch, traute uns aber wenigstens zu, heil zurückzukommen.

Am Abend saßen wir lange bei unseren gemeinsamen Bekannten, den Spießens, diskutierten und plauderten. Wir spürten vor allem hier, im engeren Kreis der Bergführer und Freunde, Begeisterung und moralische Unterstützung, die uns Schwung und Mut gaben und die uns selbst noch im Karakorum die Kraft geben sollten, durchzuhalten. Als alle zu Bett gegangen waren, standen Uschi und ich noch lange auf dem Balkon der Pension Kumbichl. Alles, was Uschi mir jetzt noch sagte, prallte an mir ab. Ich hörte sie nicht, ich war in meinen Gedanken schon allzu weit entfernt, bereits drüben in Pakistan. Wenn ich im Innersten meines Herzens auch die Einsamkeit vorausfühlte, in die ich mich freiwillig begab, so war ich doch von der sportlichen Begeisterung erfüllt, was es bedeutete, einen Achttausender zu zweit zu machen.

Am anderen Morgen trat Uschi, noch nicht ganz angezogen, wieder auf den Balkon hinaus. Aus ihrem Gesichtsausdruck und ihren Bewegungen sah ich, dass sie traurig war, dass sie etwas sagen wollte. Ich fand einfach nicht die rechten Worte, sie zu trösten. Uschi, die meine Angewohnheit, in solchen Situationen auf die Uhr zu sehen, kannte und hasste, blickte mich nur still an, und das war schlimmer, als wenn sie mich angeschrien hätte. Ohne ein Wort zu sagen, begann ich die Koffer zu packen. Dabei überlegte ich nicht, ob uns noch Zeit blieb, wenigstens gemeinsam zu frühstücken. Mir war, als besäße ich nur noch ein oberflächliches, rein mechanisches

Denkvermögen, das mir angab, was im nächsten Augenblick zu geschehen hatte.

An diesem Morgen – es war der 2. Juli – fuhren wir nach München. Uschi und ich mussten noch schnell ins Büro der PIA, um die Flugtickets abzuholen. Von dort hetzten wir zum Flughafen. Wir waren bereits in irrsinniger Zeitnot, da wir im letzten Augenblick wegen einer anderen, verspäteten Maschine unseren Flug hatten vorverlegen müssen. Ich riss das Gepäck aus dem kaum geparkten Auto, Uschi hastete mit meinem Rucksack hinterher. In der Halle warteten Bekannte und Journalisten, aber ich sah alle nur wie durch einen Schleier, vergaß, sie zu begrüßen; ich war in einer Art Trance. Blitzlichter, Fragen, hektische Betriebsamkeit an der Waage und Gepäckaufgabe. Günter Sturm, der Chef der Berg- und Skischule im Deutschen Alpenverein, half uns beim Einladen des Gepäcks: 160 Kilogramm alles in allem. Ein Vertrag wurde mir zugesteckt, Telefonnummern. Als ich das alles zwei Tage später in meiner Tasche fand, war ich erstaunt; ich konnte mich an nichts mehr erinnern. Es ging so drunter und drüber, dass nicht einmal mehr die Möglichkeit bestand, mich von Uschi zu verabschieden. Ich wurde durch einen Ausgang gedrängt, ins Flugzeug hinein. Erst als ich dort saß, merkte ich, dass Uschi die Tickets noch hatte. Sofort eilte ich zur Stewardess, bat um einige Sekunden Geduld, ließ Uschi ausrufen, und gerade noch rechtzeitig wurden die Flugscheine durch einen Spalt beim Eingang zum Wartesaal geschoben. Fünf Minuten später rollte unsere Maschine an, und einige Minuten darauf waren wir hoch in der Luft.

In München und Innsbruck hatten Bergsteiger Wetten abgeschlossen, dass wir entweder ohne Gipfelerfolg oder überhaupt nicht mehr wiederkommen würden. Man munkelte sogar, dass sich viele, die von unserem Plan gehört hatten und etwas davon verstanden, über unsere Verwegenheit ärgerten. Zwei nur hatten auf Erfolg gesetzt, der allerdings nur dann eintreten könne, wenn uns das

Glück beistehen würde. Andere dagegen meinten, die günstigste Zeit wäre bald vorbei, und noch ehe wir das Ziel erreicht hätten, würde der Monsun einsetzen. Überhaupt hätten wir gar keine Genehmigung, Peter kein Höhentraining. Es kursierten die phantasievollsten Gerüchte.

Abschied, der keiner war

»Weg, abgereist, kein Wort, nichts!« Uschi ging hinter den Freunden her, verstört, fand in die Wirklichkeit zurück, machte sich klar, was geschehen war. »Das war kein Abschied«, sagte sie sich, »aber wie soll einer Abschied nehmen bei so viel Gehetze.« Sie war traurig; verzweifelt zu sein erlaubte sie sich nicht.

Unterdessen landeten Peter und ich in Frankfurt. Die PIA-Maschine nach Kairo/Karatschi war defekt; wann sie starten würde, war nicht zu erfahren. Wir warteten, mit einem Mal untätig, müßig wider unseren Willen, nach der Unrast, die vorausgegangen war.

Erst als wir endlich wieder im Flugzeug saßen, war ich imstande nachzudenken. Es tat mir leid, dass ich so wenig Zeit für Uschi gehabt und mich nicht einmal von ihr verabschiedet hatte. Mir wurde bewusst, dass Peter und ich uns in das größte Abenteuer begaben, das der Alpinismus zurzeit bieten konnte, und dass wir zwei bis drei Monate unterwegs sein würden.

In Karatschi hatten wir einige Stunden Aufenthalt. Ich las, döste vor mich hin. Noch in derselben Nacht ging es weiter nach Rawalpindi. Die Zollformalitäten machten keine Schwierigkeiten, und trotz der frühren Morgenstunde fanden wir in Flashman's Hotel sofort Unterkunft.

Wie immer, wenn ich mich zu neuen Abenteuern in Rawalpindi aufhielt, gab es eine Menge zu tun. Auf meinen Wegen durch die Stadt stellte ich fest, dass trotz einiger neuer Hochhäuser und der grotesk bemalten Omnibusse Rawalpindi immer noch nicht wie ein urbanes Zentrum aussah. Nichts war von jener melancholisch-verspielten Lebensweise der Moslems verloren gegangen, die ich so sehr liebte. War ich ausnahmsweise einmal nicht mit unserem Expeditionskram, meinem Freund Peter und meiner Aufenthaltsgenehmigung beschäftigt, gab ich mich zeitweise der Erinnerung an jene Tage hin, die ich mit Uschi vor Jahren hier verbracht hatte. Am ersten Abend in Flashman's Hotel bestellte ich mir Hühnchen à la Kiew und verzehrte es im Gedanken an jene Stunde, in der ich mit Uschi hier gesessen und gespeist hatte. Das war 1971 gewesen, nachdem wir, völlig ausgelaugt vom Nanga Parbat kommend, hier wieder in die Zivilisation eingetaucht waren und uns nach gründlicher Körperwäsche und ausgiebiger Entlausung erst wieder an ein normales, bürgerliches Leben gewöhnen mussten.

Gleich am nächsten Vormittag setzten wir uns mit dem Ministerium für Tourismus in Verbindung, um alles bezüglich unserer Genehmigung und Hanns Schell zu klären. Aber Mr. Awan, der verantwortliche Mann, war nicht zugegen, und auch von unserem Begleitoffizier wusste man nichts. Peter und ich ließen uns nicht aus der Ruhe bringen. Ich hatte viel Erfahrung mit den bürokratischen Gepflogenheiten orientalischer Länder und wusste, dass es für ein relativ zügiges Weiterkommen entscheidend war, Zeit zu haben, warten zu können, nicht die Geduld zu verlieren. Was wir allerdings in Erfahrung bringen konnten, war, dass die Grazer Gruppe unter der Leitung von Schell bereits unterwegs war und sie weder die Genehmigungsgebühr für den Hidden Peak hinterlegt noch einen gemeinsamen Begleitoffizier angefordert hatte. Unter diesen Umständen wollten wir der Schell-Gruppe die Besteigung des Hidden Peak über den Normalweg nicht mehr gestatten. Wir waren jetzt entschlossen, alles zu unternehmen, das zu verhindern.

An diesem Nachmittag trafen wir mit Yannick Seigneur, einem Bergführer aus Chamonix, zusammen, der mit einigen französischen Freunden den Gasherbrum II bestiegen hatte und nun mit ihnen zusammen in einem einfachen Hotel neben dem unseren logierte. Er hatte uns nicht gerade Erfreuliches vom Karakorum, vom Baltoro-Gletscher zu erzählen: viel Schnee, schlechte Träger, Stürme. Auch über den Verlauf seiner Expedition war Seigneur unglücklich. Bei einem zweiten Gipfelangriff unter Louis Audoubert war ein Teilnehmer im Schneesturm ums Leben gekommen, und der Rückmarsch unter sengender Sonne, bei ständigem Neuschnee und durch reißende Gletscherbäche hatte ihnen das Äußerste abverlangt. Seelisch ausgebrannt von den Tagen der Trauer um den verlorenen Freund und körperlich müde, saßen sie jetzt in Rawalpindi herum, in Gedanken immer noch im Schneesturm, nahe am Gipfel.

Die Franzosen hatten eine Tragödie hinter sich, welche die einen als Schicksalsschlag, die anderen als Folge von Egoismus abtaten. Sie waren über den Westsporn auf den Gasherbrum II gestiegen und beim zweiten Gipfelangriff in einen heftigen Schneesturm geraten. Seigneur, als Führer der ersten Seilschaft, war mit seinen Seilkameraden bereits ins zweite Hochlager abgestiegen, und so blieb Louis Audoubert mit seinem höhenkranken Partner Villaret allein im Sturmlager zurück. Tagelang wütete der Orkan, sodass die beiden nicht einmal das Zelt öffnen konnten. Auch hatten sie nichts mehr zu trinken. Villaret baute physisch mehr und mehr ab und war nicht mehr fähig, ohne fremde Hilfe abzusteigen. Da kroch Audoubert hinaus in den zischenden Sturm und kämpfte sich allein zum Lager II durch, um Hilfe zu holen. Doch es war bereits zu spät für Villaret: Es lag zu viel Schnee, ein Rettungsversuch von unten schien unmöglich. Wenige Tage später räumte die Expedition alle Lager und zog den Baltoro-Gletscher hinaus. Von Villaret hatte man nichts mehr gesehen und gehört.

Jeden Zehnten hatte es im Frühjahr 1975 bei den großen Expeditionen in Nepal erwischt. Und nun schon wieder ein Unglück an einem Achttausender. Diese Höhe war einfach unberechenbar.

Yannick kam mit einer Skizze in die Hotelhalle zurück. Er sah mit seinen langen blonden Haaren, dem noch jungen Bart und den hellen Augenbrauen verwegen aus. Durch die gebräunte Haut kamen seine markanten Gesichtszüge besonders gut zur Geltung. Er zählt zu den besten Bergsteigern der Welt und hatte nun mit dem Gasherbrum II seinen zweiten Achttausender-Gipfel erreicht. Mit ihm waren es bis dahin nur vier Sahibs, denen das gelungen war – Hermann Buhl war mit Nanga Parbat und Broad Peak der Erste gewesen, Kurt Diemberger mit Broad Peak und Dhaulagiri I der Zweite, mir waren mit Nanga Parbat und Manaslu zwei Achttausender gelungen, und nun kam Seigneur mit Makalu und Gasherbrum II dazu.

Wenige Monate später, nach der ersten Durchsteigung der Everest-Südwestwand, sollte auch Dougal Haston zu dieser kleinen Gruppe der Doppel-Achttausender-Männer gehören, denn er hatte bereits 1970 den Hauptgipfel der Annapurna I erreicht. Natürlich ging diese Rechnung nur auf, wenn man ausschließlich die Hauptgipfel der Achttausender zählte. Auch zwei Sherpas, Gyaltsen Norbu und Lakpa Tensing, hatten schon zweimal auf einem Achttausender-Hauptgipfel gestanden: der Erste auf Makalu und Manaslu, der Zweite auf Dhaulagiri I und Everest.

Wer würde der erste Bergsteiger sein, der drei Achttausender bezwang? Ich wusste, dass Yannick Seigneur mit einem solchen Gedanken spielte und bereits ein Ansuchen für eine Broad-Peak-Expedition eingereicht hatte. Vorerst aber schien er die Nase voll zu haben. Nichts war ihm augenblicklich wichtiger, als so schnell wie möglich zu Frau und Kind nach Hause zu kommen.

Nachdem Seigneur und seine Leute mit ihren Erzählungen unseren Optimismus etwas gedämpft hatten, mussten wir erkennen, dass es bereits die Hälfte des Expeditionserfolges ausmachte, wenn wir überhaupt bis ins Basislager kämen.

Zwischen Rawalpindi und Islamabad

Am nächsten Morgen fuhren Peter und ich erneut zu Mintur nach Islamabad, dieser modernen Trabantenstadt von Rawalpindi, in der alle Ministerien untergebracht sind. Diesmal trafen wir Mr. Awan an, der uns sehr freundlich unterstützte und sofort den Vorrang vor anderen Expeditionen gab – zum Glück hatten wir uns rechtzeitig angemeldet. Der Begleitoffizier wurde uns für Montag, den 7. Juli, versprochen, und auch sonst schien sich alles in kurzer Zeit regeln zu lassen.

Am Nachmittag trafen wir wieder mit den Franzosen zusammen. Sie gaben uns Tipps, wie und wo man Nahrungsmittel einkaufen könnte, wo gute Träger zu erhalten wären und wie wir diese während des langen Anmarsches am Baltoro-Gletscher am besten behandeln sollten. Danach setzten Peter und ich uns zusammen und besprachen ausführlich unseren Finanzplan. Wir hatten noch etwa 3000 Dollar zur Verfügung, und die mussten reichen.

In diesen Wochen waren noch andere Expeditionen in der Stadt: eine Schweizer Gruppe, die zum Tirich Mir wollte, und eine andere Mannschaft, größtenteils ebenfalls Schweizer, die den Sia Kangri zum Ziel hatten. Unter den Teilnehmern war Dölf Reist, mit dem wir uns öfter unterhielten und der uns in Aussicht stellte, dass wir den Anmarsch teilweise gemeinsam machen könnten. In der Zwischenzeit hatten wir auch erfahren, dass die Schell-Gruppe seit Tagen von Skardu, das den letzten größeren Stützpunkt aller Karakorum-Expeditionen bildet, aufgebrochen war und schon irgendwo auf dem langen Marsch ins Basislager sein musste. Wir waren jetzt davon überzeugt, dass die Grazer zu guter Letzt doch auf eine gemeinsame

Expedition mit uns verzichtet und deshalb nicht gewartet hatten und dass sie nicht zum Hidden Peak wollten, sondern ihr ursprünglich genehmigtes Ziel, den Baltoro Kangri I, ansteuerten. Also machten wir uns vorerst keine weiteren Gedanken über sie.

Am Mittag ließen wir uns im Intercontinental Hotel die Haare schneiden, saßen lange am Swimmingpool und staunten am Abend nicht wenig, als plötzlich Alessandro und Ornella Gogna auftauchten. Die beiden waren im Anschluss an die Lhotse-Expedition im VW-Bus von Nepal bis hierher nach Rawalpindi gereist. Ich hatte sie eigentlich nicht mehr erwartet, obwohl Sandro und ich in Kathmandu ein mögliches Treffen besprochen hatten. Sandro lieh uns eines seiner Biwakzelte, und wir tauschten Gas aus. Er hatte spezielles Höhengas, eine Mischung aus Propan und Butan, wir hatten teilweise nur normales, das er im heißen Indien bevorzugte. Bald trennten wir uns wieder, mit völlig verschiedenen, aber gleichermaßen interessanten Zielen: Er wollte auf dem Landweg nach Italien, wir zu zweit auf einen Achttausender.

Völlig umsonst warteten wir den ganzen nächsten Vormittag auf unseren Begleitoffizier, den jede Expedition in Pakistan mitnehmen und ausrüsten musste. Zum Glück hatten Peter und ich, nachdem wir zu Hause zehn Tage lang vergeblich auf eine konkrete Antwort von Hanns Schell gewartet hatten, die vorgeschriebene Ausrüstung für einen solchen Liaison Officer im Gepäck. Als dieser am Nachmittag immer noch nicht aufgetaucht war, fuhr ich zu Mr. Awan, welcher mich gelassen auf den Abend oder auf den nächsten Morgen vertröstete.

Und wirklich, am nächsten Morgen um 11 Uhr war er da: Captain Khaled, unser Begleitoffizier, der dritte unumgängliche Mann der Expedition. Er sollte uns bis ins Basislager begleiten. Khaled, groß, mit schwarzem, krausem Haar und dunklen, braunen Augen, mochte 25 Jahre alt sein und hatte sich, wie er erzählte, extra auf unsere Expedition vorbereitet: Geländeläufe, Schlafen im Freien, lange Märsche. Er war ehrgeizig und selbstbewusst, und es lag ihm offensichtlich viel daran, dass alles gut ging. Er versprach uns, ein guter Helfer zu sein; Peter und ich merkten sofort, dass wir mit ihm einen ausgezeichneten Griff getan hatten.

Gemeinsam stellten wir an einem geeigneten Platz ein Zelt für Khaled auf. Dann eilten wir alle drei zur Versicherungsgesellschaft, um unsere Talträger gegen Unfall zu versichern, wie es die pakistanischen Bestimmungen vorsahen. Weiter ging es zur Polizei wegen der nötigen Visaverlängerung. Im Anschluss kontrollierten wir die Ausrüstung, die wir Khaled zugedacht hatten. Mit Ausnahme der Schuhe, die sich als viel zu klein erwiesen, war er mit allem einverstanden. Als wir trotz stundenlangen Suchens in Rawalpindi keine passenden auftreiben konnten, erbot er sich, selbst welche zu besorgen, die wir ihm bezahlen sollten.

So war also alles geregelt, und, im Intercontinental bei einer Tasse Kaffee sitzend, rekapitulierten Peter und ich die letzten Tage: die Genehmigungsgebühr hatte wieder 1000 Dollar aus unserer Expeditionskasse geschluckt; der Proviant, den wir zusätzlich in Rawalpindi gekauft hatten, war verpackt, der Begleitoffizier versorgt, sodass unser Weiterkommen jetzt allein vom Flug nach Skardu abhing. Er war nur bei gutem Wetter möglich, und wenn man Pech hatte, ließ dieses oft lang auf sich warten. Ich hatte eben bezahlt, als ich durch das Fenster des Restaurants, draußen im Swimmingpool des Hotels, einen Mann erblickte, der mir bekannt vorkam. Braun gebrannt und ein ironisches Lächeln auf den Lippen, tauchte er gerade im Wasser unter: Wie ein Blitz durchzuckte es mich: Wackernell! Als er wieder an die Oberfläche kam, schaute ich nochmals hin. Konnte das sein? War dieser Mann wirklich Ingenieur Wackernell, mein früherer Professor, wegen dem ich mein Abitur zweimal gemacht hatte?

Kurz entschlossen eilte ich zur Rezeption und fragte, ob hier ein Herr Wackernell abgestiegen sei, Norbert Wackernell. Als man dies bejahte, lief ich zum Pool und sprach ihn an. Er erkannte mich, und wir lächelten beide über die Laune des Schicksals, dass wir uns hier, in Rawalpindi, nach jenem Prüfungstag vor bald zehn Jahren wieder gegenüberstanden. Beide freuten wir uns ehrlich über dieses zufällige Zusammentreffen.

Der Abend brachte jedoch eine böse Überraschung für Peter und mich. Unsere Platzreservierung für Skardu schien gestrichen zu sein, und wir standen unter tausend anderen auf der Warteliste. Ich beschwor Beamte und Flugpersonal, versuchte es mit Schmeicheleien und Schimpfen.

»Wir waren gebucht für die nächste Maschine!«

»Kann sein, jetzt ist sie voll.«

»Seit zehn Tagen warten wir schon hier – wenn wir morgen nicht wegkommen, ist es zu spät für den Hidden Peak!«

Wieder kam die orientalische Mentalität zum Vorschein. Einer schickte uns zum Nächsten und dieser wieder zu einem anderen. Es war zum Verrücktwerden. Zeit zu haben, im Sinne von Geduld, musste ich im Orient immer wieder aufs Neue lernen.

Knapp vor Büroschluss hatten wir es geschafft: Drei Plätze für den Flug am nächsten Morgen waren uns zugesagt, maximal 200 Kilogramm Gepäck waren erlaubt. Schnell packten wir nochmals, wogen unsere Kisten und Säcke: 180 Kilogramm. In der Hoffnung, nun endlich fliegen zu können, legten wir uns schlafen.

Während wir am nächsten Morgen im Flughafen Stunde für Stunde auf den Aufruf unserer Maschine nach Skardu warteten, beschlich mich das dumpfe Gefühl, dass sie nicht starten würde. Als aber dann plötzlich eine Herkules von Gilgit heranflog, flackerte doch wieder ein Hoffnungsschimmer in uns auf. Ob diese Maschine nach

Skardu weiterfliegen würde? Aufmerksam beobachteten wir das Flugzeug – und staunten nicht wenig, als wir ein halbes Dutzend Bergsteiger herausklettern sahen: Die Felix-Kuen-Gedächtnisexpedition unter Leitung von Dr. Herrligkoffer war zurückgekommen; zumindest ein Teil der Mannschaft.

Ich eilte in die Empfangshalle, um mit ihnen zu sprechen, um etwas vom Nanga Parbat zu erfahren. Der Erste, mit dem ich zusammentraf, war ihr Begleitoffizier. Er war überrascht, wie gut ich mich am Nanga auskannte, und er erzählte, dass sie drei Routen versucht hatten: die linke Route, die bereits von Toni Kinshofer erkundet worden war, eine ideale Möglichkeit links von der Rupal-Wand, dann eine Route am Südostpfeiler, ein sehr kühnes Vorhaben, und schließlich den Südgrat hinauf zum Rakiot Peak, lang, aber sicher interessant. Sie hatten sich verzettelt, wie der Begleitoffizier in seinem Gespräch durchblicken ließ. Auch sei das Wetter schlecht gewesen, sodass sie zum Umkehren gezwungen worden waren, bevor sie einen Gipfelangriff überhaupt hatten planen können.

Im staubigen Gepäckabgaberaum ging Dr. Herrligkoffer in seinem hellen Tropenanzug, eine Schirmmütze über die grauen Haare gestülpt, die Hände in den Taschen vergraben, auf und ab: zehn Schritte hin, zehn Schritte zurück. Seit fünf Jahren mit seinen Expeditionen ohne Gipfelerfolg, schien er müde. Missmutig hatte er die Augen auf die Glaswand gerichtet, die den Gepäckabgaberaum von der Empfangshalle trennte.

Als ich mich dieser Wand näherte, schien er mich erkannt zu haben. Plötzlich blieb er stehen, starrte mich an und kam zur Tür. Ganz automatisch folgte ich ihm auf der anderen Seite der Glaswand. Als wir zusammentrafen, reichte er mir zögernd die Hand, begrüßte dann auch Peter. Wir unterhielten uns angeregt: über seine gescheiterte Expedition, die Schwierigkeiten in den verschiedenen Routen. Auch bei dieser Nanga-Parbat-Unternehmung waren schlechtes Wetter und Lawinen am Scheitern schuld gewesen. Dr. Herrligkoffer lobte dagegen die Mannschaft sowie die Route, auf der sie bis hinauf in die Mazeno-Scharte gekommen waren.

Dann, nach einer weiteren Wartefrist, war es endlich so weit: Unser Flug wurde ausgerufen, und wir rannten geradezu auf die Landepiste hinaus, schauten zu, wie unser Gepäck verstaut wurde – und waren mehr als enttäuscht, als urplötzlich wieder alles umsonst schien, unser Flug als gecancelt galt.

»Das Wetter ist zu schlecht, man kann nicht fliegen.« So lautete die Antwort auf unsere verzweifelten Fragen. Wieder ein weiterer wertvoller Tag verloren. Wir waren demoralisiert, denn die Zeit drängte, wollten wir am Hidden Peak noch erfolgreich sein.

Ins Hotel zurückgekehrt, unterhielten wir uns kurz mit den Nanga-Parbat-Leuten, die ebenfalls im Flashman's Quartier bezogen hatten. Dabei erfuhr ich, dass ihnen das Verhalten von mir und meinem Bruder Günther bei der Nanga-Parbat-Expedition 1970 als nachahmenswertes Beispiel hingestellt worden war.

Peter und ich nutzen den Abend und luden Mr. Awan zum Essen ein. Als wir feststellten, dass wir zufällig im selben Lokal speisten wie Dr. Herrligkoffer, konnten wir ein Schmunzeln nicht unterdrücken. Er war in Begleitung eines jungen, recht hübschen Mädchens und eines vornehmen Pakistani. Auch Michl Anderl, den ich als den bergsteigerischen Leiter unserer Nanga-Parbat-Expedition von 1970 noch in bester Erinnerung hatte, saß bei ihnen am Tisch. Dr. Herrligkoffer ignorierte uns jetzt, was im Widerspruch zu seiner Freundlichkeit am Morgen stand. Doch das amüsierte uns umso mehr, und auf dem Heimweg waren wir recht zufrieden, fast ausgelassen.

Der nächste Tag. Wieder einmal warteten wir seit mehr als drei Stunden in der Wartehalle des Flughafens. Die Hoffnungen, doch noch fliegen zu können, waren geringer als am Vortag. Im Nordosten hatte sich eine düstere Wolkenbank aufgetürmt, die wie eine undurchdringliche Mauer jeden Weg nach Skardu abzuriegeln schien. Die Flugmannschaft zeigte keinerlei Eile beim Beladen der Maschine. Peter hatte sich, da ihm die Hitze und der Gestank in den Warteräumen unerträglich geworden waren, auf eine kleine Wiese gelegt, den Sonnenhut auf dem Gesicht. Er schien friedlich zu schlafen. In Wirklichkeit aber peinigten ihn die Gedanken über unsere Verspätung. Wieder und wieder rechnete er die Tage aus, die wir bis zum Basislager noch benötigen würden. Er kalkulierte einen möglichen Streik der Träger ein, auch Schneestürme und reißende Flüsse. Je mehr er über all das nachgrübelte, umso weiter sah er sich von unserem Ziel entfernt. Hatten wir wirklich eine Chance?

Ich sprach zwischendurch mit den Angestellten des Flughafens, versäumte es dabei aber keinen Augenblick, unser Gepäck im Auge zu behalten. Die Kisten, Seesäcke, Pickel und Tragkraxen waren vor dem Wartesaal aufgestapelt, und Khaled, der jetzt neben Peter lag, hatte sie mit einer Reepschnur zusammengebunden. Die Unsicherheit, das Warten am Flughafen, das Zeittotschlagen hatte sich schier bis zur Unerträglichkeit gesteigert, als auch ich mich resigniert hinlegte.

12. Juli, 9 Uhr morgens. Wir konnten es kaum glauben, als wir eine Herkules des pakistanischen Heeres bestiegen, die etwa 50 Personen und sehr viel Gepäck fasste. Eingezwängt saßen wir zwischen pakistanischen Frauen und Kindern, vor unseren Füßen eine Unmenge von Paketen, Körben und Schachteln. Bis zum letzten Augenblick waren wir skeptisch, ob man uns nicht doch wieder aussteigen lassen würde. Erst als die Motoren aufheulten und das Flugzeug über die Piste rollte, wusste ich, dass es tatsächlich losging, dass jetzt unsere eigentliche Expedition begann.

Verlust des Zeitgefühls

Wir flogen über die Vorberge hinweg. Unter uns immer wieder Wolkenhaufen. Ich versuchte, so weit wie möglich vorauszuspähen; früher oder später musste rechts vor uns der Nanga Parbat auftauchen. Die Berge wurden größer und größer, heller in den Farben, und plötzlich erkannte ich ihn: den Nanga von Südwesten, rechts die Rupalflanke, links die Diamirflanke. Ich zeigte Peter die Route, über die Günther und ich damals vor fünf Jahren in verzweifeltem Ringen abgestiegen waren. Allein diese Aussicht war ein aufregender Augenblick für mich. Am Nanga Parbat vorbeifliegend, erkannte ich nun auch Einzelheiten, blanke und verschneite Stellen, Lawinenkegel. Obwohl die Ausschnitte nur ganz winzig waren – die Herkules hat kleine Fenster –, konnte ich jede Rippe erkennen, im Diamirtal sogar Siedlungen sehen. Allzu schnell hatten wir den Nanga passiert und schwebten durch öde Täler hinunter in Richtung Skardu.

Eine ganze Reihe von Bergsteigern wartete hier auf den Rückflug nach Rawalpindi. Eine Expedition gab der anderen die Hand – die eine kehrte zurück, die andere brach auf. Einige Franzosen saßen in der Halle, völlig verschmutzt, ausgezehrt, abgemagert. Sie erweckten in mir den Eindruck, als ob sie tagelang durch die Wüste getrieben worden wären. Doch waren sie mit Jean Fréhel am Paju Peak gewesen, hatten sich aber, da ohne Erfolg geblieben, von der Hauptgruppe getrennt. Auf dem Rückmarsch waren einige von ihnen in einen Wildbach gestürzt und beinahe ertrunken, hätte man sie nicht rechtzeitig herausgezogen. Nun schienen sie genug zu haben, für immer vom Karakorum geheilt zu sein. Ich bemerkte auch ein paar deutschsprachige Bergsteiger unter den Wartenden, kannte sie aber nicht und wollte sie nicht weiter stören. Das Flugfeld beobachtend, ging ich auf und ab, sprach da und dort einige Expeditionsleute an und ließ mich immer wieder über den derzeitigen Zustand des Baltoro-Gletschers informieren. Auch hier waren die Auskünfte nicht ermunternd: viel Schnee oben in den Bergen, fürchterliche Hitze auf dem Marsch bis zu den letzten Dörfern.

Nachdem Peter und ich unser Equipment ausgelöst hatten, fuhren wir in einem Jeep nach Skardu, wo wir im üblichen Rasthaus unterkamen. Während Peter, der starke Kopfschmerzen hatte, bei unserer Ausrüstung blieb, machte ich mich anschließend mit Khaled auf den Weg in die Stadt, um die letzten Kleinigkeiten zu besorgen.

Zuerst ging es eine lange, kahle Häuserfront entlang und dann hinein in jene staubige Gasse, in der sich die Geschäfte befinden. Ich hatte mir eine Liste gemacht von all dem, was wir kaufen mussten: Mehl für Tschapatis (dünne Fladenbrote), Zucker, Dörrobst, Benzin sowie einen Kocher. Für die einheimischen Balti waren wir zwar Fremde, sie nahmen uns aber mit jener Selbstverständlichkeit auf, mit der man in allen Fremdenverkehrsgebieten der Erde empfangen wird, kamen doch jetzt fast jede Woche Expeditionen in diese abgelegene Gegend. Jeder Bergsteiger kaufte ein, fotografierte, schlenderte durch die Straßen. Die Basare waren ärmlich ausgestattet, und ich hatte Mühe, das Wenige zu finden, das uns noch fehlte. Ich trieb zwar Mehl und Zucker auf, später auch Dörrobst, brauchte aber einige Stunden, bis ich einen Kocher ausfindig gemacht hatte. Es war ein selbst gebasteltes Ding, ein Benzinkocher, der uns beim Anmarsch und auch im Basislager dienen sollte. Und Benzin?

Endlich sah ich ein Blechschild, das versprach, was ich seit einer Stunde suchte: Petrol. Es war Khaleds Vorschlag gewesen, in diesen alten Basar zu gehen, eine enge Gasse mit mindestens hundert Läden, staubig und heiß. Der Geruch von Benzin entströmte dem rostigen Fass, das auf dem Erdboden lag. Es war Nachmittag, die Sonne stand schon tief, aber immer noch hoch genug, dass sie über das niedrige Flachdach des Hauses gegenüber in den offenen Petrol-

Über den Gasherbrum-Eisbruch stiegen wir in den Gletscherkessel zwischen G VI, G V, G IV, G II und G I auf.

Laden fiel. Es war, als würden die schrägen Strahlen Staub und Gestank aufwirbeln. Männer und Kinder hatten sich sofort nach unserem Eintreten draußen vor dem Haus versammelt. Es war stickig – nicht so, dass man das Bedürfnis hatte, das Hemd auszuziehen, vielmehr so, dass ich am liebsten auf und davon wäre. Aber ich hatte einen Einkauf zu tätigen.

»Benzin ist knapp, nicht verkäuflich«, erklärte einer der Männer im Laden.

»Wir brauchen es unbedingt«, fiel ihm Khaled ins Wort, »ohne Benzin können wir nicht in den Karakorum.«

Doch ohne Benzin würden auch die Jeeps und die Traktoren nicht mehr fahren, und die bräuchten sie doch auch, um bis nach Dassu zu gelangen, entgegneten die Männer.

Sie berieten lange, die Pakistani im Laden und die Schaulustigen draußen auf der engen Gasse. Dann erhielten wir nach langem Hin und Her doch noch unser Benzin, den Kanister allerdings mussten wir extra bezahlen. Mit einer Konservendose schöpfte man die wertvolle Flüssigkeit aus dem Fass: Liter für Liter. Ich wartete, ich hatte gelernt, Zeit zu haben, einen ganzen Abend lang. Im Normalfall fällt mir Warten sehr schwer, und wenn es sich schon nicht vermeiden lässt, dann ertrage ich es mit wachsender Ungeduld. Aber in Skardu gehört Warten einfach dazu, wie Essen und Schlafen.

Plötzlich fiel mir ein, dass wir, um ganz sicherzugehen, unseren Kocher ausprobieren mussten. Ich ließ etwas Benzin in den flaschenförmigen Boiler füllen, drehte alle Schrauben zu, so fest ich konnte. Dann ging ich auf die Gasse mit meinem Gerät, das besser in eine Alchimistenküche aus dem Mittelalter als in das Gepäck einer Expedition gehört hätte. So schnell ich konnte, pumpte ich, zündete den Brenner an und – er brannte. Da hockte ich nun, den Kocher vor mir auf der staubigen Straße, das fremde Geschwätz über meinem Kopf, rundherum die nackten Füße der Kinder, schuppenartig überdeckt mit einer schwarzen Kruste; dann die Gesichter der Männer im Laden, die strahlten, als ich aufschaute. Unser Streifzug durch den alten Basar hatte sich gelohnt – wir hatten Benzin und einen Kocher, der funktionierte. Die Expedition konnte weitergehen.

Auf dem Rückweg ins Rasthaus zwängten wir uns durch Trauben von Menschen, die sich in den Gassen tummelten. Im Grunde liebe ich fremde, orientalische Städte, aber hier in Skardu, wo es keinen frischen grünen Grashalm gab, wo der Wind ununterbrochen Staub durch die Straßen trieb und es überall nach Urin stank, konnte ich mich nicht wohlfühlen. Offensichtlich war ich noch zu verwöhnt, von den europäischen Städten, auch von Rawalpindi her, um mich mit dieser Wüstensiedlung anzufreunden. Man musste schon lange auf Expedition gewesen sein, um das ärmliche und schmutzige Leben hier als etwas Angenehmes genießen zu können. In diesen Stunden jedenfalls schien es mir unvorstellbar, dass Skardu bei unserer Rückkehr vom Hidden Peak zur ersten erholsamen Oase werden sollte, zu einem Platz, wo man Tee kaufen konnte, wo es Fleisch gab, wo ein Rasthaus stand mit Betten und klarem Wasser, wo man sich ordentlich waschen, ausruhen und satt essen konnte.

Rein zufällig stieß ich auf dem Heimweg in einer Ecke der verwinkelten Gassen auf einen armen Händler, der getrocknete Weinbeeren anbot. Da wir noch wenig Dörrobst hatten, wollte ich einige Kilogramm davon kaufen. Während der Händler die Beeren mit einer Schaufel herausmaß, entschloss ich mich kurzerhand, den ganzen Sack zu kaufen und ihn mit auf die Expedition zu nehmen. Der Mann staunte und freute sich wie ein Kind. Die Weinbeeren schmeckten wirklich gut, auch wenn sie staubig und mit kleinen Kieselsteinen durchsetzt waren. »Sie werden etwas Abwechslung in unsere eintönige Küche bringen«, dachte ich.

Im Rasthaus hatten sich mittlerweile schon die ersten Träger versammelt, die Khaled für den Abend bestellt hatte. Später kamen noch andere dazu, und um 6 Uhr waren es zwölf. So viele brauchten wir, um unsere 200 Kilogramm in den Karakorum hinaufzutransportieren. Ich verhandelte lange mit den Trägern. Sie waren hier dreimal so teuer wie in Nepal. Natürlich bezahlten wir sie nicht im Voraus, legten aber jetzt schon alle Details der Entlohnung eindeutig fest. Ich versprach ihnen den hier üblichen Lohn: 40 Rupien pro Tag ohne Verpflegung, das Doppelte für den Fall, dass sie zwei normale Etappen an einem Tag schafften. Ich machte ihnen klar, dass sie genügend Nahrungsmittel mitnehmen mussten, und als Zugabe stellte ich jedem etwas *atta* (Mehl) in Aussicht. Oben in den Bergen war nichts Essbares mehr zu haben. Von anderen Gruppen hatte ich

Träger in Skardu, die auf eine Chance warten, bei der Expedition dabei zu sein und etwas Geld zu verdienen.

erfahren, dass schon so manche Expedition am Baltoro-Gletscher in große Schwierigkeiten geraten war, weil sie zu wenig Nahrungsmittel für die hungrigen Träger dabeigehabt hatte, was unweigerlich den Rückzug zur Folge hatte. Um einer ähnlichen Situation vorzubeugen, hatte ich vorsichtshalber mehr Mehl für unsere Träger gekauft, als sie ahnten. Ich wollte ganz sichergehen.

Jeder Träger hatte etwa 10 Kilogramm eigenes Gepäck: eine Decke, Kleidungsstücke, Mehl, Butter, etwas Zucker und Tee. Aus dem Expeditionsgut stellte ich Lasten von 18, maximal 20 Kilogramm zusammen, sodass jeder mit seinen eigenen Sachen und unseren Lasten etwa 30 Kilogramm zu schleppen hatte. Außerdem warnte ich die Träger und erklärte unwiderruflich, dass ich nur die bezahlen würde, die das Basislager erreichten, Krankheitsfälle ausgenommen.

All jene, die vor dem Basislager schlappmachten oder auf und davon liefen, sollten überhaupt nichts bekommen.

»Wer vor dem Basislager aufgibt, soll sich ohne jede Rupie zum Teufel scheren. Verstanden?«

»Okay«, murmelten einige. *Hunza, hunza,* wiederum andere.

Das Verhandeln mit den Trägern war eine delikate Angelegenheit. Die meisten von ihnen hatten schon früher Expeditionen begleitet und kannten alle Tricks, um mehr Lohn herauszuschinden; auch wussten sie genau, dass wir auf sie angewiesen waren. Die Männer versprachen, am nächsten Morgen um 4 Uhr früh da zu sein, dann gingen sie wieder in ihre Hütten zurück.

Am Abend saßen Peter und ich noch lange vor dem Rasthaus und schauten hinunter in den scheinbar trägen und doch ungestümen

Indus. Dieser Fluss, der aus dem Baltoro-Gletscher herauskommt, war unsere Richtschnur für die nächsten Tage. Wir mussten an seinem Ufer bis nach Shigar und dann weiter bis zu den letzten Dörfern entlanglaufen. Von dort konnten wir den endlosen Marsch über den Baltoro-Gletscher bis zum Basislager antreten.

Die dreckige, staubtrockene Stadt nahm sich erst etwas freundlicher aus, nachdem die Sonne untergegangen war. Blauer Rauch stand über den Hütten, ein letztes warmes Licht erhellte die obersten Spitzen der Gipfel. Auf allen Seiten von hohen, gelbbraunen, vegetationslosen Bergen eingerahmt, liegt Skardu, die Hauptstadt Baltistans, etwa 2400 Meter über dem Meer. Die Grenzen Baltistans bilden Tibet im Osten, Indien und Kaschmir im Süden, Gilgit im Westen und die chinesische Provinz Sinkiang im Norden. Bekannt unter dem Namen Klein-Tibet war das einstige Königreich lange Zeit nur Forschern und Abenteurern zugänglich gewesen, bevor Bergsteiger dieses Paradies für sich entdeckten. In diesem Gebiet sind auf engem Raum eine ganze Anzahl von Sieben- und Achttausendern konzentriert, unter ihnen der K 2, mit 8611 Metern der zweithöchste Gipfel der Erde, und der Gasherbrum I, der versteckte Achttausender am Ende des Baltoro-Gletschers. Seit etwa 50 Jahren sind immer wieder Expeditionen nach Skardu und Baltistan gekommen, weshalb sich die Einheimischen bereits an die Fremden gewöhnt haben. Nicht zuletzt haben die Alpinisten der Stadt mittlerweile einen relativen Wohlstand beschert.

Nachdem ich einen Brief, den ich an Uschi geschrieben hatte, zur Post gebracht hatte, kehrte ich ins Rasthaus zurück und legte mich schlafen. Am nächsten Tag, dem 13. Juli, mussten wir frisch sein, der lange Marsch konnte beginnen.

Wir standen bereits drei Stunden fröstelnd vor dem Rasthaus und warteten auf die Jeeps, die uns für 4 Uhr früh versprochen worden waren. Als um 5 Uhr die Träger kamen, war von den Jeeps noch immer nichts zu sehen. Das Wetter war gut, der Morgen strahlend klar. Frauen, an deren Knie sich Kinder klammerten, spähten um die Ecke der nahen Hütten. Peter und ich brannten darauf, endlich loszufahren, und verfluchten immer wieder diese endlose Warterei.

Um 7 Uhr trafen endlich die Autos ein. Die Fahrer redeten sich geschickt auf die allgemeine Benzinknappheit heraus, durch die sie wertvolle Zeit verloren hätten. Sie gaben an, den ganzen Abend über und auch an diesem Morgen noch im Dorf herumgefahren zu sein, um Benzin zu sammeln und die Tanks zu füllen. Jetzt glaubten sie, die Fahrt nach Dassu und zurück schaffen zu können. Peter und ich machten gute Miene zum bösen Spiel, verluden die Kisten, verteilten die Träger gleichmäßig zwischen den Lasten und sprangen auf den ersten Wagen, während Khaled mit dem zweiten fuhr. Die beiden überquellenden Fahrzeuge jagten, lange Staubwolken aufwirbelnd, durch die Dorfstraße zur Indusbrücke, querten den Fluss und

Nach dem Indisch-Pakistanischen Krieg waren überall nationale Symbole zu sehen.

erreichten nach zwei sandigen Serpentinen die andere Talseite. Knapp hinter Skardu gab es bereits die erste Panne. Der zweite Jeep hatte ein Gepäckstück verloren, und nun fuhr der, in dem auch Peter und ich saßen, zurück, um es zu suchen. Wieder Aufenthalt. Mich umschauend bemerkte ich, dass die Aprikosen bald reif waren. Ich freute mich jetzt schon im Stillen darauf, in dieses Tal zurückzukommen und mich an den kleinen, süßen Früchten gütlich zu tun.

Nach dem leidigen Zwischenfall fuhren wir über staubige Wege weiter, mal schnell, dann wieder im Schritttempo. Im Straßendorf von Shigar, wo wir eine kurze Rast einlegten, tranken wir in einem Rasthaus Tee. In der sengenden Mittagshitze ging es dann über Flüsse und steile Passstücke taleinwärts. Wieder kamen wir an Dörfern vorbei und schaukelten durch ein Flussbett; bis wenige Meilen vor Dassu, wo die Straße zu Ende war. Hier luden wir unsere Gepäckstücke ab, und ich bezahlte die Fahrer.

Nun begannen wir unsere Kisten und Säcke auf die einzelnen Träger zu verteilen. Dies war nicht ganz einfach, denn sie rauften sich um die leichtesten Lasten, um die angenehmsten Stücke. Es dauerte eine ganze Weile, bis jeder seine 20 Kilogramm hatte, die er bis ins Basislager tragen sollte. Eine Stunde später war unsere Kolonne in Bewegung. Peter und ich beherrschten uns und eilten nicht voraus. Wir wollten anfangs bei den Trägern bleiben, sie im Gänsemarsch halten. Das jedoch wurde für uns sehr bald schon zu einer harten Geduldsprobe, weil die Kulis nach jeweils fünf bis zehn Minuten ihre Lasten ablegten und rasteten. An Dassu marschierten wir vorbei, vorbei auch an den letzten grünen Flecken, einige tischgroße Äcker am Rande des Flusses. Am Abend lagerten wir alle zusammen unter einem breiten Stein am reißenden Braldo, der sich weiter unten in den Indus ergießt.

Es war noch dunkel, als mich am anderen Morgen die Geräusche der Träger weckten, die das Frühstück bereiteten. Links und rechts unserer Lagerstätte brannten kleine Feuer. Holz knackte, es wurde gespuckt und gerotzt. Der Himmel war schwarz und schwer, donnernd wälzte der nahe Braldo Steine vorbei. Nach einer Stunde war unsere Karawane wieder marschbereit. Seit Skardu war alles gut gegangen, und Peter und mich beflügelte die Hoffnung, das Basislager doch noch rechtzeitig zu erreichen. Anfangs ging es nun steil bergan, und sofort gewannen wir Vorsprung vor den Trägern; oben auf der Passhöhe wollten wir auf sie warten. Da Khaled bei ihnen geblieben war, marschierten wir aber weiter, über eine lange gerade Strecke, und erreichten bereits gegen 9 Uhr vormittags Tschakpo, eine Oase an der Bachmündung eines rechten Seitentales.

Wenn man nach einer Woche Expeditionsbürokratismus endlich losziehen kann, ist man darüber so glücklich wie über einen Urlaub nach ausgefüllten Arbeitswochen. Plötzlich hat man wieder Zeit, über sich selbst nachzudenken, alles bewusst wahrzunehmen. Ich bin der Meinung, dass für sehr viele arbeitstolle Menschen die Teilnahme an solchen Expeditionen kein Zeitverlust wäre, dieses tagelange Dahinmarschieren die sicherste, ja einzig mögliche Rettung vor einer Blindheit der Seele sein könnte. Die Möglichkeit, ja der Zwang, das Aktive mit dem Kontemplativen zu verbinden, ist wohl nirgends so stark wie beim Dahinziehen durch diese einsamen, kargen Bergtäler.

Das Leben der Einwohner von Tschakpo ist einfach und arm. Wir hatten uns auf einem der terrassenförmigen Hausdächer niedergelassen und versuchten nun Eier, Tschapati und Lassi (saure Milch) aufzutreiben, auch etwas Tee, um unseren Durst zu stillen. Frauen mit langen, farbenfrohen Gewändern hockten vor den schachtelartig übereinandergeschobenen Wohnstätten, doch wenn wir zu ihnen hinüberblickten, verschwanden sie sofort. Die winzigen Hütten waren finster, die Wände brüchig, die Mauern mit losen Steinen und Erde als Mörtel zusammengeklebt, die winzigen, teilweise nur kopfgroßen Fenster holzvergittert.

Auf einer buckligen Wiese am Dorfrand wollten wir unser Lager aufschlagen. Wir fragten einen einheimischen Bauern, ob dies gestattet wäre. Er nickte, und wir zogen dorthin, um unsere Träger gleich am Lagerplatz zu empfangen. Wir waren noch keine halbe Stunde da, als auch schon die ersten Bauern Hühner brachten und sie feilboten. Sie waren uns aber zu teuer, sodass wir nur etwas Mehl für die Träger kauften, damit die mitgeführten Rationen gespart werden konnten.

Wie bereits nachts zuvor drohte es wieder zu regnen, und die Träger verzogen sich bald in einen nahen Stall. Vorher hatten sie versprochen, am nächsten Tag rechtzeitig wieder da zu sein. Nach einer verregneten Nacht goss es am Morgen ohne Unterbrechung weiter. Die Träger hatten sich in die umliegenden Hütten verkrochen und waren zuerst nicht zu finden, dann nicht zum Weitergehen zu bewegen. Bei Regen sei die Strecke zu gefährlich, wandten sie ein. Erst gegen 8 Uhr brachen die ersten auf, zwei aber fehlten. Wir warteten eine halbe Stunde, eine Stunde, und als sie noch nicht kamen, ging ich von Hütte zu Hütte, um sie zu suchen. Schließlich fand ich sie in einer engen, höhlenartigen Behausung, wo sie mit einheimischen Männern eine Art Würfelspiel spielten. Als ich eintrat, taten sie völlig überrascht, und erst als ich sie anbrüllte, ließen sie alles stehen und liegen und folgten mir.

»Wenn ihr nicht tragen wollt, könnt ihr ja die Expedition verlassen und ohne Bezahlung nach Hause gehen«, herrschte ich sie an.

Doch das schienen sie nicht zu wollen. Sie kamen mit mir zur Lagerstätte und nahmen schweigend ihr Gepäck auf. So konnten wir endlich – es war schon später Vormittag – weitermarschieren.

In der schwülen Luft des Mittags kamen wir recht gut, wenn auch langsam vorwärts. Links und rechts unseres Weges stiegen die Talseiten steil an. Der Regen hatte für einige Stunden aufgehört, und die dünnen Wolken schienen die Sonnenstrahlen wie in einem Brennglas zu verdichten. Überall drohte Steinschlag, und ich konnte mir nicht vorstellen, wie diese wilde Schlucht am gefahrlosesten zu passieren war.

Plötzlich – es nieselte wieder leicht und ich war gerade in der Mitte der Kolonne – kamen einige Träger mit erhobenen Armen von der Spitze des Zuges zurückgelaufen. Mit angsterfüllten Gesichtern, den Gebärden von Fliehenden, liefen sie an mir vorbei und bis zu einer Stelle, wo die Talsohle noch breiter war. Es wollte mir nicht gelingen, sie aufzuhalten. Erst als ich dorthin gelangte, wo sie Hals über Kopf kehrtgemacht hatten, sah ich, was ihnen einen derartigen Schrecken eingejagt hatte: Ein mit koffergroßen Steinen und Lehm gefüllter Fluss – bei Trockenheit ein ungefährlicher Seitenbach – schoss an mir vorbei. Zehn Meter weiter unten ergoss er sich in den Braldo, der all den Schlamm und die Steine schluckte, ohne sich zu verfärben. Es schien nicht nur so, es war tatsächlich lebensgefährlich, diesen Fluss zu überschreiten. Die Träger hatten sofort erkannt, dass bei dem herrschenden Regen kein Weiterkommen möglich war.

Am Rand des tosenden Baches besprach ich mit Peter unsere Lage. Die Träger hatten mittlerweile ein Feuerchen entfacht und kochten, dicht unter den Steinen zusammengedrängt, Tee. Einige hatten sich sogar schon in eine kleine Hütte zurückgezogen und bereiteten sich für die Nacht vor. Wiederholt versuchte ich, sie zum Weitergehen zu bewegen. Ich sagte ihnen, dass wir eine sichere Stelle suchen, ein Seil über den Fluss spannen würden und wir bereit wären, ihnen bei der Durchquerung die Lasten abzunehmen.

»Ihr braucht nur unbeladen zu folgen.«

Aber die Träger wehrten ab.

»Weiter drinnen«, so beteuerten sie, »müssen stark steinschlaggefährdete Hänge gequert werden.«

»Wir werden euch sichern!«

Doch sie schüttelten den Kopf. Sie könnten nicht weiter, auch für viel Geld nicht, nicht, solange es regnete.

Peter und ich waren der Verzweiflung nahe. Sollte wieder ein Tag verloren sein? Wir konnten uns doch nicht schon in den ersten Nachmittagsstunden geschlagen geben. Deshalb entschlossen wir uns, ein Stück vorauszugehen, um die Lage selbst zu prüfen. Wir hofften, im Fluss eine seichte, nicht allzu gefährliche Passage zu finden.

Am Seil gesichert, stieg Peter über eine haushohe senkrechte Lehmwand in das Dreck und Steine führende Wasser ab, spreizte hinüber zur ersten Steininsel, wagte den entscheidenden Schritt und watete – der Schlamm stand ihm bis zu den Knien – zur anderen Flussseite hinüber. Geschickt kletterte er dort den Steilhang hinauf. Wir spannten den Strick, indem wir ihn an beiden Flussufern an mächtigen Felsbrocken verankerten. Ich folgte an diesem Fixseil nach, und dann eilten wir, teils kletternd, teils im Laufschritt – an außerordentlich steilen und gefährlichen Sperren – immer am Rande des Braldo entlang bis zum nächsten Moränenrücken, der uns die Sicht versperrte. Diese steinschlaggefährdete Querung schien wahrlich kein Ende zu nehmen – immer wieder sprangen Steine von oben herunter, die uns zu erschlagen drohten. Der kaum fußbreite Steig war hier größtenteils weggespült, oft führte die einzige Möglichkeit weiterzukommen so nahe an den Braldo heran, dass unsere Füße von der Gischt überspült wurden. Wenn der Pfad weiter oben am gefährlichen, schlüpfrigen Steilhang verlief, war er kaum erkennbar, die Tritte zudem abschüssig. Ein einziger falscher Sprung – und unweigerlich wäre der Taumelnde in den Braldo gestürzt, in dessen Fluten er wohl kaum überlebt hätte.

Nach einer guten Stunde waren auch wir davon überzeugt, dass unsere Träger recht gehabt hatten: In einer Kolonne von 15 Leuten diese Hänge zu queren war nicht zu verantworten. So blieb uns tatsächlich nichts anderes übrig, als zu den Kulis zurückzukehren und abzuwarten. Wir waren enttäuscht.

Der Kapitulation nahe

Als der Regen am Nachmittag immer noch nicht nachließ, entschlossen wir uns, an Ort und Stelle zu biwakieren. Am nächsten Tag – eine Wetterbesserung vorausgesetzt – wollten wir weiterziehen. Die Träger hatten in der Zwischenzeit eine zweite Höhle entdeckt und sich in dieser eingerichtet. Peter und ich bauten unser Zelt unter überhängenden Felsen auf und versuchten, eng aneinandergekauert zu schlafen.

Unsere Hoffnung auf besseres Wetter wurde schon am Abend vom Regen, der auf unser Zeltdach trommelte, zerschlagen. Auch der beißende Rauch, der aus der Höhle der Träger kroch, war ein schlechtes Wetterzeichen. Es folgten bittere Stunden der Mutlosigkeit, Stunden, die Peter und mir verdeutlichten, dass unser Erfolg diesmal mehr in der Luft hing als bei allen unseren bisherigen Unternehmungen.

»Wenn wir hier einige Tage hängen bleiben, ist alles vorbei, dann ist es besser, wir gehen gleich nach Hause«, begann Peter seine Befürchtungen auszusprechen.

»Es wird schon aufhören, früher oder später muss es ja aufhören.«

»Solange aber dieser nächste Schluchthang so feucht ist, gehen uns die Träger keinen Schritt weiter. Sie wissen um die Gefahren in diesem steilen Schottergelände. Sie haben sogar recht, wenn sie nicht weitergehen.«

»Solange es regnet und nass ist, ist der Übergang gefährlich. Wenn aber erst mal die Sonne auf den Hang scheint, wird der

Matsch zäh, dann halten auch die Steine. Und wir können mit den Trägern übersetzen, vielleicht morgen schon.«

»Es gibt keine Anzeichen, dass es morgen besser sein wird.«

»Ja, du hast recht, wenn wir aber allzu lange warten müssen, ist es zu spät.«

Dann lagen wir beide da und hingen unseren Gedanken nach. Ich sah nun ein, dass es Unsinn gewesen war, dieses Wagnis überhaupt einzugehen. Daheim, vor der Abreise, hatte ich mir relativ große Chancen ausgerechnet, Chancen, den Traum meines Lebens – einen Achttausender zu zweit – verwirklichen zu können. Jetzt, da ich gezwungenermaßen tatenlos im Zelt lag und das ganze Vorhaben zu platzen schien, musste ich mir eingestehen, dass ich wohl besser zu Hause geblieben wäre. Resigniert wie ich war, malte ich mir den weiteren Anmarsch, sollte das Wetter doch kurz aufklaren, fürchterlich aus. Denn ich wusste, dass wir erst am Anfang waren und dass die wirklichen Schwierigkeiten am riesigen Baltoro-Gletscher beginnen würden. Wenigstens zwei Wochen Anmarsch lagen noch vor uns! Noch fehlte mir jene Schicksalsergebenheit, die nach Monaten des Wartens und Ringens um ein Ziel schon oft über mich gekommen war. Die psychische Belastung wuchs, ja raubte uns den Schlaf. Die Zweifel, die uns in dieser Regennacht kamen, und das Gefühl des Gefangenseins waren groß, so groß, dass wir noch stundenlang darüber redeten, gleich am nächsten Morgen zurückzugehen und einen anderen Berg anzugreifen. Den Nanga Parbat vielleicht, der in wenigen Tagen erreichbar war, oder einen Berg im östlichen Hindukusch.

Als der Regen am Morgen nicht nachließ, besprachen wir mit Khaled unsere Situation und baten ihn um seinen Rat. Er wusste nicht, was er uns sagen sollte. Als ich ihn aber fragte, ob er uns überhaupt zum Nanga Parbat gehen ließe, ob das aus politischen Gründen möglich sei, und er dies bejahte, waren wir noch mehr hin und

Träger manövrieren ihre Lasten an Felsen entlang, die steil in den Braldo stürzen.

her gerissen von unseren Wünschen und Möglichkeiten. Sollten wir weitermachen, oder sollten wir diese Expedition besser gleich aufgeben und wenigstens eine andere zu einem guten Ende führen?

Gegen 9 Uhr, nach einer einstündigen Regenpause, wollten die Träger plötzlich weitermarschieren. Peter und ich waren so überrascht, dass wir über diese Aussicht ganz unseren inneren Zwiespalt vergaßen. Wir zögerten keinen Augenblick und behandelten die Kulis wie mit Samthandschuhen, um sie nicht wieder umzustimmen. Wir hatten ein Seil über den reißenden Fluss gespannt, und der ganze Trupp querte ihn nun, am laufenden Karabiner gesichert, einer nach dem anderen. Peter voraus, ich in der Mitte der Kolonne, marschierten wir dann taleinwärts. Die Schluchtwand über uns war gefährlicher als die Eiger-Nordwand. Ab und zu blieben wir stehen, spähten die 400 Meter hohe, ungemein steile Schotterflanke hinauf. Nur wenn sich nichts rührte, keine Steinlawinen zu sehen waren, hetzten wir bis zur nächsten Stelle, die einigermaßen Sicherheit versprach. Einer deckte so, den Kamm beobachtend, den anderen, dieser lief so schnell er konnte. Ausrutschen durfte hier keiner – er wäre in den reißenden Fluten des Braldo verschwunden. Der Fluss war hier 60 bis 80 Meter breit. Er wälzte riesige Steine talwärts, und sein Getöse übertönte alle unsere Rufe.

Die lebensgefährliche Querung schien kein Ende zu nehmen. Plötzlich, in der Mitte einer besonders steilen, wenn auch seichten Rinne, wurde der Hang über uns lebendig. Peter befand sich gerade mittendrin, als schon die ersten Salven niedergingen.

»Steinschlag!«

Geschickt wie eine Katze den Steinen ausweichend, erreichte er einen unterhöhlten Steinklotz, die nächste geschützte Stelle. Ein Träger, der knapp hinter ihm geklettert war, schrie auf und hastete panikartig zurück, den anderen Kulis bedeutend, dass es aus sei, dass sie alle zurückmüssten, dass sie keinen Schritt mehr weitermachen sollten. Sofort erfasste ich die Situation. Ich wusste, dass es uns wieder einige Tage Verzögerung kosten würde, wenn wir jetzt nachgaben und mit unseren Kulis zur letzten sicheren Stelle zurückkehrten. Nachdem ich mich also vergewissert hatte, dass keine Steine mehr nachkamen, fasste ich den Leitkuli am Handgelenk und zerrte ihn mit all meiner Kraft über die Steinschlagrinne. Auf der anderen Seite des Steine speienden Schlundes angekommen, war er dann nicht mehr gewillt, noch einmal diese lebensgefährliche Strecke zurückzulegen. Den übrigen Trägern blieb nun nichts anderes übrig, als nachzukommen. Mit größter Vorsicht und erst auf unsere

Anweisung hin betraten sie einer nach dem anderen den freien Hang. Alles ging gut.

Die kommenden zwei Stunden, die noch notwendig waren, um die restlichen Halden zu queren, erforderten all unsere Konzentration und Kraft. In einem Zustand der erhöhten Reaktionsfähigkeit nahmen wir jetzt Geräusche nicht nur mit den Ohren, sondern mit unseren Körpern auf. Wenn irgendetwas von oben herunterkam, wenn irgendwo eine Gefahr lauerte, wir fühlten es, noch bevor wir es mit unseren Sinnen wahrnehmen konnten.

Müde und abgekämpft erreichten wir das Ende des ersten, mehrere Kilometer langen Schotterhanges und gingen sofort einen zweiten, kürzeren an. Just in diesem Moment kamen vier Männer die Querung herunter. Mit Staunen erkannte ich den berühmten Joe Brown, Leiter der englischen Trango-Turm-Expedition, Giulio Fiocchi, Leiter der italienischen Expedition zu den Kathedralen von Baltoro, Jan McNaught Davis und einen jungen Italiener.

Joe Brown war offensichtlich todmüde. Er warf sich gleichgültig vor uns in den Schotter. Klein von Wuchs, nicht mehr ganz jung, mit leicht aufgedunsenem Gesicht und halb ergrautem Haar, schien er ein Wrack. Seine Augen blickten träge, fast glasig; die Anstrengung des Rückmarsches vom Trango-Turm war ihm und den anderen deutlich anzusehen. Ich hatte Joe Brown – den Erstbegeher des Mustagh-Turmes und des Kangchendzönga – immer bewundert. Er war ein harter Kerl, und angesichts seines Zustands konnte ich mir ausmalen, was uns auf diesem Marsch noch alles erwarten sollte. Brown staunte über unser Vorhaben, meinte aber fatalistisch: »Versucht's nur.«

Peter und ich unterhielten uns kurz mit den vieren und erfuhren auf diese Weise, dass die Engländer gescheitert und den Italienern zwei Erfolge gelungen waren. Sobald jedoch unsere Träger alle aufgeschlossen hatten, verabschiedeten wir uns. Zeit war kostbar.

Als wir endlich die gefährlichen Schotterhänge hinter uns gelassen hatten und mühsam einem steilen Aufschwung an der orografisch linken Talseite zustrebten, waren wir sehr erleichtert. Peter und ich preschten wieder einmal voraus, sodass von den Trägern schnell nichts mehr zu sehen war. Wir hetzten die steilen Bergrücken hinauf – dabei kam es vor, dass ich mit Peter kaum noch Schritt halten konnte – und hielten Ausschau nach einem Lagerplatz. Doch weit und breit nichts. Mittlerweile konnten wir Durst und Hunger nicht mehr ignorieren. Was hätte ich nun für ein Stück Tschapati oder ein paar Kartoffeln gegeben! Aber so etwas gab es erst wieder im nächsten Ort. Wir ernährten uns während des Anmarsches ausschließlich »aus dem Lande« und verzichteten bewusst auf Konserven oder Käse für die Strecken zwischen den Dörfern.

Als wir eine Anhöhe etwa 500 Meter oberhalb des Braldo, der noch immer bis zu uns heraufdröhnte, erreicht hatten, schauten wir nochmals zurück: eine endlose, enge, graubraune Schlucht. »So, das hätten wir geschafft«, atmeten wir beide auf. Weit vor uns, bei der nächsten Talbiegung, wo unser Steig endete, wurden nun sogar einige Bäume sichtbar. Tschongo vielleicht, die nächste Siedlung.

»Die Träger werden schon nachkommen, zudem ist Khaled ja bei ihnen«, drängte ich. Nach mehreren Stunden Marsch waren wir nicht mehr ganz so sicher, ob wir uns noch auf dem richtigen Weg befanden. Nirgendwo ein Baum oder Strauch, der Schatten geboten hätte. Auch keine überhängenden Felsen. Wir folgten einem steilen, abschüssigen Pfad. Zuerst eine Querung, dann ging es in Serpentinen bergab. Im Schotterfeld sprang mir eine leere Zigarettenschachtel ins Auge; wir waren also doch nicht die ersten Europäer in dieser einsamen Gegend. Schweigend marschierten Peter und ich hintereinander her.

Die letzten Siedlungen

Zwar hatten wir am Morgen vor dem Aufbruch die Karte studiert, aber dass der Weg nach Tschongo so endlos sein würde, hatten wir nicht erwartet. Ob die Träger nicht schlappmachten, jetzt in der Mittagshitze? Ob sie Tschongo erreichen konnten, bevor es Nacht wurde?

Schließlich tauchte das Dorf, unter einer schroffen Felswand liegend, doch noch auf: einige übereinandergeschachtelte Lehmhütten, terrassenförmig angelegte Felder zwischen Fluss und der düsteren Wandflucht. Insgesamt war der kleine grüne Landstrich, flussaufwärts durch einen Felssporn, der sich bis zum Braldo vorschob, flussabwärts durch ein Seitental abgegrenzt, drei Kilometer lang und 500 Meter breit. Der bebaubare Boden aber nahm Jahr für Jahr ab: Unten fraß der Braldo die Erde weg, oben begruben Felsstürze ganze Äcker. Etwa 20 Familien lebten hier, oft zu sechst oder acht auf engstem Raum in ihren bescheidenen Behausungen. Um ehrlich zu sein, hätte ich im Dorf nicht einmal mein Basislager aufgeschlagen, so von den Naturgewalten gefährdet erschien mir der Ort.

Über ein paar primitive Holzleitern stiegen wir auf ein Hausdach, das als Vorhof der darüberliegenden Hütte diente. Kein Mensch, der uns empfing. Einige Hühner nur, die herumscharrten, ein klappriges Bettgestell mit einigen Tüchern, auf das wir uns setzten. Nachdem wir uns kurz ausgeruht hatten, rief ich nach einem Bauern. Vergebens. Die Frauen waren auf den Feldern, die Burschen und Männer anscheinend mit irgendeiner Expedition unterwegs. Während wir geduldig warteten, versuchte ich mir auszumalen, was es bedeutete, hier geboren zu sein. Karg, eintönig, hart musste das Leben sein, wenn man unsere Maßstäbe anlegte. Die hellen Lehmhütten strahlten jetzt in der Sonne. Wenn ich meinen Blick von den umliegenden Feldern wieder auf die Dächer schweifen ließ, taten mir die Augen weh, so grell war das Licht.

Nach einer Weile kam ein alter Mann auf die Terrasse. Als er ein Stück von uns entfernt stehen blieb, nickten Peter und ich ihm freundlich zu und sagten: »*Salam!*«

Er erwiderte den Gruß und kam näher. Peter streckte ihm die Rechte hin. Der Alte nahm sie, drückte sie mit seinen beiden rauen Händen behutsam, fast streichelnd, als wollte er fühlen, wie schwer und wie warm die Hand des anderen war. Als er seine Begrüßungszeremonie beendet hatte, tippte er kurz an Peters Schulter. Ich verneinte. Da ich seine Frage verstanden hatte, begannen wir uns in Zeichensprache miteinander zu unterhalten. Ich bedeutete ihm, dass wir keine zusätzlichen Träger brauchten und die unsrigen bald da sein müssten. Das gegerbte Gesicht des Alten straffte sich.

»Sahib?«, fragte er und zeigte auf Peter und dann auf mich.

Ja, wir seien nur zu zweit, also nur zwei Sahibs, betonte ich mit zwei gestreckten Fingern. Aber noch zwölf Kulis und ein Captain. Das machte ich ihm mit den Händen und den wenigen Worten Balti, die ich inzwischen gelernt hatte, verständlich. Als er noch wissen wollte, woher die Kulis waren und wohin wir gingen, leuchteten beim Namen Gasherbrum seine Augen auf. Schließlich sei er als Träger schon oben gewesen.

Einige Zeit darauf brachte ein Junge ein paar Eier, ein anderer Tee und Tschapatis. Es war jetzt später Nachmittag, die Arbeit auf den Feldern vorüber. Frauen mit Körben voll Gras und Kinder, die munter hinterdreinliefen, ein bedächtiger Mann mit einer Hacke, kichernde Mädchen, alle kehrten sie ins Dorf zurück. Von irgendwoher drang Musik aus einem Transistorradio.

Das glänzende Licht auf den Gräsern und der Wind wurden stärker, weit drinnen im V-förmigen Ausschnitt des Tales schwamm goldener Dunst. Im Westen verdeckten dunkle Wolkenstreifen den

Horizont, nur über uns stand noch die Sonne. Immer noch saßen wir auf dem Hausdach, als die Träger ankamen. In einem Stall bezogen sie Quartier, wir gesellten uns zu ihnen.

Als wir am Abend noch einen kleinen Spaziergang machten, trafen wir unverhofft auf Martin Boysen, den führenden Kletterer der Engländer vom Trango-Turm. Martin erzählte uns, dass sie recht gut vorangekommen waren, dass er aber beim Schlussangriff 200 Meter unterhalb des Gipfels in einem engen Spalt hängen geblieben war, das Knie verkeilt. Er war nicht mehr herausgekommen, weder vor noch zurück. Seine Kameraden hatten sofort den Rückzug angetreten, um die Biwakausrüstung, Zelte sowie auch Nahrungsmittel hinaufzuschaffen. Martin aber hatte es nicht so lange aushalten können, und so hatte er in seiner verzweifelten Lage sein Knie mit einem Messerhaken befreit, den Hosenstoff weggeschnitten, das Knie freigestemmt. Er hatte sich abgeseilt und damit auf den Gipfelerfolg verzichtet. Doch er hatte bereits ein neues Ziel vor Augen: Zusammen mit Chris Bonington war eine Everest-Expedition für den Herbst 1975 geplant. Wir besprachen die bevorstehende Unternehmung und wünschten ihm dafür alles Gute.

Von Tschongo ging es anderntags weiter nach Askole. Der Marsch dauerte nur zwei Stunden. Der Steig führte größtenteils durch grüne Felder, an Dörfern vorbei. Die Landschaft, die bisher einen traurigen, öden Charakter gehabt hatte, ähnelte jetzt etwas den Westalpentälern. Weit hinten, spitz und weiß, der Mango Gusar, rechts ragten einige Fünftausender auf. Die Felder, größtenteils bewässert und deshalb grün, wirkten üppig im Gegensatz zu den wüstenhaften Hängen zwischen dem bebauten Talgrund und den angeschneiten Bergspitzen.

Peter und ich hatten im Stillen gehofft, am selben Tag noch weitermarschieren zu können. Die Träger aber machten uns klar, dass sie sich jetzt einen Rasttag verdient hätten. Wir forderten sie auf, sich Schuhe zu kaufen, soweit sie noch keine hatten, und sich mit Nahrungsmitteln einzudecken, denn Askole war das letzte Dorf. Auch Peter und ich kauften etwas Mehl und Butter, ein Schaf für die Träger. Der Versuch allerdings, ein zweites einzuhandeln, scheiterte, weil kaum Schafe im Dorf waren und die Almen zu weit oben in den Seitentälern lagen, um schnell eines herbeischaffen zu können.

Unsere Zelte hatten wir auf einem kleinen, lehmigen Platz am bergseitigen Dorfrand aufgeschlagen. Als einige Einheimische in unser Lager kamen, versuchten wir, Kulis unter ihnen anzuheuern, um unsere eigenen Leute zu entlasten. Das war jedoch vergeblich, weil viele Träger bereits für den Rückmarsch der amerikanischen K2-Expedition und andere für die italienische Baltoro-Expedition unterwegs waren. Am Nachmittag schlenderten Peter und ich durch das Dorf und beobachteten, wie Frauen Mist auf die Felder schleppten und Männer auf ihren Hausdächern hockten. Von Weitem grüßten sie uns: »*Salem aleikum!*«

Abends saß ich vor dem Zelt und unterhielt mich mit den Einheimischen über frühere Expeditionen. Zu meiner Freude erinnerten sie sich genau an die Fünfzigerjahre. Vor allem die italienische K2-Expedition, die immerhin gut 20 Jahre zurücklag, war den Kulis, die sie begleitet hatten, noch immer in lebhafter Erinnerung. Riccardo Cassin, unser Alter vom Lhotse, war hier ein bekannter Mann.

Mehr aber als alle anderen, das merkte ich aus vielen Andeutungen und Erzählungen, schätzten die Einheimischen Walter Bonatti, der 1954 am K 2 mit dabei gewesen war und den sie als den damals Stärksten bezeichneten; Bonatti, der später am Gasherbrum IV im hintersten Baltoro, an dieser kühnen, leuchtenden Pyramide, den Gipfelerfolg errungen hatte. Man erzählte mir voller Bewunderung, dass er beim Anmarsch in Urdukas einen Felsklotz erklettert hat, einen glatten Felsen, nur an einem faustbreiten Riss.

Am Morgen des 18. Juli verließen wir Askole. Wir hofften, an einem Tag die doppelte Etappe zu schaffen, bis zur Brücke hinter Korofon. Vor den Häusern und auf den Wegen herrschte reges Treiben, als wir mit unserer hochbepackten Kolonne durch das Dorf zogen. Die Luft war kühl, während wir durch die letzten Felder zur engen Schlucht im Talschluss marschierten. In ihren dunklen Kleidern, tief gebückt, standen einheimische Frauen im kniehohen Korn und jäteten. Andere waren damit beschäftigt, das Vieh auf die steinigen Weidehänge zu treiben.

Obwohl wir nicht die erste Expedition waren, die in diesem Jahr den Biafo-Gletscher überquerte, hatten wir doch reichlich Mühe, den Weg zu finden und die Träger darüberzulotsen. Dieser tote Gletscher verändert sich tagtäglich, und die Steigspuren, die nach einer Expedition zurückbleiben, sind schon nach wenigen Tagen verwischt. Trotz einiger Schwierigkeiten am Gletscher und der sengenden Hitze peilten wir am Nachmittag bereits Joila an. Eine Hängebrücke führt dort im Sommer über einen Seitenfluss des Braldo – die einzige Möglichkeit, bergauf zu kommen.

Wir wählten das linke Ufer als unseren Lagerplatz. An derselben Stelle waren auch die Männer der amerikanischen K2-Expedition unter James Whittacker, die geschlagen vom zweithöchsten Berg der Erde zurückkehrten. Die italienische Expedition, deren Leiter Fiocchi wir wenige Tage zuvor getroffen hatten, lagerte auf der Gegenseite. Ich kannte viele junge Italiener, und wir unterhielten uns recht gut. Sie gaben uns Tipps für die nächsten Tage und stärkten durch ihre Erfolge unser Selbstvertrauen. Von den Amerikanern dagegen erfuhren wir, dass sie die Schell-Gruppe beobachtet hatten und ihnen zu Ohren gekommen war, dass auch die Grazer zum Hidden Peak wollten. Das konnte doch nicht wahr sein! Die Genehmigung für den Hidden Peak war uns erteilt worden, und obwohl wir uns mit den Schell-Leuten in Verbindung gesetzt hatten, war es bisher zu keiner Absprache gekommen. Auch hatte keiner der Bergsteiger in Rawalpindi auf uns gewartet, sodass wir die beiden Expeditionen nicht hatten zusammenlegen können.

Peter und ich beschlossen deshalb, uns zu trennen. Wir wollten sie rechtzeitig zurückrufen, damit ihnen noch Zeit blieb, auf das von der Regierung für sie vorgesehene Ziel auszuweichen. Wenn sie am Hidden Peak festhalten würden – auch wenn sie den Normalweg versuchten –, würde das für sie nur vergeudete Kraft, vergeudetes Material und vergeudete Zeit bedeuten. Peter sollte also am nächsten Tag vorausmarschieren und in drei bis vier Tagen das Basislager erreichen. Als der im Umgang mit Kulis Erfahrenere übernahm ich die Aufgabe, die kleine Trägerkolonne mit den Lasten ins Basislager zu führen.

Die Italiener hatten uns spontan zum Abendessen eingeladen. Eine Einladung, die ich gern annahm, während Peter lieber schlafen wollte, da er anderntags in aller Frühe aufbrechen musste. Als ich über die schwankende Hängebrücke aus geflochtenen Weiderutensträngen zu den italienischen Bergsteigern auf der anderen Flussseite balancierte, dämmerte es bereits. Die Minestrone, die sie zubereitet hatten, war versalzen, nicht aber die allgemeine Stimmung. Wir unterhielten uns lange und angeregt. Da Peter und ich etwas knapp an Nahrungsmitteln waren und noch nicht genau wussten, wie lange wir oben im Basislager bleiben mussten, fragte ich kurzerhand die italienischen Kameraden, ob sie irgendetwas an Verpflegung entbehren könnten, eine Kleinigkeit vielleicht für den Anmarsch, und wenn es nur für einen Tag reichte. Sie aber verneinten. Sie müssten noch zurückmarschieren bis zu den ersten Dörfern und dann eine Woche weiter nach Skardu. Sie wären sich selbst nicht sicher, ob ihre Nahrungsmittel bis dorthin reichen würden, versicherten aber, dass in ihrem Basislager eine Unmenge Brot und Konserven liegen geblieben war.

»Das werden die Träger schon geholt haben«, lachte ich.

»Ja, das fürchten wir auch. Die lassen normalerweise keine leere Büchse zurück.«

Als ich mich verabschiedete und dem stellvertretenden Leiter einen Brief für Uschi aushändigte, den ich in den letzten drei Tagen von Etappe zu Etappe geschrieben hatte, nahm mich einer aus der Gruppe, Giorgio Panzeri, zur Seite. Er steckte mir einen Nylonsack mit allerlei Süßigkeiten zu. Kleinigkeiten für den Anmarsch, die eigentlich alle für seinen Rückmarsch bestimmt gewesen waren: Schokolade, Trockenobst und einen Zettel mit den Worten: *Un sacco di auguri – Giorgio.* Ich war gerührt. Die Großherzigkeit dieses jungen Italieners, der genau erkannt hatte, dass seine älteren Kameraden nicht bereit waren, unsere Mini-Expedition zu unterstützen – in ihren Augen waren wir schließlich absichtlich mit nur 200 Kilogramm Gepäck losgezogen und sollten folglich auch selbstständig damit zurande kommen –, überraschte und freute mich.

Giorgio war einer der besten italienischen Kletterer. Knapp über 20 Jahre alt, kannte er damals bereits die wichtigsten Touren in den Alpen und hatte schon eine ansehnliche Anzahl von Alleinbegehungen hinter sich. Zweimal hatte er den Preis *Griguetta d'oro* gewonnen, einen Kletterpreis, der in Norditalien alljährlich für besonders talentierte Bergsteiger unter 24 Jahren ausgeschrieben wird.

Zu Fuß ins Nirwana

Es gibt eine Einsamkeit, an die sich der Mensch wohl nie gewöhnen wird: das Alleinsein vor ganz großen, gefährlichen Abenteuern. Es war bereits nach 10 Uhr, als ich das italienische Camp verließ. Eine Julinacht, eine jener besonderen Karakorum-Nächte, wie wir sie später noch öfter erleben sollten. Der Mond steckte irgendwo hinter den Bergen, aber trotzdem war es einigermaßen hell, und als ich mich

der Seilbrücke näherte, sah ich sogar das Wasser von unten herauf-
schimmern. Ich griff in die baumdicken, groben Seile und begann,
den Fluss zu queren. Je näher ich zur Mitte kam, desto einsamer
fühlte ich mich, und desto stärker spürte ich, dass ich in dieser Nacht
besser bei den Italienern geblieben wäre. Deutlich konnte ich nun
auch das schäumende Wasser zwischen den drei Strängen am Boden
sehen, die kleinen Strudel und Wellen im Fluss. Ich musste verdammt aufpassen, um dem Sog des im Mondlicht fließenden Silbers
nicht zu erliegen, das Gleichgewicht nicht zu verlieren. Die Hängebrücke schien unter meinen Schritten zu beben. Ich war völlig benommen, als ich auf der anderen Flussseite die steilen Stufen hinauf
zur Brüstung kletterte. Damit war ich in eine andere Welt eingetre-
ten, hatte das letzte Verbindungsglied zu anderen Menschen hinter
mir gelassen. Ich musste daran denken, dass Peter in wenigen Stunden aufbrechen wollte und ich ab morgen allein weitermusste, allein
mit einem Begleitoffizier und zwölf Trägern, allein mit der Verantwortung, das Basislager ohne Unfall zu erreichen.

Noch bevor sich die ersten Sonnenstrahlen fächerartig über dem
Horn des Mango Gusar ausbreiteten, hatte ich meinen Tee getrunken. Mit dem Morgen waren all die düsteren Gedanken und Stimmungen von mir gewichen. Jetzt freute ich mich sogar über die Gelegenheit, völlig auf mich gestellt zu sein.

Als wir von unserem Lagerplatz aufbrachen, sah ich einen kurzen
Schimmer der Begeisterung über die Gesichter der Träger huschen.
Da wusste ich, dass sie ihr Bestes geben, dass wir in den nächsten
Tagen gut vorankommen würden.

Ich eilte allen voraus, um den Weg zu erkunden, und auch, um
mein eigenes Tempo gehen zu können. Am linken Flussufer ent-
langschlendernd, gelangte ich bald auf eine mit ausgedörrten Sträu-
chern und gelben Grashalmen gesprenkelte Moränenfläche. Dort
suchte ich nach einer Quelle, und als ich keine fand, ging ich zum

Die zwei kleineren Gasherbrum-Gipfel von Westen. Der G IV (links) ist einer der schönsten Berge im Karakorum.

Fluss und wusch mich in dem olivgrünen Gletscherwasser. Ich hatte den zähen, unangenehmen Eindruck der ersten Marschtage vergessen und empfand hier am Rande des Braldo eine tiefe innere Ruhe. Auch später, als ich mit meinem kleinen Treck wieder zwischen den wilden Bergen dahinschritt, schwang dieses für mich ganz neue, frohe und von jeder Belastung freie Gefühl der Selbstsicherheit mit. So musste die Freiheit schmecken. Ich hatte nicht das Bedürfnis zu sprechen. Wohl aber beherrschte mich ein Zwang zu marschieren, meine Schritte zu beschleunigen, die von einem ununterbrochenen Rascheln der dürren Gräser begleitet wurden. Eigentlich hätte ich schon vor einer Stunde stehen bleiben und auf Khaled und die Träger warten sollen, aber die warme Morgensonne, der reißende Fluss neben mir und meine Neugierde trieben mich weiter. Ich hatte Spaß daran, so allein vor mich hin zu marschieren. Dass ich dabei meine Gedanken halblaut vor mich hin sprach, war mir schon zur Selbstverständlichkeit geworden. Ohne mir Mühe zu geben, sie ordentlich zu formulieren oder zu Ende zu denken, murmelte ich einige Worte, dachte ich über Lücken hinweg. Ich wäre nicht in der Lage gewesen, einen Gedankengang, der mich kurz vorher noch zum Schmunzeln gebracht hatte, zu wiederholen, da ich längst bei einem anderen war.

Von der Moränenfläche, wo die Füße im Sand nur mit Mühe Halt fanden, stieg ich in das Geröll ab, das sich zwischen Flussufer und Steilhang angesammelt hatte. Allmählich näherte ich mich einem alleinstehenden Strauch, dessen wenige Blätter mir hier in dieser Einöde wie Blütenschmuck erschienen. Ringsum tiefe Stille. Zwar donnerte der Fluss zu meiner Rechten, Fliegen summten um meinen Kopf, aber diese Geräusche störten die allgemeine Ruhe ebenso wenig wie das ferne Singen des Windes an den Graten und Gipfeln. Ab und zu glaubte ich in der Ferne die Stimmen unserer Träger zu hören. Während ich für wenige Minuten dastand und auf das Kommen der Kulis lauschte, verfolgte ich mit meinem Blick eine kleine Wolke, die sich über dem Gipfel des Mango Gusar gebildet hatte. Erst als ich die Kolonne von Weitem heranrücken sah, ging ich langsam weiter.

Ich habe doch recht gehabt, die Genehmigung für den Hidden Peak auszunützen, dachte ich. Wäre unser Aufbruch bloß einem Strohfeuer, einer plötzlich auflodernden Begeisterung – ausgelöst durch die Herausforderung eines Achttausenders zu zweit – entsprungen, stünde ich heute nicht hier. Dann hätten wir sicher schon vor Tagen, bei der Querung am Braldo, aufgegeben. Aber das hatten wir eben nicht getan. Ich war jetzt mehr denn je überzeugt, dass unser Unternehmen gelingen würde.

Als Peter den toten Gletscher betreten hatte und mutterseelenallein war, erwog er unwillkürlich die Möglichkeit, zurück nach Paju zu gehen, wo ich mit der Hauptgruppe nächtigen wollte. Aber er kehrte nicht um, sondern marschierte entschlossen auf dem Gletscher vorwärts, immer sein Ziel vor Augen, oben im Basislager die Schell-Gruppe von einer Besteigung des Hidden Peak abzuhalten. Es war schon dunkel geworden, als er in Liligo seine Lagerstätte vorbereitete. Im Westen standen keine Wolken mehr, sie hatten sich hinter den Paju Peak verzogen, und überall am Himmel blitzten Sterne auf. Peter lauschte auf das Poltern der Steine, die dann und wann vom Moränenrand in die Gletscherspalten rutschten. Immer wieder blickte er zu der ihm so vertraut gewordenen Milchstraße auf, die die riesenhafte Schlucht, in der er jetzt biwakierte, diagonal überspannte.

In seinem Kopf pochte ein hämmernder Schmerz, wie immer, wenn er einen relativ großen Höhenunterschied in kurzer Zeit überwunden hatte. Aber er suchte jetzt nicht mehr nach einer Erklärung für dieses Leiden, sondern nahm es einfach hin. Wir werden es schon schaffen, dachte Peter, während er so dalag und einzuschlafen versuchte. Dieses neue Gefühl, völlig für sich allein zu sein, belastete ihn weniger als der schleppende Marsch mit den Trägern, die ständige Ungewissheit, ob sie nicht doch schlappmachten, und der Zwang, sich um sie zu kümmern. Doch der Gedanke daran, dass die Kolonne ohne ihn irgendwo hängen bleiben könnte oder zu langsam vorwärtskäme, beunruhigte ihn jetzt, wo er sie tagelang nicht mehr sehen sollte, fast noch mehr als vorher.

Es war ein starkes Bewusstsein, jung zu sein, das ich empfand, als ich, über einige Moränenhügel hinaufsteigend, weit vor mir die

Stirnmoräne des Baltoro-Gletschers erspähte. Links und rechts standen mächtige Granittürme, und weit hinten waren dunkle Gebirgskämme zu erkennen, die den K 2 verdecken mussten. Unter einem überhängenden Felsklotz, geschützt vor den senkrechten Strahlen der Sonne, ließ ich mich zur Rast nieder. Hier wollte ich auf die Träger warten und die Umgebung studieren, die mich mit jedem Tag, den wir vorwärtskamen, mehr in ihren Bann zog.

Inzwischen war es Nachmittag geworden, ein heißer, drückend schwüler Nachmittag. Es war undenkbar, direkt in der prallen Sonne zu pausieren. Die Luft flimmerte über den Felsen, glühend heiß der Sand, die Steine. Doch der Himmel verdüsterte sich allmählich. Ein Windhauch kam auf, der einzelne Staubwölkchen vom Gletscher heruntertrieb. Für einige Zeit verschwand sogar der glühende Ball der Sonne hinter den wachsenden Federwolken am Himmel, und zwei Stunden später wurde es endlich angenehm kühl. Als die Sonne wieder durch die Wolken brach, stand ich auf und atmete gierig die frische Luft ein, stieg dann zum Braldo hinunter und wusch mich von oben bis unten. Es war wie eine erfrischende kalte Dusche. Ich verspürte auf einmal Lust weiterzumarschieren, einfach nur weiterzulaufen, hinter die nächste Biegung, um die neue, mir unbekannte Landschaft zu sehen. Ich wollte nicht mehr länger auf die Träger warten, für ein paar Stunden die Expedition vergessen. Aber so groß auch die Versuchung war, ich musste dableiben, wusste ich doch genau, dass die Träger nicht bis Paju durchhalten würden, wenn ich sie nicht dazu zwang. Schließlich wollten wir am nächsten Tag von dort aus den Baltoro-Gletscher in Angriff nehmen. So setzte ich mich wieder auf den Felsklotz und schlief ein.

Erst gegen 5 Uhr nachmittags wachte ich wieder auf. Ich fühlte mich matt und schläfrig, hatte Kopfschmerzen, und mir schwindelte beim raschen Aufstehen. Ich schaute mich um: niemand zu sehen. Da hörte ich talauswärts Geräusche, als ob Steine in den

Fluss rollten. Als ich ein gutes Stück zurückging, konnte ich die Träger erkennen, die gerade dabei waren, einen reißenden Seitenbach des Braldo zu durchqueren, und Mühe hatten, im wilden, kaffeebraunen Wasser das Gleichgewicht nicht zu verlieren. In den wenigen Stunden, seit ich die Stelle passiert hatte, war der Bach zu bedrohlichen Ausmaßen angeschwollen. Ich lief zurück, und half, so gut ich konnte, indem ich ihnen von meiner Flussseite aus eine Stange zum Festhalten entgegenstreckte. Als alle das andere Ufer erreicht hatten, machte ich den Kulis klar, dass sie noch eine Stunde weiterlaufen müssten, bis nach Paju, denn nur dort gab es frisches Wasser und auch Holz zum Feuermachen.

Paju nennen die Einheimischen einen Lagerplatz unmittelbar unter dem gleichnamigen Berg, einem formschönen Sechstausender, orografisch an der rechten Talseite gelegen, eine halbe Stunde unterhalb der Stirnmoräne des Baltoro-Gletschers. Dieses Paju ist ein hübscher Aussichtspunkt. Die zwei Quellen, die wir dort fanden, spendeten zwar nur fingerdick Wasser, aber immerhin war es frisches, klares Wasser, eine Seltenheit in dieser wüstenhaften Landschaft. Der ganze Lagerplatz war allerdings von Unrat und Kot bedeckt, und ich hatte Mühe, eine einigermaßen saubere Stelle zu finden, wo ich mir mein Lager einrichten wollte. Da der Himmel jetzt nicht mehr bewölkt war, verzichtete ich darauf, das Zelt aufzustellen, und breitete unter einigen Bäumen, deren Blätter fortwährend im Wind raschelten, Gras aus, auf das ich meine Schlafmatte und meinen Schlafsack legte. Khaled schien todmüde zu sein, als er mit der Nachhut der Träger eintrudelte. Es fehlte ihm sogar die Kraft, selbst seine Lagerstelle herzurichten, weshalb ich die Träger bat, dies für ihn zu tun.

Einige der Kulis verschwanden, nachdem sie allesamt ihre Lasten abgelegt hatten, in den Baumkronen, andere in Erdlöchern. Sie brachen dürre Äste ab, holten Wasser, und überall in den Höhlen, die von früheren Expeditionen zurückgeblieben waren, begannen sie Tee zu kochen und Tschapatis zu backen. Wieder hatten die Balti-Männer die doppelte Tagesstrecke geschafft, und wie versprochen zahlte ich an diesem Abend den Lohn für eine Etappe aus. Sie waren daraufhin recht ausgelassen, brachten mir *dhal* (Linsen) und Tee. Meine Hoffnung, dass wir in einer Woche, spätestens in zehn Tagen im Basislager sein würden, wuchs zusehends.

Wie so oft an Abenden vor einsamen Nächten geriet ich ins Grübeln, dachte darüber nach, was mich eigentlich bewogen hatte, hierherzukommen, warum wir ausgerechnet zu zweit zum Hidden Peak wollten. Es war enttäuschend, ich konnte keine wirklich vernünftige Antwort finden. Was sich dagegen mit Sicherheit sagen ließ: Hörte ich auf, mir eben diese bohrenden Fragen zu stellen, war mir, als wäre das, was wir vorhatten, die selbstverständlichste Sache der Welt. Besonders wenn ich aktiv sein konnte, waren alle Bedenken wie weggeblasen. In den vergangenen Stunden, in denen ich allein marschiert war und mich tatkräftig und mit voller Verantwortung für das Vorwärtskommen unserer Expedition einsetzen musste, hatte mir das Leben richtig Spaß gemacht. Die wilde Landschaft, das Verhandeln mit den Trägern und das Schlichten ihrer kleinen Streitigkeiten, das Ausfindigmachen der Lagerstätten, das Verteilen der Lasten an jedem Morgen beim Aufbruch, das alles waren einfache, aber lebensnahe Tätigkeiten, die unmittelbar auf das Weiterkommen ausgerichtet waren.

Zugegeben, es war immer noch eine gute Portion sportlich-bergsteigerischer Ehrgeiz dabei, dass ich hier war. Ich hatte seit drei Jahren schon davon geträumt, endlich meinen dritten Achttausender besteigen zu können. Aber jetzt beim Anmarsch waren es weniger die Gedanken an diesen dritten Höhenrekord oder den Achttausender zu zweit, die mir gefielen, als vielmehr dieses Leben schlechthin, die Aufgaben, die Probleme, die sich alle Tage stellten, die es Minute für Minute zu lösen galt.

Hatte ich in früheren Jahren meines Lebens – das fing schon in meiner Kindheit an und steigerte sich später bei den ersten großen Bergtouren und Expeditionen – zum Besten der Bergsteigerei, zum Besten der ganzen Menschheit wirken wollen, so wollte ich jetzt nur leben, leben, ohne anderen Menschen wehzutun. Besonders durch meine vielen Reisen zu den ärmsten Bergvölkern der Erde hatte ich begriffen, dass es gar nicht möglich ist, diesen zu helfen, ohne ihnen gleichzeitig zu schaden. Dass es eine Illusion ist, die Welt verbessern zu können. Die Menschheit ist in ihrer Gesamtheit so komplex und vielfältig, dass ein Versuch, für das Allgemeinwohl wirken zu wollen, in der Praxis selbst immer wieder auf Widersprüche stoßen muss. Ich bin immer weniger dazu geneigt, eine Expedition oder mein Leben schlechthin in den Dienst der Allgemeinheit zu stellen. Ich bin vielmehr zu der Überzeugung gekommen, dass ein in sich ruhendes, ausgeglichenes Leben das einzig Wichtige ist. Ich mache heute meine Expeditionen für mich selbst, fühle – obgleich mich kaum jemand dabei versteht –, dass diese Expeditionen notwendig sind, für mich notwendig, um ruhig und ausgeglichen zu bleiben, um mich selbst zu finden. Sie geben mir die Möglichkeit, selbst gestellten Aufgaben gerecht zu werden, die Landschaft zu genießen, aber auch die Pflicht ernst zu nehmen, mich – wie in diesen Tagen – um das Wohl der Träger und des Begleitoffiziers zu kümmern sowie auf mein eigenes Leben aufzupassen.

Ein Gedanke, der mich immer wieder quälte und dem ich auf meinen langen Tagesmärschen am meisten nachhing, war der an Uschi. Was sie wohl fühlte, dachte, tat? Was die physischen Voraussetzungen anbelangte, hätte ich sie mitnehmen können. Sie hätte aufgrund ihrer Expeditionserfahrung den Marsch bis ins Basislager leicht durchgehalten. Aber vielleicht wäre sie irgendwie doch eine

Belastung geworden, möglicherweise hätte sie später das Alleinsein im Basislager nicht ausgehalten? Aber war sie so nicht noch mehr alleingelassen, alleingelassen ob meiner egoistischen Ziele, vorläufig völlig im Ungewissen über den Ausgang des Unternehmens?

Pflichteifrig, wie sich Khaled den ganzen Tag über gezeigt hatte, machte er am Abend noch einen Rundgang bei den Trägern. Diese saßen in kleinen Gruppen an den Feuern, trieben noch immer Tschapatis aus und brieten sie in Butterschmalz. Khaled sprach mit den Leuten, wobei er seine Worte mit seinen schlanken, schmalen Händen gestenreich unterstützte. Den Gesprächen entnahm ich, dass er die Kulis aufmunterte, sie auf die nächste schwierige Etappe vorbereitete.

Einer unserer älteren Träger hatte sich bereits zur Ruhe begeben. Er lag, in eine alte Decke gewickelt, zusammengekauert am Feuer, sein Atem ging laut und heftig. Ob er die 70 Kilometer bis ins Basislager schaffte? 70 Kilometer Gletscher mit 30 Kilogramm Gepäck auf dem Rücken, die Nächte ohne Schutz im Freien und kaum etwas zu essen. Ich steckte ihm ein Stück Schokolade zu. Er nahm es dankend an.

Khaled kramte, an seinen Lagerplatz zurückgekehrt, die Taschenlampe aus seinem Rucksack, befestigte sie an einem Ast über seiner Schlafmatte, trank noch einen Schluck aus der Flasche, die neben seinem Pullover, der ihm als Kopfkissen diente, lag, und versuchte alles zu vergessen, nur noch zu schlafen. Doch nicht nur die bleierne Müdigkeit hinderte ihn anfangs daran, auch störten ihn die Unruhe der Träger und das ständige Aufflackern der Feuer. Später, als die Kulis sich alle verkrochen hatten, fand er immer noch keinen Schlaf, lauschte dem Tosen des Braldo und beobachtete den Mond, der hinter einem zerschlissenen Vorhang von Federwölkchen aufgegangen war.

Als auch ich mich hinlegen wollte, fühlte ich instinktiv, dass da noch jemand war, dass jemand kam. Ich schaute gegen Osten, Richtung Baltoro-Gletscher, und sah im noch schwachen Mondlicht eine Gestalt auftauchen, die sich unserem Lagerplatz näherte. Unwillkürlich lief ich dem späten Besucher entgegen und bemerkte recht bald, dass es eine Frau war. Offensichtlich eine Bergsteigerin, die allein heimwärts zog. Als sie schließlich vor mir stand, glaubte ich sie zu erkennen, fragte aber trotzdem nach ihrem Namen: Simone Badier – eine der besten europäischen Bergsteigerinnen. Sie war mit dem Franzosen Fréhel am Paju Peak gewesen. Der Gipfel blieb ihnen verwehrt, sie waren gescheitert, und Simone hatte sich, müde und des Lastenschleppens überdrüssig, von den anderen abgesetzt. Sie erzählte, dass sie auf dem Rückweg von ihrem eigenmächtigen Ausflug bis nach Urdukas in einem der Gletscherbäche beinahe ertrunken wäre, und an diesem Nachmittag, auf dem Heimweg, nochmals in einen Fluss gefallen sei. Als ich ihr ein Nachtlager und etwas zu essen anbot, dankte sie zustimmend.

Wir saßen eine Zeit lang nebeneinander da, und ich kochte für sie Tee. Die Blätter in den Bäumen raschelten, und der Mond schimmerte durch das Astwerk. Dann schlug sie ihr Lager neben dem meinen auf, und wir unterhielten uns bis spät in die Nacht hinein über all die Expeditionen, die noch im Baltoro-Gebiet unterwegs waren.

Auch ich versuchte in dieser Nacht lange vergeblich einzuschlafen. In meinem Schlafsack liegend, starrte ich unverwandt hinauf in die Wipfel der Bäume und beobachtete die Bahn des Mondes. Als ich um 5 Uhr erwachte, fühlte ich mich trotz des wenigen Schlafes belebt und erfrischt. Ich stand auf, kramte Bleistift und Papier aus meinem Rucksack und fing an, einen Brief an Uschi zu schreiben.

»Ich werde ihn ihr mitgeben«, sagte ich halblaut vor mich hin, immer noch der Gewohnheit des Einsamen in mir nachgehend.

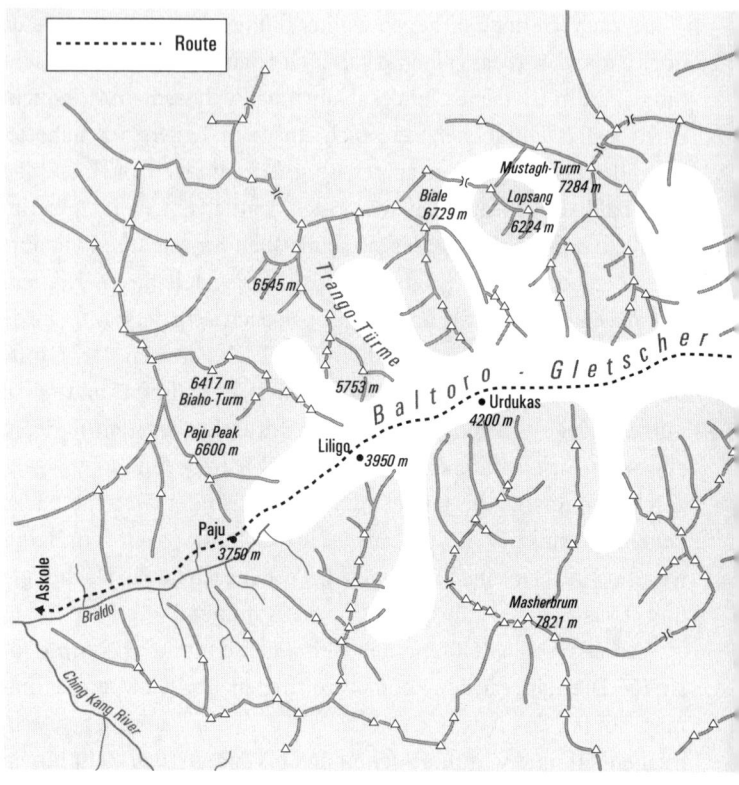

Der riesige Baltoro-Gletscher mit unserer Anmarschroute zum Hidden Peak

Unwillkürlich musste ich daran denken, wie lange es wohl dauern würde, bis Uschi in Villnöss diesen Brief lesen konnte. Zum ersten Mal wurde mir dabei bewusst, wie weit ich tatsächlich von ihr entfernt war. Es konnte Monate dauern, bis ich wieder bei ihr war, die ungewisse Flugverbindung von Skardu nach Rawalpindi nicht mit einkalkuliert. Simone Badier steckte den Brief in ihren Rucksack, wir verabschiedeten uns voneinander, und als sie talwärts fortging, schaute ich ihr lange nach.

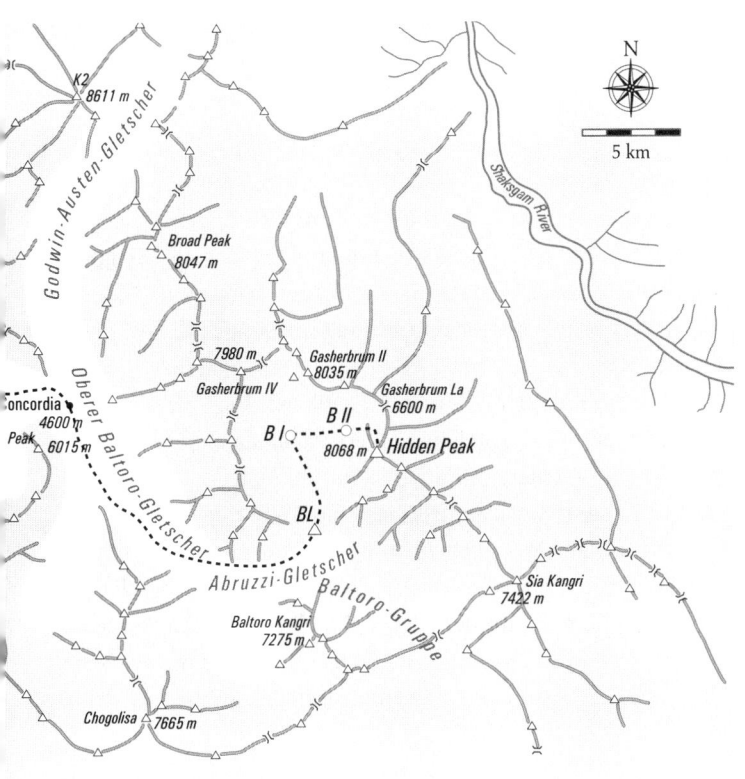

Der Himmel über dem Baltoro-Gletscher sah regnerisch aus. Wenige helle Flecken unterbrachen die düsteren Wolkenhaufen, und nur im Augenblick des Sonnenaufgangs huschten für kurze Momente zinnoberrote Lichtkegel über das schmutzige Stahlgrau der Wolken. Düster die Berge ringsum, grau der Gletscher, nicht ein Schimmer des jungen Tageslichtes schien bis zu ihm durchzudringen.

Nach einer knappen Wegstunde standen wir unter der Stirnmoräne des Baltoro-Gletschers. Ein mächtiger Strom brach aus dem

Gletschertor hervor und ergoss sich in das kilometerbreite Flussbett des Braldo. Für die Träger war der Aufstieg über die steilen, mit Schotter bedeckten Eishänge nicht nur anstrengend, sondern auch sehr schwierig. Immer wieder rollten Steine unter ihren bloßen Füßen weg, immer wieder fiel einer hin. Die Steigspuren von früheren Expeditionen waren längst verwischt. Man hatte den Eindruck, dass sich hier seit Jahrtausenden nichts verändert hatte. Überall das gleiche eintönige Bild: Schutt, Steine, Wasser, Schnee. Der Baltoro-Gletscher war ein aufgewühltes Meer aus Eis und Karen, durch das wir uns 70 Kilometer lang bis ins Basislager durchzukämpfen hatten.

Ich suchte einen einigermaßen gangbaren Weg für die Träger, musste immer wieder stehen bleiben, wenn sie rasteten. Nur auf einem langgezogenen Moränenrücken, auf dem sie mich von weit her sehen konnten, marschierte ich eine Weile allein voraus. Dort, wo es wieder abwärts ging, hielt ich an. Vor mir erstreckten sich neue Rücken und Mulden. Es war, als liefe immer wieder der gleiche Filmstreifen ab, immer wieder dieselbe Landschaftsszenerie. Kam ich hier wirklich zum ersten Mal vorbei, oder war ich schon einmal da gewesen? Diesen Zweifel wurde ich auf dem Gletscher nicht mehr los.

Ich sah kurz den Trägern zu, wie sie sich den Moränenrücken heraufmühten. Dann befiel mich wieder die alte Unruhe, und ich lief weiter. Dieses ständige Warten lag mir überhaupt nicht, aber es ließ sich nun mal nicht vermeiden. Dabei machte ich mir zur Gewohnheit, immer erst dann innezuhalten und zu pausieren, wenn die Träger nur mehr als kleine bunte Punkte in der Ferne zu erkennen waren. Dann stand ich da, ein Einsamer in der Wüste, umgeben von Schutt und links und rechts des Gletschers von Felswänden, über die sich der Himmel spannte.

Jeden Tag, oft sogar jede Stunde wechselte der Himmel seine Farbe. Am frühen Morgen ging das nächtliche Dunkel in Violett, manchmal Weinrot über. Jetzt, am Tag, war der Himmel von einem hellen, seidenen Blau, und viele kleine, zerschlissene Wölkchen segelten über die Berggipfel hinweg. Wie der Himmel, so wechselte auch der Gletscher sein Farbenkleid. Der im ersten Morgenlicht nassschwarze Schuttstrom wurde bei gutem Wetter am Vormittag lebendig, voller Löcher und feiner Zeichnungen. In der Mittagshitze flimmerte es über den braunen Steinen, die dann am Nachmittag eher stumpf wirkten, um am Abend wieder einzeln hervorzutreten: schwarze und weiße Steine, metallen glänzende, große und kleine.

Von unseren Nahrungsmitteln hatten wir bisher nur wenig verbraucht, und auch den Brennstoff sparten wir für das Basislager auf. Seit Paju hatte ich nichts Warmes mehr gegessen. Am Morgen hatte es nur einen Becher heißen Tee aus der Trägerschüssel und ein Stück Brot gegeben. Jetzt, am Abend, gönnte ich mir eine Konserve zu meinem Stück Brot.

Wir lagerten in Liligo, wo es wie auf einer öffentlichen Toilette roch. Ich war verärgert darüber, dass ich die Träger nicht hatte weitertreiben können. Aber bis nach Urdukas war es eine volle Tagesetappe, und dazwischen gab es anscheinend keinen brauchbaren Lagerplatz mehr.

Am nächsten Nachmittag traf ich in Urdukas mit den Schweizern, die vom Sia Kangri kamen, zusammen. Es gab eine Quelle, trockenen Boden und vor allem wieder Höhlen für die Träger. Hier ließ es sich gut aushalten. Der Lagerplatz, auf Rasenterrassen zwischen hausgroßen Felsen an der linken Talseite gelegen, bot einen einmaligen Blick auf die Granitfluchten gegenüber: Biaho-Turm, Kleine Kathedrale, die Trango-Türme, Große Kathedrale, Lobsang. Die Wände teilweise senkrecht, geschlossen, alle über 2000 Meter hoch, höher als die höchsten Steilabbrüche der Alpen.

Am anderen Morgen dauerte es länger als üblich, bis die Träger in Marsch gesetzt werden konnten; offenbar fiel es ihnen schwer, sich von dem trockenen Boden zu trennen und den steinigen, kalten Gletscher zu betreten.

Manchmal war jetzt eine Art von Pfad im Geröll zu erkennen, nicht immer deutlich, aber die Steine schienen wie entlang einer Schnur etwas flacher zu liegen als ringsum. Zuerst ging ich als der Sahib voraus, obwohl ich mich hier noch weniger auskannte als die Träger. Khaled bildete die Nachhut. Er hatte am Morgen beim Aufbruch in Urdukas versprochen, immer der Letzte zu bleiben.

Bis zur Gletschermitte konnte es nicht mehr weit sein. Auf der anderen Talseite ein seichtes, helles Grün, wie hingehaucht. Im Gehen schaute ich kurz in den Sucher der Rolleiflex, ohne zu wissen, was ich eigentlich fotografieren wollte. Stellenweise kam mir die Gegend bekannt vor. Wahrscheinlich hatte ich Bilder von dieser Gegend gesehen – die Berge, die mich umgaben, waren mir jedenfalls nicht alle fremd.

Ich hatte den Trägern erklärt, sie könnten sich auf mich verlassen, ich würde immer den leichtesten Weg finden. Sie schienen mir zu vertrauen. Um mich zu orientieren, musste ich oft kurz stehen bleiben. Es war nun windig, feiner Staub lag in der Luft, und nirgends auf den dunklen Steinen war mehr ein hellerer Streifen zu erkennen. Hatte der Wind die Fährte verwischt? Nein, da war sie wieder. Für Augenblicke kam es mir wie ein Erinnern vor, und ich wusste, wo wir gehen mussten, sah jetzt den kaum wahrnehmbaren Steig ganz deutlich. Oder war es auch nur Einbildung, dass mir die geschwungene Linie auf diesem endlosen schwarzgrauen Meer von Steinen um eine Nuance heller vorkam? Jedenfalls ging ich, wie es mir meine Eingebung vorgab, und die Träger folgten mir willig.

Die Landkarte, eine Kammverlaufsskizze mit den wichtigsten Seitentälern und den markantesten Gipfeln, steckte immer in der Deckeltasche meines Rucksacks. Ich brauchte sie nur selten, hätte sie doch in diesem Gelände nicht viel geholfen. Ich verließ mich mehr auf meinen Instinkt als auf Wegzeichen. Wenn ich zufällig eine aufgestellte Steinplatte sah und wenig weiter eine zweite oder gar eine leere Konservendose, wusste ich, dass mein Instinkt mich nicht getäuscht hatte.

Auf einer Anhöhe blieb ich stehen und blickte zurück, dann voraus: Ich sah nur Gletscher. Anders als in Nepal gab es hier keine Vegetation. Auch die Landschaft im Hohen Hindukusch oder am Aconcagua waren nicht vergleichbar, hier dominierten ganz andere Farben. Trotzdem dachte ich zeitweise an den Manaslu im zentralen Himalaja, dann wieder an den Aconcagua. Ich war mir bewusst, dass mir solche Erinnerungen weiterhalfen, aber auch, dass sie mir im Weg stehen konnten.

Aber was machte das schon, schließlich konnte es durchaus sein, dass meine Gedanken öfter um dasselbe kreisten, vielleicht sogar dieselben waren wie auf dem Weg zwischen Liligo und Urdukas, von wo aus ich zuletzt bis hierher gesehen hatte. Die gleichen Moränenkegel, die gleichen Linien, nur die Berge rechts und links vom Gletscher waren andere. Sonst alles wie am Tage vorher. War das wirklich noch ich, der hier über den Gletscher stapfte? Ein wenig müde vom langen Marsch, aber nicht erschöpft, mit schlenkernden Armen, ging ich oft mehrere Stunden lang, ohne überhaupt etwas zu denken. Manchmal knickte ich ein wenig vornüber, wenn ein Stein unter meinen Sohlen wegrutschte. Zwar waren meine Augen ständig auf den Boden oder auf irgendetwas anderes gerichtet, aber ich nahm von alldem nichts richtig zur Kenntnis.

Besonders auf langen, gleichmäßig flachen Strecken, im Wohlgefühl der aufkommenden Müdigkeit, konnte ich alles vergessen und nur mehr gehen, gehen, gehen. Dann war mir auch nicht mehr bewusst, wohin ich eigentlich unterwegs war.

»Nirwana«, ging es mir eine Zeit lang durch den Kopf, nichts als Nirwana. Ich sagte das Wort vor mich hin: »Nirwana – Nirwana –

Nirwana.« Ein Wort in Sanskrit. Es bedeutet Verwehen, seelische Ruhe, Leersein, wunschloser Endzustand.

21. Juli. Noch immer Baltoro. Während ich im Schneetreiben auf meine Kulis wartete, wurde es zu kalt, um auf den Steinen sitzen zu bleiben. Also ging ich im Kreis herum. Da kamen Träger vorbei, vermutlich von oben, zurück von anderen Expeditionen. Sie suchten an einem früheren Lagerplatz nach leeren Dosen. Die drei jungen Balti-Männer hatten über ihre Säcke aus Ziegenfell Decken über Kopf und Rücken gelegt. Ihre Füße waren mit Fellfetzen umwickelt. Sie gingen an mir vorbei, ohne sich weiter nach mir umzusehen. Das ironische Lachen verriet ihre Ansicht über mich: ein Sahib wie alle anderen, die sie im Laufe ihres Lebens kennengelernt hatten.

Ich schaute ihnen lange nach. Wen sie wohl ins Basislager begleitet hatten? Wie lange sie noch bis in ihr Dorf brauchten? Fünf, sechs oder zehn Tage? Bald verschwanden sie hinter einem der vielen Moränenrücken, und ich blickte geistesabwesend ins Leere.

Plötzlich stand Khaled neben mir, gefolgt von unserer kleinen Trägerkolonne. Ich hatte ihr Näherkommen gar nicht bemerkt. Ein zäher Mann, dieser Khaled, dabei schlank, fast zierlich. Er trug jetzt Bundhosen und einen Kletteranorak, hohe Militärstiefel und dicke Wollstrümpfe. Wenn er auch nicht der Meinung war, dass ihn diese Bekleidung zum Bergsteiger machte, so hatte er unsere Sachen doch angezogen, weil sie praktisch waren. Sein schwarzes Haar wirkte immer wie gekämmt, auch wenn es der Wind zerzauste. Nein, er war wirklich kein Bergsteiger, sein Schritt unruhig und unregelmäßig. Sicherlich aber ein guter Soldat.

Ich hatte uns an diesem Tag eigentlich ein viel weiteres Ziel gesetzt. Dazu war es nun zu spät, denn die Träger hatten ihre Lasten schon abgelegt und waren nicht mehr zu überreden, sie wieder aufzunehmen. Da half kein Drängen und Schreien. Es schneite, und Concordia lag noch weit. Der Gletscher war an dieser Stelle steinig, es gab kein Wasser, nur Eis zum Schmelzen. Der Schneefall hatte nachgelassen, und die Sonne durchbrach die Wolkendecke. Leider wärmte sie nicht. Sie färbte lediglich die Westflanken der Berge für kurze Zeit leicht rotgelb und legte ein Glitzern über die Steine.

Wir lagerten diesmal auf einem freien Rücken, dem eisigen Wind ausgesetzt, der über den Gletscher blies. Die Träger bereiteten Tee. Ich fotografierte und unterhielt mich mit ihnen. Damit zeigte ich die typische Verhaltensweise eines Sahibs: Zuerst treibt er die Träger an, dann drängt er sich zu ihnen, um sein Bedürfnis nach Kommunikation zu befriedigen.

Der Träger, dem ich eine Stunde hinter Urdukas meinen Sonnenhut gegeben hatte, winkte mir zu. Er wollte den gelben Hut behalten, für immer. Ich verneinte.

Er lächelte über das ganze pockennarbige Gesicht, wobei er den Kopf schief hielt.

»Nein!«, wiederholte ich energisch. Und dabei blieb es dann.

Ich hatte mir den Hut von Uschi geliehen, als ich die Expeditionskisten packte.

»Wegen der stechenden Sonne«, hatte ich gebeten, mit dem Versprechen, ihn zurückzubringen. Uschi kannte meine Vorliebe für Tauschgeschäfte mit den Einheimischen.

Der Träger war nicht unglücklich deswegen, aber traurig, wie nur Kinder traurig sein können. Also gut, bis ins Basislager sollte er ihn behalten dürfen.

Diese Balti-Männer waren mindestens so ausdauernd wie gute Langstreckenläufer, hatten ganz dünne Arme und Beine. Ich glaube, nur deswegen können sie diese ganzen Strapazen ertragen – weil sie kein Fett haben, nur Muskeln, Sehnen, Haut und Knochen. Bei unserer Expedition war nie ein Träger krank geworden, und sie wirkten immer fröhlich. Auch der mit dem gelben Hut war jetzt wieder guten Mutes.

Die halbe Nacht lag ich wach im Zelt.

In einem Farbspektrum von Rot bis Violett-Schwarz kündigte sich hinter dem Gasherbrum IV die Morgensonne an. Die einzelnen Farben wirkten ein wenig verwaschen. Als die Sonnenstrahlen den Talboden trafen, blitzten einzelne Steine auf, und erst als sich die hauchdünne Reifschicht löste, floss der Schuttstrom wieder zu einer schwach glänzenden dunklen Masse auseinander. Die Träger, die schon vor mir den Lagerplatz verlassen hatten und nun über einen Moränenkamm aufstiegen, nahmen sich in der ersten Morgensonne wie Scherenschnitte aus. In der Früh gingen sie jetzt viel schneller als untertags, so als wollten sie der nächtlichen Kälte entfliehen.

Wenig später begann der Gletscher wieder lebendig zu werden. All die Geräusche, die nachts mehr und mehr verstummten, übertönten jetzt mit ihrem Gurgeln und Krachen, Poltern und Brausen jenes leicht auf- und abschwellende leise Summen, das in der Stille der Nacht zu vernehmen gewesen war.

Die Luft roch nicht mehr schal, sondern nach Rauch und Erde, in der Nähe der Träger nach Schweiß, Fisch und ranziger Butter. Wie klar der Himmel über den Bergen war, Dunst gab es nur weit draußen am Horizont. Mitre Peak und Gasherbrum IV beherrschten nun die gewaltige Bergkulisse.

Die Faszination dieser Berge lag nicht nur in der Herausforderung, der Höhe und der Schwierigkeit, die sie darstellten, sie lag auch in ihren Formen. Um die Kräfte zu ahnen, die diese Gebirgswälle aufgetürmt haben, braucht man kein Wissenschaftler zu sein. Man muss durch das Dona Kola oder das Modi Kola im Himalaja gegangen sein, um den Begriff Faltengebirge verstehen zu können. Es genügen auch einige Wochen Fußmarsch durch die Westalpen.

Während des Nachmittags hatte sich der Himmel wieder verdunkelt. Die Nebelfetzen, die über die Steine leuchteten, waren bald kaum noch von der grauen Brühe über uns zu unterscheiden. Nur aus ausreichender Entfernung zeichnete sich eine Trennungslinie zwischen dem Nebel und dem Baltoro-Gletscher ab – dort war das Grau um eine Spur heller.

Auch die Farbunterschiede im Geröll waren verschwunden. Sogar die Eiszungen, die sonst wie helle Adern durch die dunkle Steinwüste zogen, waren nur noch schwer zu unterscheiden; angeschmutzter Schnee, einige Steine auf blaugrauer Fläche. Das Gejohle des Windes verstärkte sich, wenn wir an größeren Felsklötzen vorbeikamen, nahm wieder ab und klang wie fernes Wehklagen, elend und entmutigend.

Wir kämpften gegen den Wind an. Der Regen war mit Schnee vermischt, und der Boden schwankte unter den Füßen. Zu der Anstrengung des Gehens kam jetzt die Anstrengung des Schauens. Ich musste mich zusammennehmen, um nicht kopflos dahinzustapfen, immer geradeaus weiter. Wenn ich ein großes Stück voraus war, wartete ich so lange, bis ich etwas von den Trägern hörte: Gesprächsfetzen oder das Knirschen der Steine unter ihren Füßen. Oft kamen sie eine halbe Stunde lang nicht, und wenn sie dann wie graue Gespenster aus der milchigen Waschküche auftauchten, war es, als kämen sie aus dem Nichts. Es war schwer, nicht in Trübsinn zu versinken. Zudem hatte es zu schneien begonnen, aber die Flocken schmolzen in dem Augenblick, als sie die Steinfläche berührten. Nur am Eis blieben sie hängen. Der Dunst, der von den nassen Steinen aufstieg, machte die Lage noch entmutigender. Nirgends war der Fuß eines Berges zu erspähen, nirgends ein geschützter Biwakplatz.

Bis zum späten Nachmittag waren wir so marschiert. Dann machte ich an einem zimmergroßen Felsblock halt. Im Nu zogen die Träger die Plastikplane auseinander und suchten unter ihr Schutz. Verlassen lagen die Lasten im stärker werdenden Schneeregen. Mühevoll las ich sie zusammen und stapelte sie so, dass sie geschützter lagerten. Unglaublich, auf welch kleinem Raum sich zwölf Träger drängen können! Eng nebeneinander, fast übereinander, hockten sie auf den Steinplatten, unmittelbar darunter das blanke Eis. Ich hörte, während ich schon im feuchten Zelt lag, ihr Zähneklappern und Stöhnen. Nochmals kroch ich ins Freie, um ihnen von meinen Kleidungsstücken zu geben, was ich entbehren konnte: Daunenjacke, Sturmanzug, Pullover, Anorak, Biwaksack. So konnten sich wenigstens diejenigen, die ganz außen saßen, etwas gegen die Kälte schützen.

Die Nächte da oben waren lang, und es schneite jetzt stark. Was sollte ich tun, wenn der Schnee auch am nächsten Tag anhielt? Die Träger laufen lassen und allein weitergehen oder abwarten? Hier konnte man es nicht länger als eine Nacht aushalten.

Das Wetter am nächsten Morgen war nicht gut, aber es hatte zumindest aufgehört zu schneien. Jetzt erst konnte ich mich orientieren. Wir lagen ein gutes Stück oberhalb von Concordia, dem Zusammenfluss von einem halben Dutzend dunkler und hellerer Gletscherarme, die sich dort zum großen Gletscherstrom des Baltoro vereinigen. Neun Stunden waren es noch vom Biwak bis ins Basislager: neun Stunden Schutt, Eis, grünlichblaue, bauchtiefe Bäche, die es zu durchwaten galt.

»Long live the craw!« Mit diesem Gruß, den er von der amerikanischen Everest-Expedition 1963 übernommen hatte, empfing mich Peter. Er hatte unweit der polnischen Frauen-Expedition zum Gasherbrum III, von der wir angenommen hatten, dass sie längst zurück sein musste, einen günstigen Platz für unser Basislager gefunden und berichtete, dass die Schell-Gruppe von ihrem Plan, den Hidden Peak über den Normalweg zu versuchen, nicht abzubringen gewesen war. Schell hatte nun einmal die Absicht und den Ehrgeiz, einen Achttausender zu besteigen, um so einerseits seine Liste der Erfolge in den Weltbergen abzurunden, andererseits dieser Liste noch ein besonderes Glanzlicht aufzusetzen – jetzt war er bereits auf dem halben Weg zu seinem Ziel und nicht gewillt, zu verzichten.

Am selben Tag noch zahlten Peter und ich die Träger aus, und eine Stunde später verließen sie unser Basislager in Richtung Skardu. Wir waren jetzt allein, auf uns selbst gestellt, aber auch von niemandem mehr abhängig. Dort, in 5100 Meter Meereshöhe, am Ende der Welt, sollte unser kühnstes gemeinsames Abenteuer beginnen.

Am Abend luden uns die Polen zum Essen ein. Lauter freundliche, gebildete Leute. Im Zelt klassische Musik, allerlei Spiele, lustige Diskussionen. Übermütige Atmosphäre, obwohl man schon seit mehr als zwei Monaten am Berg war und die Dauer der Expeditionsgenehmigung bereits überschritten hatte. Wenn meine Theorie von der nationalen Expedition, die die Charakteristiken des jeweiligen Staates widerspiegelt, stimmt, muss es schön sein, in Polen zu leben.

Am nächsten Morgen besuchte ich Hanns Schell in seinem Basislager, das ein gutes Stück bergwärts lag. Die Stimmung war gedrückt. Wir plauderten eine Zeit lang über dies und das.

»Ich hoffe, ihr versteht, dass wir euch an unserem Berg nicht dulden können«, brachte ich nach einer Weile das Gespräch auf das Thema.

»Nein. Wir haben kein schlechtes Gewissen.«

»Und keine Genehmigung.«

»Leider.«

»Das ist typisch. Erst habt ihr uns um die Genehmigung gebeten, und jetzt macht ihr euch um die Folgen für uns keine Gedanken«, sagte ich.

»Was für Folgen hätte das schon für dich?« Hanns schien verlegen.

»Wir sind hierhergekommen, um den Hidden Peak in Seilschaft zu besteigen. Mit dieser Idee haben wir unsere Expedition teilweise finanziert. Auch wenn ihr den Berg auf der Gegenseite durch einen Tunnel von innen besteigt, wird es Leute gegen, die unsere Leistung abwerten und sagen werden, dass wir nicht allein gewesen wären.«

»Das ist doch lächerlich.«

»Ich staune, wie naiv du bist.«

»Ich kann nicht glauben, dass euch jemand einen Strick daraus drehen wird, wenn wir den Berg gleichzeitig von entgegengesetzten Seiten angehen. Ihr von Norden, wir von Süden. Da wäre keine Unterstützung möglich, das versteht jedes Kind.«

»Kinder schon. Nicht aber die Leute, die nur Stunk suchen und in alpinen Blättern hetzen.«

»Und wenn wir niemandem ein Wort sagen würden?«

Ich musste lachen.

Hanns versuchte sich zu rechtfertigen. »Wir machen diese Expedition nur für uns, wir sind niemandem Rechenschaft schuldig. Wir haben keine Zeitungsverträge, wir sind keine Profis und wollen auch keine Publicity. Wir sind hierhergekommen, um zu klettern, und uns geht es nicht um den Ruhm, einen Achttausender geschafft zu haben.«

»Edel«, sagte ich, »aber ich glaube dir deine guten Vorsätze nur bis zu dem Augenblick, in dem du auf dem Gipfel warst.«

»Niemand wird nachher etwas von unserer Expedition erfahren, wenn du willst, nicht einmal unsere Angehörigen.«

»Solche Versprechungen kenne ich nur zu gut. Zuerst spielt man den Bescheidenen, und dann steht es fett in allen Zeitungen. Es regnet Medaillen und Festreden. Je zurückhaltender man zuvor war, umso lauter ist man hinterher.«

»In uns täuscht du dich in dieser Hinsicht.«

»Was soll das alles? Ich finde es ganz normal, wenn man einem Journalisten von einer gelungenen Sache erzählt, wenn man einer alpinen Zeitschrift einige Zeilen darüber schickt und sogar, wenn man vom Landeshauptmann oder dem Vereinsvorstand eine Auszeichnung entgegennimmt. Das ist doch überall im Leben so. Was mir schizophren vorkommt, ist das Getue um das alles. Wenn wir euch zum Hidden Peak lassen, könnt ihr nachher schreiben, was ihr wollt, erzählen, so viel ihr wollt.«

»Darum geht es uns doch überhaupt nicht. Uns geht es allein ums Bergsteigen.«

»Dann macht doch euren Baltoro Kangri I, für den ihr die Genehmigung habt. Dann ist es doch ganz egal, wie hoch der Zapfen ist, auf den ihr euch hinaufmüht.«

»Uns geht es um den Achttausender. Du musst verstehen, das kann meine letzte Möglichkeit sein. Wer weiß, ob ich nicht zu alt sein werde, falls ich noch mal eine Bewilligung erhalte.«

»Ich glaube nicht, dass eine Achttausender-Expedition ihre Genehmigung jemals mit einer zweiten geteilt hat. Ich tue es dennoch, nur deinetwegen, Hanns. Ich verlasse mich auf dich. Deine Kameraden kenne ich zu wenig. Sie mögen nett sein, aber ein Achttausender hat schon vielen den Kopf verdreht. Pass auf!«

Hanns strahlte. Wir waren uns trotz harter Worte nähergekommen, und meine Achtung, die ich schon seit Jahren für diesen aktiven Steirer, einen der erfolgreichsten Expeditionsbergsteiger Österreichs, empfand, hatte nicht im Mindesten gelitten. Übrigens gehörten wir beide – wie auch Peter – zur HG Bergland der Sektion Wien des ÖAV und hatten, was das Bergsteigen angeht, ähnliche Ansichten.

Auch nachdem wir uns die Hand gegeben und die Bedingungen ausgehandelt hatten – Schell wollte die Genehmigungsgebühr übernehmen und beim Rücktransport unseres Expeditionsgutes behilflich sein –, schien er bedrückt.

»Ich kann dir alles schriftlich geben«, sagte er.

»Nein«, antwortete ich, »ich verlasse mich auf dein Wort.«

Ich hatte meine Bedenken der Schell-Expedition gegenüber Luft gemacht und den Kameraden in meiner Gutmütigkeit dennoch unsere Genehmigung erteilt.

»Du wirst eben nie gescheiter«, sagte ich zu mir selbst, als ich Schells Zelt verließ.

In unserem winzigen Basislager richteten Peter und ich uns häuslich ein. Khaled hatte bei den Begleitoffizieren der beiden anderen Expeditionen Anschluss gefunden. Damit waren auch seine trüben Gedanken verscheucht, allein im Lager bleiben zu müssen, wenn Peter und ich in die Wand gingen.

Einerseits um uns zu akklimatisieren, andererseits um die Nordwestwand des Hidden Peak zu beobachten, stiegen wir am 26. Juli über die beiden unteren Gasherbrum-Eisbrüche auf. Der wild zerrissene Hängegletscher, der eingezwängt zwischen Hidden Peak und Gasherbrum VI hervorquoll, führte in zwei Stufen von unserem Basislager hinauf ins Gasherbrum-Tal, über dem – vom Abruzzi-Gletscher aus nicht einsehbar – versteckt unsere Wand stand.

Wir waren nicht die Ersten, die einen Weg zwischen den Spalten und Eistürmen erkundeten. 1958 waren die Italiener auf dem Weg zum Gasherbrum IV, zwei Jahre vorher die Österreicher unter Fritz Moravec mit dem Ziel Gasherbrum II hier durchgekommen. 1975 waren die Franzosen zum selben Gipfel und nach ihnen die Polen zum Gasherbrum III hier unterwegs. Jede Gruppe hatte sich ihren eigenen Weg gesucht, und auch wir waren gezwungen, unsere Aufstiegsroute den derzeitigen Bedingungen anzupassen.

Im unteren Teil lagen die Spalten offen da, die meterlangen Eiszapfen an den Séracs waren noch festgefroren. Jetzt, in aller Frühe, durfte der Gletscher noch relativ ungefährlich sein; untertags, bei Sonnen-

Zwei Zelte, ein paar Alukisten, ein Kocher – das war unser Basislager
am Fuße des G I.

einstrahlung, wäre es Selbstmord gewesen, hier zu klettern, dann
brachen ganze Eistürme in sich zusammen, neue Spalten taten sich
auf, und von den Wänden links und rechts drohten Lawinen nieder-
zugehen. Rascher als erwartet erreichten wir das flache Gasherbrum-
Tal, 5900 Meter hoch. Hier wollten wir eine Nacht biwakieren, am
nächsten Morgen die Wand beobachten und dann ins Basislager
zurückkehren.

Alle Gasherbrum-Gipfel, die in einem dichten Kreis um das Tal
stehen, haben die Form von Pyramiden. Am eindrucksvollsten wirkt
von hier aus der Gasherbrum I oder Hidden Peak. Seine Gipfelwand,
mehr als 2000 Meter hoch, felsdurchsetzt, das Eis von dunklen
Streifen durchzogen, war unser Ziel. Dieser Wand gegenüber liegt
die Westflanke des Gasherbrum II, der zusammen mit dem Gasher-

brum III eine mächtige Pyramide bildet. Nur die beiden Gipfel sind durch einen etwa 7600 Meter hohen Sattel voneinander getrennt und haben wieder die Form von Pyramiden, kleinen, fein gezeichneten Pyramiden. Im Westen schließt sich die Felsenpyramide des Gasherbrum IV an, schmal und beängstigend steil, dann folgen Gasherbrum V und VI, bedeutend niedriger, Eis, abermals Pyramidenform; schließlich, fast wie ein Horn anmutend, der Gasherbrum V, breiter und massiger dagegen der Gasherbrum VI.

Während ich dort oben vor unserem Zelt auf den Sonnenuntergang wartete, erinnerte ich mich jener Stunden, die ich Jahre vorher, etwa zur gleichen Jahreszeit, mit Uschi auf einer Wiese unterhalb von Pramstrahl verbracht hatte. Wir waren von St. Jakob aus hinaufspaziert zu diesem Einödhof am Sonnenhang und genossen von der hohen Wieseninsel mitten im Nadelwald aus den Blick über das Villnösstal.

»Du wirst ein alter Mann sein, bis du endlich einsiehst, was du hier versäumst. Wie viele Sommer, wie viele Frühlinge, wie viel Farbenpracht im Herbst.«

Wie recht Uschi hatte.

Die untergehende Sonne hatte die Nordwestwand des Hidden Peak in ein warmes, leuchtendes Licht getaucht. Alle Rippen sprangen jetzt vor, alle Mulden waren deutlich zu erkennen. Beide Routen, die Peter und ich ins Auge gefasst hatten, schienen jetzt noch steiler zu sein als untertags. Waren sie unmöglich? Bald würden wir es wissen.

Eine Viertelstunde später war der Sonnenuntergang vorüber, und es blieb nichts als die Dunkelheit einer jeden anderen Nacht.

Bevor wir es endgültig wagten, wollten wir noch einmal bis hier heraufsteigen, weiter zum Gasherbrum-Sattel klettern und von der Seite in unsere Wand einsehen, um die Lawinenrinnen zu beobachten, den Steinschlag, um von zwei Möglichkeiten die endgültige Route zu bestimmen. Nach dieser zweiten Erkundung erst wollten wir die Wand durchsteigen, in einem Zug von unten bis oben.

Das Prasseln und Krachen der Steine, die vom Moränenrand in die Spalten rutschten, das Gurgeln und Pfeifen des Wassers unter den Zelten, der Anblick der hin und her ziehenden, bald sich zusammenballenden, bald sich verflüchtigenden hellen Nebel waren für Peter und mich im Basislager so vertraut, dass wir auf all das nicht achteten. Eine Woche hausten wir nun schon am Abruzzi-Gletscher, doch jetzt stand die zweite Erkundung bevor.

Als mich Peter in der ersten Morgendämmerung weckte, war es frostig und feucht im Zelt. Träge und unwillig zog ich mich an, trat dann ins Freie und reckte meine Glieder. Der Himmel war klar, ein leichter Windhauch kam vom Conway-Sattel. Wir tranken Tee, nahmen die schweren Tragkraxen auf, die wir am Vorabend gepackt hatten, und begannen unseren Aufstieg über den Gletscherbruch. Auch diesmal lagerten wir an unserer ersten Biwakstelle.

Der Blick vom Gasherbrum-Sattel am nächsten Vormittag ergab, dass die rechte Route – in 7200 Meter Höhe von einem riesigen Sérac bedroht – nicht infrage kam. So blieb nur die linke übrig, und wir stiegen wieder ab ins Basislager.

Gipfelangriff

5. August, Uschis Geburtstag. Ich saß im Basislager am Fuße des Hidden Peak und war traurig, nicht bei ihr zu sein. Seit dem Abflug in München vor vier Wochen hatte ich nichts mehr von ihr gehört. Wie auch?

Das Wetter schien hier in einem regelmäßigen Rhythmus zu verlaufen: drei bis vier Tage schlecht, drei bis vier Tage gut. Es war uns klar, dass wir die nächste Schönwetterperiode nutzen mussten, um den entscheidenden Gipfelangriff zu wagen. Unsere Rucksäcke waren für den Aufbruch fertig. Immer wieder hatten wir sie aus- und eingepackt. Ein Pfund zu viel hätte den Erfolg kosten können, eine Kleinigkeit zu wenig ebenfalls.

Peter und ich mussten alles selbst schleppen, in der Wand hingen keine Fixseile, und es warteten keine vorbereiteten Hochlager auf uns. Wir hatten zwar bei den beiden Erkundungsvorstößen die endgültige Anstiegsroute festgelegt, in die Wand selbst aber waren wir noch nicht eingestiegen.

Wenn der Wind, wie jetzt, die Nebel etwas auseinandertrieb, konnten wir vom Basislager aus die Chogolisa sehen. Dieses weiße, aus Eis und Schnee geformte Dach schien den Himmel zu berühren. An diesem hohen Siebentausender hatte Hermann Buhl 1957 – nach der Besteigung des Broad Peak – dasselbe gemacht, was Peter und ich jetzt erstmals an einem Achttausender praktizieren wollten: Zusammen mit Kurt Diemberger, dem erfolgreichsten lebenden österreichischen Expeditionsbergsteiger, stieg er, das Zelt von Biwakstelle zu Biwakstelle nach oben schiebend, ohne fremde Hilfe bis knapp unter den Gipfel auf. Die Zweierseilschaft operierte wie bei einer Westalpentour. Beim Versuch allerdings, den höchsten Punkt zu erreichen, schlug das Wetter um, die beiden stiegen sofort ab. Hermann Buhl trat dabei wohl zu weit über den Wechtenrand, der Firn gab nach, er stürzte ab und blieb verschollen.

Von unserer Waschstelle – einer in das Eis gegrabenen Rinne – konnte ich den fein gezeichneten Grat an der Chogolisa sehen.

»Da oben muss es passiert sein«, dachte ich, und im nächsten Augenblick tauchten Buhls Frau und seine drei Töchter in meiner Erinnerung auf. Die liebe, tüchtige Frau Buhl hat das Leben auch allein gemeistert, die Töchter sind inzwischen erwachsen.

»Hast du nicht einmal für die Südwand des Dhaulagiri angesucht?« Peter riss mich aus meinen Gedanken.

»Die Dhaulagiri-Südwand, das wäre ein Ziel für uns, nicht zu zweit, aber zu viert.«

»Sie dürfte die höchste Wand des nepalesischen Himalaja sein. 4000 Meter, wenn nicht mehr. Dazu steil und konkav wie die Eiger-Wand, nur etwas breiter.«

»Glaubst du, die geben dir eine Genehmigung?«

»Vielleicht, ich will es noch einmal probieren. Aber dann bleiben immer noch die Finanzierung und die Mannschaft.«[*]

Seit Stunden schon lag ich wach im Zelt. Ständig wanderten Menschen durch mein Bewusstsein. Angst?

Ich rappelte ich mich auf und trat vor das Zelt. Während ich mich suchend umblickte, entdeckte ich, dass sich die Gipfel des Gasherbrum II und des Hidden Peak aus dem Nebel herausgeschält hatten. Wurde das Wetter doch besser? Konnten wir morgen schon aufbrechen? In den Schlafsack zurückgeschlüpft, sah ich auf die Uhr: Nein, heute aufbrechen. Mitternacht war schon vorüber.

Auf einmal schoss mir durch den Kopf, dass ich nun schon alle Achttausender mit eigenen Augen gesehen hatte, alle 14. Ich zählte sie auf: zuerst von Westen nach Osten, dann beginnend beim Kangchendzönga bis zum Nanga Parbat in umgekehrter Richtung.

Der Gedanke an diese 14 Achttausender kam immer wieder. Ich konnte nichts tun, als daliegen und mir ihre Formen vorstellen. Der K 2 von Concordia aus. Wie die Nebelschwaden vor dieser größten Pyramide der Erde hin und her zogen, ihn einhüllten, ihn wieder freigaben – das konnte ich beim Anmarsch vor zwei Wochen beobachten. Daneben der Broad Peak, die letzte Spitze von der Sonne beschienen. Der Name sagt eigentlich schon alles: breit und mäch-

---

[*] Die Genehmigung wurde erteilt. 1977 ging Reinhold Messner die Dhaulagiri-Südwand an, scheiterte aber.

tig, schicksalsträchtig ... armer Hermann Buhl. Über der Nuptse-Lhotse-Mauer das Gipfeldreieck des Everest, nicht so eindrucksvoll, wie ich es mir vorgestellt hatte, aber immerhin der höchste Berg der Welt, irgendwie unwirklich und gerade deshalb so faszinierend. Dann der Makalu. Das war in der Vormonsunzeit 1974 gewesen. Vom ersten Lager aus sah ich oft hinauf zu seiner formvollendeten Südwand. Mein Gott, wie der Wind da oben blies! Kilometerlange Schneefahnen am Grat. Auf einmal gerieten die Trägerkolonnen wieder in Bewegung: Anmarsch, Lager I, Lager II, Lager III, Schneesturm in der Gipfelwand.

Das war zu viel. Ich musste endlich schlafen.

Kaum schloss ich die Augen, begannen schon wieder neue Gipfel aufzutauchen: der Nanga Parbat! Wie oft war ich am Nanga gewesen? 1970, 1971, 1973, 1974. Ich kannte ihn von allen Seiten, besser als alle anderen Achttausender. In meinen Gedanken ließ ich den Berg sich drehen. Pfeiler für Pfeiler, Grat für Grat tastete ich ihn ab: Gipfel, Südschulter, Nordschulter, Rakiot Peak, Silbersattel. Dann ließ ich ihn im Nebel verschwinden, wieder auftauchen, nur seine oberste Spitze herausschauen. Nun dachte ich daran, wie ich da oben stand, aber das ging nicht, von unten konnte man das nicht sehen. Diese letzte Einsamkeit konnte ich mir nicht vorstellen, die musste man immer wieder neu fühlen und ertragen. Wenn ich mir ausmalen wollte, wie dagegen der Manaslu aussah, kam sofort der Sturm. Aber da gab es Fotos, an die ich mich erinnerte, Fotos, die ich selbst belichtet hatte, dieser unklare Aufbau von Süden. Plötzlich überdeckte der Dhaulagiri das Bild, der Dhaulagiri von Gorapani aus, ebenfalls von Süden. Welch eine Wand! Die Annapurna von Norden, vom Tilicho Peak, all diese schrägen Schneeflächen.

Ich zählte zusammen: Gasherbrum II, Hidden Peak, K 2, Broad Peak, Lhotse, Everest, Makalu, Nanga, Manaslu, Dhaulagiri, Annapurna. Das waren erst elf. Also fing ich wieder von vorn an.

Ich erinnerte mich an den Flug von 1972 über Kathmandu. Weit im Norden im glasklaren Morgenlicht die Umrisse des Shisha Pangma, des chinesischen Achttausenders. Ähnlich der Kangchendzönga 1974, vom Cogma La aus gesehen. Näher, dunkler, aber immer noch zu weit weg, um mit ihm spielen zu können. Fehlte nur noch einer. Ja, damals beim Anmarsch zum Lhotse: der Cho Oyu. Ein erstaunliches Massiv. Man müsste um eine Genehmigung von Süden ansuchen. Dieser schräge Pfeiler schrie nach einer Route.

Endlich hatte ich alle Gipfel zusammen, an Schlaf war nicht zu denken. Um mich von den Achttausendern abzulenken, versuchte ich meine Gedanken auf daheim zu konzentrieren. Aber da kam mir nur Gschmagenhart in den Sinn, diese ruhige, harmonische Alm am Fuße der Geislerspitzen. Von dort hatte ich mit den Eltern meine ersten Bergtouren unternommen.

Dann riss mich das erste Morgenlicht aus meinen Träumereien. Zeit zum Aufbruch!

Der Gletscher war noch relativ ruhig. Die Bäche, die untertags bei Sonnenstrahlung durch alle Spalten gurgelten, über Eiswälle sprangen, waren jetzt gefroren, die Lawinenrinnen noch ungefährlich und die Séracwände fest wie betonierte Mauern. Keine Eiszapfen, die abbrachen, ohne dass wir sie berührten.

Die einzigen Geräusche, die wir hörten, als wir in den Eisbruch einstiegen, waren das leise Knirschen unserer Schuhsohlen auf dem hart gefrorenen Schnee und das Zischen, wenn die mit Gamaschen geschützten Schuhe aneinanderrieben. Alle Spalten lagen offen. Wir kannten den Weg von den beiden Erkundungsvorstößen her so gut, dass wir es wagen konnten, ohne Seil zu klettern.

Peter bildete die Nachhut. Ich stieg zunächst voraus und achtete peinlich darauf, den richtigen Weg nicht zu verlieren.

Ich blickte zu den Sternen empor, die teils schon verblasst waren, teils noch kalt funkelten. Sie verrieten einen klaren, schönen Tag. Bald wich die Morgendämmerung einem glasigen blauen Licht, und die beiden Gipfelgrate der Chogolisa zeigten bereits eine wärmere Färbung. Peter und ich marschierten noch unbeschwert, obwohl unsere Rucksäcke, gefüllt mit Haken, Seilen, Steigeisen, Nahrungsmitteln, Kocher und Schlafsäcken schwer waren. Mehr als 20 Kilogramm pro Mann.

Wir sprachen nicht miteinander und empfanden das Schweigen der frühen Stunde beruhigend, die Stille des Morgens als einen Teil von uns selbst. Das Gefühl der Angst und Unabwendbarkeit, das mich in der letzten Nacht einige Male befallen hatte, war ganz von mir gewichen und hatte jener Selbstverständlichkeit und Ruhe Platz gemacht, die mich bei Beginn jeder großen Besteigung erfüllen. Ich fühlte jetzt die Kraft jedes einzelnen Muskels, und wenn ich mich von einer kleinen Stufe im Eisbruch zur nächsten emporarbeitete oder über einen Eisgraben sprang, spürte ich mein Selbstbewusstsein wachsen. Unsere Beine überwanden mühelos jeden Anstieg, und unsere Schritte griffen in flachen Mulden weit aus. Ich genoss es regelrecht, als der eiskalte Morgenwind mir den letzten Schlaf aus Bart und Haaren blies, empfand es nicht einmal als störend, dass sich der Rucksack ungewohnt hoch über meinem Kopf auftürmte.

Peter konzentrierte sich abwechselnd auf den Weg, dann wieder auf seine Beine, die wie Federn gespannt zu sein schienen. Ohne je weiter darüber nachgedacht zu haben, wurde mir nun bewusst, wie wichtig diese einfachen Erfahrungen zu Beginn einer Besteigung sind, und ich fühlte mit jedem Schritt, dass meine Zuversicht, meine Kraft und meine Selbstsicherheit zunahmen. Ich wusste auch, dass es nicht die Kraft und die Ausdauer sein würden, von denen der Erfolg zu guter Letzt abhing. Allein auf den Willen, den »letzten Willen«, sowie den Glauben an das Ziel käme es an – an ein Ziel, das mir jetzt so überzeugend nahe und logisch wie nie zuvor erschien.

Peter hatte wieder aufgeschlossen und war neben mir stehen geblieben.

»Ich glaube, es geht, Reinhold.«

»Ja, wenn das Wetter hält.«

»Diesmal muss es halten!«

Ich brach das Gespräch ab und setzte den Aufstieg fort, bemüht, den alten Rhythmus wiederzufinden.

Ohne nochmals zu rasten, überkletterten wir einige steile Eisstufen und erreichten bald die flache Mulde oberhalb des ersten Eisbruchs. Von dort zog der Gletscher gleichmäßig ansteigend, aber flach hinein ins Gasherbrum-Tal, links und rechts begrenzt von mächtigen Eis- und Felswänden.

Für einige Minuten legten wir die Rucksäcke ab, setzten uns darauf und pausierten. Während wir schweigend so dasaßen und auf die Gipfel der anderen Talseite blickten, ging weit hinter dem Sia Kangri die Sonne auf. Wir konnten sie nicht sehen, aber ihre ersten Strahlen ließen alle Mulden und Grate am Baltoro Kangri – einem breiten Eisdom zwischen Sia Kangri und Chogolisa – erkennbar werden. Im Gegensatz dazu nahmen sich in der noch matten Helligkeit des Widerscheins Felsen und Schneeflächen an der Westseite des Hidden Peak, unter der wir jetzt saßen, gleichermaßen grau und diffus aus. Wirkte der Fels eher schmutzig, schimmerte das Eis in verschiedenen Farbtönen, teils fleckenlos hell, teils grau. Die lichten Streifen verrieten uns eine Schneeauflage, die dunkleren blankes, hartes Eis.

Wenige Meter oberhalb unserer Raststelle durchzog eine lange, breite Spalte den Gletscherboden: ein erster ernstlicher Gefahrenmoment an diesem Morgen. Wir beschlossen, uns anzuseilen. Ich löste das 20 Meter lange Seil vom Rucksack, kramte meinen Klettergürtel hervor und band mich an den wasserabstoßenden Perlonstrick. Peter hatte dasselbe getan, auch er knotete sich nun mit einer

Über den riesigen Baltoro-Gletscher zum Hidden Peak. Die Felswände zwischen Paju Peak und Trango-Turm sind bis zu 2000 Meter hoch.

Reepschnur in einen Sitzgürtel, um nicht zu ersticken, sollte er in eine Spalte fallen. Nach diesen routinemäßigen Arbeiten nahmen wir unsere Rucksäcke wieder auf. Jetzt erst merkten wir, wie schwer sie waren. Ich schüttelte das Gewicht etwas zurecht und begann dann, am gestrafften Seil den Spaltenrand entlangzugehen. Peter folgte in einem Abstand von 20 Metern. In der Hoffnung, bald eine Stelle zu finden, an der ich auf die gegenüberliegende Lippe springen konnte, querten wir ein gutes Stück nach rechts.

Peter und ich hatten die wenigen Haken und Eisschrauben, die wir mitführten, gleichmäßig untereinander aufgeteilt, sodass jeder sich selbst aus einer Spalte hätte befreien können und auch den anderen jederzeit sichern konnte. Es war für uns selbstverständlich, sozusa-

gen ein längst getroffenes stillschweigendes Übereinkommen, dass wir abwechselnd führen wollten, dass einmal ich, dann wieder Peter vorausstieg, dass jeder von sich aus bereit war, sowohl die Arbeit des Führenden als auch die des Sichernden zu übernehmen.

Inzwischen war es 7 Uhr morgens geworden. Die Sonne fiel, was nur an glasklaren Tagen vorkam, wie ein riesiger heller Keil in das obere Gasherbrum-Tal. Dabei traf sie die Ostwand des Gasherbrum V, und es dauerte nicht lange, da begannen die ersten Lawinen zu donnern. Peter und ich bewegten uns noch im Schatten, und ich zögerte einen kurzen Augenblick, bevor ich den Sprung über die hier zwei Meter breite Spalte wagte. Vorsichtshalber hatte sich Peter vorher etwas vom Spaltenrand entfernt und seinen Pickel in den hart gefrorenen Schnee gerammt, um das Seil vorsichtig, aber nicht ruckweise nachzugeben. In dem Augenblick, in dem ich den gegenüberliegenden Spaltenrand berührte, ließ ich mich sofort nach vorn fallen, um den Pickel in den Firn zu schlagen. So hätte ich mich auch dann festhalten können, wenn ich nicht weit genug gesprungen wäre. Die Spalte schien endlos in die Tiefe zu gehen. Brüchiges Eis hing an ihren Wänden, und es fröstelte mich unwillkürlich, als ich mich vorbeugte, um in sie hinunterzuschauen. Ich entfernte mich sodann einige Meter vom Spaltenrand, rammte den Pickelstiel in den Schnee, zog das Seil ein und sicherte Peters Satz über die Spalte.

Nun marschierten wir, noch immer im Schatten, weiter aufwärts. Untertags, bei Sonneneinstrahlung, waren diese Gletschertäler ungemein gefährlich, denn dann taten sich plötzlich neue Spalten auf, Eistürme brachen in sich zusammen, und auch die Spurarbeit war ungleich härter als in den frühen Morgenstunden. Solange die Sonne den Schnee nicht aufweichte, war das Steigen keine Schinderei. Nur da und dort sanken wir knöcheltief ein. Meistens aber war der Schnee so hart, dass die Sohlen ihn nur leicht ritzten, aber kaum eine Spur zurückblieb. Steigeisen anzuziehen war hier allerdings noch nicht nötig, da die blanken Stellen nur ganz selten bis an die Oberfläche durchkamen. Sahen wir welche, versäumten wir es nie, diese Gefahrenherde rechtzeitig zu umgehen.

Wir waren etwa in der Mitte der leicht ansteigenden Schneefläche, als auch uns die ersten Sonnenstrahlen streiften. Das Licht war sehr grell und schmerzte in den Augen. Bevor wir weitersteigen konnten, mussten wir jetzt die Brillen aufsetzen. Zuerst hielten wir noch die alte Richtung ein, bogen dann zwischen riesigen Séractürmen nach rechts und peilten den rechten Rand des Eisbruches an. Dort überquerten wir – wie wir es auch bei unseren Erkundungsgängen gemacht hatten – einen steilen, etwas lawinösen Hang und erreichten das Gasherbrum-Tal, wo wir biwakieren wollten.

Wir hätten noch genügend Zeit und auch Kraft gehabt, weiter durchs Gasherbrum-Tal aufzusteigen, um bis unmittelbar unter die Nordwestwand des Hidden Peak zu gelangen, zogen es aber vor, an der uns gewohnten Lagerstelle zu bleiben und zu nächtigen. Dort kannten wir den Wind, wussten zudem, dass die Mulde lawinensicher war und dass wir uns auch bei schlechtesten Bedingungen in kurzer Zeit ins Basislager zurückretten konnten.

Die Sonne stach jetzt vom Himmel. Sie brannte auf das Dach unseres Zeltes, sodass wir es mit unseren Schlafsäcken abdecken mussten. Die Rucksäcke hatten wir teilweise ausgepackt und im Freien vor den Zelten stehen gelassen.

Peter wurde so sehr von Kopfschmerzen geplagt, dass er ein Schmerzmittel nahm und zu schlafen versuchte. Stundenlang noch sollte ein heftiger Schmerz in seinem Kopf pochen, der ihm nicht nur das Sprechen, sondern auch das Atmen erschwerte. Stöhnend lag er da und starrte an die Zeltdecke. In einem kleinen Aluminiumtopf versuchte ich inzwischen etwas Tee zu bereiten und hatte Mühe, den Gaskocher so aufzustellen, dass das Wasser nicht überlief. Ich gab Peter etwas heißen Tee, und er schlürfte ihn langsam. Dann versuchte er von Neuem zu schlafen. Doch weder der Tee noch das ruhige Liegen konnten seine Schmerzen lindern. Nur eine starke innere Unruhe ließ ihn später für Augenblicke sein Leid vergessen. In seiner Hilflosigkeit und Einsamkeit stand ihm plötzlich Regina vor Augen – und all das, was er von ihr noch in Erinnerung hatte, seit sie nach Südafrika gereist war, wo sie jetzt ein anderes Leben führte. Peter versuchte sich zu erinnern, wo er sie zum ersten Mal angesprochen und warum sie sich getrennt hatten, warum sie nach Südafrika gegangen war. Er wollte sich die schönsten Erlebnisse mit ihr ins Gedächtnis zurückrufen – und schlief darüber ein.

Auch ich musste eine Zeit lang geschlafen haben. Beide wachten wir erst wieder auf, als die Sonne hinter dem Gasherbrum V untergegangen war und es in unserem Zelt kalt wurde. Peters Kopfschmerzen waren verschwunden, und er war wieder aktionsfähig, angriffslustig und überzeugt, dass unser Unternehmen gelingen müsste. Die Sonne blinzelte durch den Spalt zwischen Gasherbrum V und IV und fiel wie ein Bündel von dort auf den Gipfel des Hidden Peak.

Wieder tranken wir Tee. Obwohl ich mir Mühe gab, die Tasse ruhig zu halten, schwappte trotzdem etwas von dem heißen Getränk auf meine Finger, was einen spitzen, lang anhaltenden Schmerz verursachte. Die Finger waren eisig kalt gewesen, die verbrannten Stellen jetzt weiß.

Später, immer noch vor dem Zelt, leerten wir unsere Rucksäcke aus, prüften nochmals alle Sachen und stellten sie neu zusammen. Einiges, was wir nicht unbedingt zu brauchen glaubten, wie überzählige Gaskartuschen, ein paar Nahrungsmittel und mehrere Felshaken, ließen wir am Lagerplatz zurück. Wir machten zwei Rucksäcke zurecht, jeder etwa 13 Kilogramm schwer. Richtig zur Ruhe kamen wir aber auch dann nicht, als die Rucksäcke gepackt waren, die Pickel im Schnee steckten und das Seil aufgeschlagen über dem Zelteingang hing. Meine Gedanken gingen hin und her zwischen freudiger Erwartung und einem unbestimmten Unbehagen über die Anstrengungen und Gefahren der nächsten Tage.

Seite an Seite standen wir im kalten Abendwind unter dem nicht mehr strahlenden Himmel, der immer noch heller zu werden schien. Als wir ins Zelt krochen, war bereits später Abend und die Sonne verschwunden. Wir machten es uns im Zelt, so eng es auch war, möglichst bequem und kochten noch einmal Tee. Trinken war jetzt wichtiger als alles andere. Wir mussten für morgen genügend Flüssigkeit auftanken, denn untertags gab es keine mehr. Es hätte zu viel Kraft und damit auch Zeit gekostet, Wasser oder Tee im Rucksack mitzuschleppen.

Eine Weile schaute ich Peter über seine Schultern hinweg zu, wie er unser Essen zubereitete und mit den Pfannen und Löffeln hantierte. Die Suppe war heiß und sehr gesalzen. Das Brot, das wir dazu aßen, hart, sodass es beim Kauen krachte. Ein Villnösser Bauer hatte es mir vor der Abreise gebracht, als Wegzehrung für den Gipfel. Dieses selbst gebackene Bauernbrot war leicht, nahrhaft und sättigend, ideal für einen Achttausender. Während des Essens plauderten wir miteinander. Wir ermunterten uns gegenseitig und bestärkten uns in der Erwartung, dass wir am nächsten Tag den schwierigsten Teil der Wand hinter uns bringen würden. Der Erfolg hing jetzt nur von unserer Kondition und davon ab, ob wir genügend akklimatisiert waren. Unsere klettertechnischen Fähigkeiten mussten ausreichen, um die Wand zu bewältigen. Wir hatten in den Alpen, allerdings in viel geringerer Meereshöhe, schon weit schwierigere Wände bezwungen.

Mit dem Bergsteigen ist es wie mit dem Radfahren oder Schwimmen. Wenn man die Technik einmal beherrscht, kann man es für immer, verlernt man es nie mehr. Was dagegen verloren geht und jedes Jahr wieder neu erarbeitet werden muss, sind Gleichgewichtsgefühl und vor allem Kondition, Kraft in den Beinen und Waden, nicht zuletzt die Zähigkeit in den Unterarmen, wo die Fingermuskeln liegen, auf die es besonders im steilen und überhängenden Gelände ankommt.

Freilich waren wir uns beide bewusst, dass wir mit dieser Besteigung eine neue Grenze anpeilten. Keiner von uns hatte bisher versucht, einen so hohen Berg ohne jede Unterstützung einer Bodenmannschaft anzugreifen. Wenn auch die klettertechnischen Schwierigkeiten nicht anders überwunden werden mussten als bei anderen Expeditionen oder Alpenbesteigungen, waren wir doch völlig auf uns allein gestellt, hatten nicht einmal die moralische Unterstützung von anderen Kameraden oder die medizinische Betreuung eines Arztes, geschweige denn auch nur die geringste Hoffnung, dass uns jemand holen würde, wenn etwas passieren sollte.

Der Mittelteil der Hidden-Peak-Nordwand ist erschreckend steil, so steil etwa wie die Matterhorn-Nordwand. Wenn Peter und ich daran dachten, dass wir da oben eventuell brüchiges Gestein vorfinden könnten, waren wir uns nicht ganz sicher, ob unser Mut ausreichen würde, darüber hinwegzuklettern. Ein erfahrener und gut trainierter Bergsteiger kommt auch eine Wand mit brüchigem Gestein hinauf, solange sie nicht überhängend ist und er die Griffe und Tritte nur auf Druck belasten kann. Die instinktmäßig ausgeführte flüssige Bewegungsfolge verhindert dabei, dass er die lockeren Griffe nach außen belastet oder aus dem Gleichgewicht gerät. Das wussten wir beide, und wir hatten es oft schon geübt, nur fragten wir uns jetzt, ob es uns gelingen würde, dieselben Techniken, die wir in den Alpen sogar im Schlaf beherrschten, auch da oben in 7000 oder 8000 Metern Meereshöhe einzusetzen. Denn dort oben zählt nicht allein die klettertechnische Geschicklichkeit, dort oben entscheiden in erster Linie Ausdauer und Wille. Jene Zähigkeit, die, gepaart mit Selbstvertrauen, diese letzte, grenzenlose Einsamkeit ertragen hilft. So wichtig es jetzt auch war, die Schwierigkeiten und die Steilheit der Wand abzuschätzen, uns auf den Bewegungsablauf und all die möglichen Überraschungen einzustellen, so wichtig sollte es anderntags sein, uns von Standplatz zu Standplatz die Wand hinaufzuschwindeln, den richtigen Durchstieg zu finden. Wenn es in dieser Wand Durchschlupfmöglichkeiten gab, dann höchstens eine oder zwei. Es lag nun an uns, auch wenn wir die Aufstiegsroute in groben Zügen schon festgelegt hatten, sie am nächsten Tag Stück für Stück aus der Wand herauszulesen und immer genau dorthin zu finden, wohin wir kommen wollten, eben dorthin, wo es den nächsten brauchbaren festen Halt gab. Dieser Instinkt für den richtigen Weg jedoch war sowohl meine als auch Peters Stärke.

Vielleicht sind wir keine besseren Bergsteiger als viele andere auch. Sicher hatten wir viel Erfahrung, mehr als ein Dutzend guter Bergsteiger zusammen. Aber das war nicht ausschlaggebend. Da wir beide schon seit 25 Jahren kletterten, hatten wir uns allmählich eine traumwandlerische Sicherheit angeeignet, eine Art Instinkt, der auch im Schock oder bei Erschöpfung nicht versagte. Was wir den anderen aber in hohem Maße voraushatten, war das Zusammenspiel von Erfahrung und Können, zudem ein gegenseitiges Vertrauen, das nahezu grenzenlos war.

Uns durfte in den nächsten Tagen kein Fehltritt und keine Fehleinschätzung unterlaufen, denn jeder Fehltritt hätte unweigerlich zum Tod, jede Fehleinschätzung zur Demoralisierung und damit zum Scheitern geführt. Bei einer Alpenkletterei schürft man sich im Falle eines Sturzes meistens die Knie oder den Ellenbogen auf. Man schlägt sich vielleicht irgendwo an oder bricht sich das Bein. Da oben in 7000 Metern Meereshöhe und darüber ist es damit nicht abgetan. Jeder Sturz würde nicht nur einen gefährlichen Schock, sondern gleichzeitig auch eine beträchtliche Schwächung auslösen, und selbst wenn er ohne jegliche Verletzung abginge, wäre der eine nicht mehr fähig, den anderen zu retten, geschweige denn, ihn hinunterzutragen. Wenn auch nur das Geringste passierte, saßen wir in der Falle.

An all das dachte ich, während ich im Zelt lag und einzuschlafen versuchte. Die Tatsache, dass ich diese Überlegungen zu Ende denken konnte, ohne es mit der Angst zu tun zu bekommen, war ein Zeichen dafür, dass mein Selbstbewusstsein sehr stark und dass Peter der bestmögliche Partner für dieses kühne Unternehmen war.

»*Lali guras*«, fiel mir plötzlich ein, heißt eigentlich Rhododendronblüte. Ich wusste nicht, wie ich jetzt darauf kam. »*Lali guras Mam Sahib*« hatten die Sherpas ein Mädchen auf einer meiner Trekkingtouren genannt. Ich wollte endlich schlafen, wie die beiden tibetischen Hunde im Flugzeug nach Europa geschlafen hatten. Ob Tiere die Kunst des Yoga beherrschten? Ich hatte auch einmal Yoga geübt, aber acht Stunden total abschalten, das konnte ich nicht.

Meine Gedanken flüchteten wieder zu Uschi. Wie gern wäre ich an ihrem Geburtstag auf dem Gipfel des Hidden Peak gestanden. Ein Achttausender ist zwar kein Geburtstagsgeschenk, aber ich hätte dann früher zu ihr zurückkehren können. Immer wieder sagte ich ihren Namen vor mich hin, beschwor ihr Bild in mir herauf. Dann fielen mir wieder unsere Hunde daheim ein: Yeti, die wir schon über ein Jahr hatten, Salz-und-Pfeffer-farben, eifersüchtig, aber die Intelligenteste von allen dreien; die springlebendige Taschi, die in Kathmandu sogar von den Tibetern bewundert worden war – ihre wachen Augen, ihre sanften Pfoten, wenn sie auf den Hinterbeinen stand und »Namaste« machte; und schließlich Jakbu, der Tölpelhafte, Herzige, ungestüm und zutraulich zugleich, er mochte sogar Kinder, was bei diesen Hunden selten ist. Ob sie mich wiedererkennen würden, wenn ich zurückkam?

Die Wand

Die Route, für die Peter und ich uns entschieden hatten, liegt etwas östlich der Falllinie jenes Eiswulstes, der im untersten Teil aus der Nordwestwand des Hidden Peak herausquillt. Es war unserer Meinung nach der einzig verantwortbare, gleichzeitig der direkteste Anstieg.

Wir warfen die Rucksäcke in den Schnee, zogen die Steigeisen an und legten das Seil ab. Obwohl die Sonne die vorspringende Felsklippe in der Wandmitte streifte, blieben die Rinnen weitgehend ruhig, sodass wir keinen Steinschlag befürchten mussten. Nur während ich das Seil aufschoss und mittels einer Eisspirale an einen Séracwulst hängte, schlugen etliche Felsbrocken am Einstieg in den

Schnee ein. Die Schneefläche unter dem Bergschrund war flach und ohne Spalten, sodass wir uns ungehindert auf ihr bewegen konnten. Unsere Schuhsohlen hinterließen in dem harten Firn eine Spur von nur wenigen Millimetern Tiefe, so war das Gehen vorerst nicht besonders anstrengend.

Nach einigen Metern bot mir Peter ein Stück Schokolade an, und wir blieben nochmals stehen, um die Gurte, mit denen die Steigeisen befestigt waren, enger zu ziehen.

Da war ständig ein Geräusch, das überall mitschwang. Während der letzten Stunde, als wir zügig durch das leicht gewellte Gasherbrum-Tal marschiert waren, hatte diese Art Summen immer mehr an Stärke zugenommen. Unsere gleichmäßigen Schritte störten es nicht, und nur wenn wir in den Rastpausen kurz miteinander sprachen, verstummte es unvermittelt. Dieses Geräusch kam nicht vom Wind, nicht aus sich plötzlich öffnenden Gletscherspalten, sondern aus dem Berg selbst. Aus allem, was um uns war, aus Schnee und Eis und Fels und aus der Luft, die jetzt noch wie festgefroren im engen Tal stand. Ich war auch bei früheren Expeditionen immer wieder von Geräuschen dieser Art gefesselt gewesen. Doch niemals zuvor hatte mich diese lautstarke Totenstille, dieser Begleitton der Einsamkeit, so ruhig gestimmt.

Der Anstrengungen und Gefahren unseres Aufstieges voll bewusst, war ich jetzt weder ängstlich noch aufgeregt, sondern zuversichtlich und ganz erfüllt von jenem Geräusch, das mich zu tragen schien.

Ich schaute zu Peter hin, um zu sehen, ob dieser ebenso empfand wie ich. Seine Bewegungen verrieten, dass auch er in seinem Element und restlos zuversichtlich war. Nur seine Gesichtszüge verrieten Nachdenklichkeit, die Augen blickten etwas nervös umher. Man sah, dass sein ganzer Körper, sein ganzes Wesen, unter Spannung stand.

Bei manchen Bergsteigern löscht das Bergerlebnis alle anderen Empfindungen aus. Für sie gibt es keine Spannung und keine Angst, kein Gestern und kein Morgen, wenn sie irgendwo klettern. Während sie in einer Wand sind, existiert für sie nichts rundherum. Nicht das Tal und nicht ihr Leben unten im Tal, überhaupt nichts. Diese Zufriedenheit und Unbekümmertheit bemächtigt sich auch meiner, wenn ich klettere und dabei gut vorankomme.

Solange wir am frühen Morgen durch das Gasherbrum-Tal marschiert waren, schien die Welt aus nichts anderem zu bestehen als aus dem Schnee, den meine Füße zertraten, den Wänden, die links und rechts steil emporragten. Da waren noch der Pickel, der Rucksack und der Rhythmus, den ich nicht verlieren durfte. Aber jetzt, wo wir am eigentlichen Wandfuß standen und uns für den Aufstieg zurechtmachten, stellten sich die normalen Ängste und Sorgen wieder ein. Vielleicht brachten die nächsten Tage schlechtes Wetter? Ja, die Witterung konnte hier plötzlich und unverwartet umschlagen, und es wäre unendlich anstrengend und schwierig gewesen, bei Nebel und Neuschnee einen Weg zurück zu finden. Wenigstens einen Tag lang würden wir brauchen, um durch die Wand über uns abzusteigen, und zwei bis drei Tage, um bei einem Wettersturz durch den Eisbruch wieder ins Basislager zu gelangen. Auch die Tatsache, dass das Wetter jetzt strahlend schön war und die Luft ruhig, schloss einen Wetterumschwung in fünf, sieben oder zehn Stunden nicht aus.

Im Augenblick jedoch war es noch zu früh, richtig Angst zu bekommen – unser erstes Biwak lag noch ganz in der Nähe. Hier und jetzt wäre es bei einem Schlechtwettereinbruch ein Leichtes gewesen, den Entschluss zur Rückkehr ins Basislager zu fassen und dorthin abzusteigen. Weiter oben aber würde dies viel, viel schwieriger sein. Drohten Lawinenabgänge, müssten wir natürlich die Gefahr abwarten und könnten dann nicht mehr durch die steile

Wand zurückklettern. Zudem würden oben die Wetterstürze viel schneller kommen, die Stürme viel gewaltiger toben. Vielleicht hielt das Wetter aber auch, bis wir oben waren. Wer weiß das schon? In großer Höhe, wo es oft Monate, vielleicht sogar Jahre dauern kann, bis ein warmer, windstiller Tag einen gefahrlosen Aufstieg garantiert, gilt es jedenfalls, überlegt und gleichzeitig entschlossener zu handeln als in den Alpen.

Inzwischen hatten wir die Steigeisen zum dritten Mal kontrolliert und auch die Ausrüstung noch einmal geprüft. Es war alles in Ordnung. Wir nahmen die Rucksäcke auf, die Pickel in die Hände und näherten uns mit gleichmäßig ruhigen Schritten dem eigentlichen Wandfuß. Wenn wir Erfolg haben wollten, mussten wir jetzt zügig steigen, immer höher hinaufsteigen. Vom nächsten geplanten Biwakplatz aus gab es nur eine Chance, einen Gipfelvorstoß zu unternehmen.

»Jeder geht seinen Rhythmus«, sagte Peter.

Ich nickte: »Einmal steigst du, dann steige ich wieder voraus.«

»Ich denke, wir schaffen es. Wenn das Wetter noch zwei Tage hält, sind wir oben.«

Wir wechselten uns jetzt regelmäßig in der Führung ab, und derjenige, der gerade vorauskletterte, bestimmte den Weg. Der andere folgte, von den Tritten des Führenden profitierend. So konnte sich jeweils einer ausruhen, um die nächste Wegstrecke zu spuren. Auch wenn es nicht immer klar ersichtlich war, wo die beste Routenführung verlief, vertraute einer dem anderen grenzenlos. Alle Gespräche waren überflüssig, sie hätten uns nur beim Atmen behindert.

Peters Fersen ragten über mir aus der blanken Eisfläche. Die oberste Eisschicht war so weich, dass die Frontalzacken der Steigeisen bis zu den Schuhkappen in das Eis eindrangen, und so hart, dass wir einen sicheren Stand hatten. Gute Verhältnisse. Der Hebel beim Klettern – von der Schuhspitze bis zur Ferse – war bei unseren

Dreifachschuhen allerdings größer als gewohnt, die Wadenarbeit enorm.

Nach jeweils 25 Schritten rasteten wir. Dabei schlug Peter eine winzige Stufe in das Eis und rammte, sobald er mit dem rechten Fuß auf dem Tritt Halt gefunden hatte, die Haue des Pickels ein. Dann erst lehnte er den Oberkörper über das Eis, hielt sich am Pickel fest und verschnaufte. Er wartete, bis auch ich mich zu seinem Sims hinaufgearbeitet hatte, und stieg dann die nächsten 25 Schritte voran.

»Wie ist das Eis bei dir?«, schrie ich hinauf.

»Es wird besser, firnig.«

Peter dachte jetzt an das brüchige Band über ihm. »Die Felsen allerdings sehen schlecht aus.«

Ich hatte ja von unten schon gesehen, dass da hellere Flecken in der Wand waren. Am Standplatz angekommen, schob ich einige Schneekörner in den Mund, lehnte mich mit dem Oberkörper gegen den eingerammten Pickel und ruhte mich aus.

Ich hatte es immer schon geahnt, dass Peter der ideale Mann für große Höhen war; jetzt lieferte er den Beweis. Er kletterte ausdauernd und schlafwandlerisch sicher, überlegt und gleichmäßig, auch dann, wenn seine Kräfte nachließen. Ich war überzeugt, dass ihm nichts passieren würde, und sofern es überhaupt einen Weg zum Gipfel gab, er würde ihn finden.

»Willst du rasten?«, fragte Peter. »Hier könnten wir gut stehen.«

»Nein, ich gehe gleich weiter«, wehrte ich ab. »Solange die Eiswand nicht von der Sonne bestrahlt wird, sollten wir das ausnützen.«

Peter stimmte völlig mit mir überein. Auch wenn die Steinschlaggefahr nie ganz gebannt war, so war die Wand jetzt in den Vormittagsstunden, da die Steine hoch über unseren Köpfen noch angefroren waren, sicherer als am Nachmittag. Wir wollten die Gefahren, die uns stets gegenwärtig waren, nicht noch weiter herausfordern.

In der Wärme der Mittagssonne gerieten dann nach und nach Eisstücke, Gestein und Geröll in Bewegung, und schon flogen die ersten Brocken in großen Sprüngen die leicht konkave Wand herunter. Abgesehen davon, dass die Wege des Steinschlags unberechenbar waren, hatten wir auch keine Chance, den Steinen mit schnellen, raumgreifenden Bewegungen auszuweichen, da wir aufgrund der Steilheit der Wand wie an sie gefesselt waren. Es blieb uns also nichts anderes übrig, als so lange zu warten, bis die schwirrenden Geschosse unmittelbar über unseren Köpfen waren, dann erst konnten wir uns in allerletzter Sekunde aus ihrer Schusslinie winden.

In den Alpen würde man eine solche Wand normalerweise nachts durchsteigen, um das Steinschlagrisiko zu verringern. Aber hier wäre es nachts wohl zu kalt gewesen, und außerdem hätten wir wahrscheinlich die ideale Route nicht gefunden.

Ein kurzer Gedanke an unsere momentane Lage – und wir wären verzweifelt gewesen. Wie winzig und einsam zwei Menschen doch an einem Achttausender sind! Unbeirrbar aber stiegen wir in dieser 2000-Meter-Wand Schritt für Schritt aufwärts, konzentrierten uns ausschließlich auf die Kletterstrecke, die zwischen einer und der nächsten Rastpause, also mit 25 Schritten, zurückzulegen war. Die ganze Gipfelwand dagegen blendeten wir gedanklich aus.

»200 Meter dürften wir jetzt haben«, schätzte ich.

»Ja, vielleicht sogar 250 Meter.«

Ich spürte aus Peters Worten, dass auch er zufrieden war mit unserem Tempo. Trotzdem würden wir aber noch mindestens acht bis zehn Stunden bis zum nächsten Biwakplatz brauchen. Die Wand wurde immer steiler, und weit über unseren Köpfen wölbten sich Überhänge hervor, die jeden Weg zum Gipfel abzusperren schienen. Doch – das wussten wir aufgrund unserer Beobachtungen aus dem Gasherbrum-Tal – nur über diesen Felsen gab es eine flachere Stelle, wo wir unser Zelt aufschlagen konnten. Extrem steil fiel die Wand nun unter uns ab, ohne größere Terrassen und Simse ragte sie über uns auf. Wenn nur die Schneeauflage nicht dicker wurde! Das Spuren war weit anstrengender als das Steigen im blanken Eis.

Ich versuchte, Peter zu fotografieren, der jetzt schräg rechts unter mir kletterte, aber es wollte nicht klappen. Nachdem ich unter Mühen den Fotoapparat wieder in die mit Astronautenfolie beschichtete Segeltuchtasche gesteckt hatte, schaute ich nochmals zu Peter hinunter. »Verrückt«, dachte ich, »einfach verrückt, wie er da heraufkommt. Das muss ich filmen, diese Szene muss rein!«

»Warte«, rief ich, obwohl Peter schlecht stand. »Sieht einfach irrsinnig aus!«

Es war nicht nur umständlich, sondern auch gefährlich, die Kamera aus dem Rucksack zu holen und zu kurbeln. Ich durfte dabei das Gleichgewicht nicht verlieren und lehnte mich deshalb mit dem Oberkörper etwas an die Wand. Das kleinste Nachgeben des rechten Fußes, der in einer handgroßen Kerbe stand, das geringste Schwanken mit dem Oberkörper, und ich lief Gefahr, unrettbar die Wand hinunterzustürzen.

Sehr langsam, aber gleichmäßig kamen wir voran. Der 25. Schritt, der letzte vor der Pause, schien manchmal die Hölle zu sein, aber schon nach einigen Verschnaufminuten kletterten wir jeweils weiter. Jetzt hatten wir schon mehr als die Hälfte des ersten Wandaufschwungs hinter uns. Wenn wir in der zweiten Hälfte ebenso schnell waren, mussten wir am Abend den Biwakplatz über dem brüchigen Band erreichen. Wir konnten also beruhigt weitermachen, und so schoben wir uns stetig aufwärts. Immer wieder in der Führung abwechselnd, uns gegenseitig aufmunternd, brachten wir Stück für Stück der Wand hinter uns. Manchmal kletterte nur einer, oft kletterten wir gleichzeitig hintereinander.

Vielleicht war es das gegenseitige Vertrauen, das uns auf die üblichen Sicherungsmittel Seil und Haken verzichten ließ, diese gewissermaßen ersetzte. Vielleicht war es auch die Besessenheit von der Idee, einen Achttausender zu zweit anzugehen, die ein klein wenig für diesen extravaganten Kletterstil verantwortlich war. In erster Linie lag es wohl aber an dem instinktiven Wissen, dass wir unter den gegebenen Umständen nicht fähig waren, die notwendigen Seile und Haken für eine schulmäßige Sicherung mitzutragen. Wahrscheinlich stellte unsere Methode die einzig mögliche dar, um über diese Wand den Gipfel zu zweit zu erreichen. Sie war ungefährlicher, als sie für den Außenstehenden ausgesehen haben mochte.

Plötzlich streiften einige Schneeschollen meine linke Hand, mit der ich mich am Eis abzustützen pflegte. Die Erfahrung sagte mir, dass irgendetwas geschehen sein musste, und ich schaute zu Peter hinauf. Er fluchte, weil ihm ein Tritt ausgebrochen war, stieg aber schon wieder weiter. Ohne den geringsten Schock ob dieses kleinen Missgeschicks hatte Peter seinen Rhythmus sofort wiedergefunden. Er kletterte so, dass das Gleichgewicht auch dann noch erhalten blieb, wenn einer der drei Haltepunkte, die wir bei jeder Bewegung benützten, plötzlich versagte. Trotzdem bemühten wir uns, bei jeder neuen Bewegung immer drei fixe Punkte zu haben.

Inzwischen waren wir bis unmittelbar unter die Felsstufe gelangt, die in 6900 Meter Meereshöhe die Wand abriegelt. Wir überlegten, wo wir sie am besten anpacken könnten, und beobachteten einige Rinnen, die aus der konkaven Eisfläche spinnenartig hineinzogen ins brüchige Gestein. Nachdem wir uns auf breiteren Schneestufen, die wir mit dem Steigeisen aus dem Hang geschart hatten, ausgeruht hatten, versuchte ich den ersten Felsaufschwung zu überklettern. Das Gestein war fürchterlich brüchig, aber nicht ganz senkrecht, sodass ich die Tritte und Griffe größtenteils nur auf Druck belasten konnte. Nach wenigen Bewegungen schon war mir klar, dass ich die Handschuhe ausziehen musste, und visierte nun einen etwas abschüssigen, aber großen Tritt an, auf dem es möglich war, freihändig zu stehen. Ich zog zuerst den linken Handschuh aus, steckte ihn in die Brusttasche des Anoraks, anschließend den rechten Handschuh. Dann griff ich mit bloßen Händen in einen schmalen Spalt. Der Fels war kalt, aber nicht so eisig, dass man mit den Fingern daran kleben blieb, wie dies an Metall der Fall war, an der Haue des Pickels oder an den Karabinern. Unangenehmes Gefühl. Immer, wenn ich jetzt die Finger vom Pickel zog, glaubte ich, dass ein Stück Haut daran hängen geblieben wäre. Peter, der sich mit ausgestreckten Armen an den Felsen festhielt, schaute mir aufmerksam zu. Ich hatte nach den ersten Schritten in diesem brüchigen Gestein alle Hemmungen abgeschüttelt und konzentrierte mich vollkommen darauf, zwei Stützgriffe ausnützend, eine kurze Querung nach rechts auszuführen. Die Handflächen platt auf einen schwach ausgeprägten Felsvorsprung gedrückt, die Steigeisenspitzen in den schottrigen Fels gebohrt, verschob ich mein Gewicht Zentimeter für Zentimeter, tastete mit den Händen erst dann wieder weiter, wenn ich eine Bewegung sicher zu Ende führen zu können glaubte. Obwohl ich völlig frei stieg und bei der unmenschlichen Anstrengung in dieser Höhe am ganzen Körper leicht bebte, war ich doch ruhig. Der innige Kontakt zu Peter gab mir das Gefühl, gesichert zu sein, als würde ich am Seil gehen. Immer wieder musste ich meine Fäuste in schmale Risse stecken, die mit feinem Schnee gefüllt waren. Unvermeidlich blieb er an der warmen Haut kleben.

Allmählich aber raubten mir die Kälte und der Schnee das Gefühl in den Fingern. Eine längere Rast wäre jetzt nur Kraft- und Konzentrationsverschwendung gewesen. So stieg ich weiter, trotz der eisigen Klumpen, in die sich meine Hände inzwischen verwandelt hatten. Rechts von mir erspähte ich eine Eisrinne, die endlich einen Rastplatz versprach. Dort hoffte ich, wieder meine Handschuhe anziehen zu können. Ich war ganz zuversichtlich, dass auch Peter die Stelle sicher überwinden würde, und schaute ihm ebenso konzentriert zu, wie er mich vorher beobachtet hatte. Es gab nicht die geringste Unsicherheit in seinen Bewegungen, und obwohl auch er wegen der eisigen Kälte die Zähne zusammenbeißen musste, so lag doch nicht einmal der Hauch eines Schreckens auf seinem Gesicht. Instinktiv fanden seine Fingerspitzen die richtigen Spalten, umklammerten Felsvorsprünge. Sein Schwerpunkt, das Gewicht über den Frontalzacken der Steigeisen, lag immer so, dass diese nicht plötzlich abrutschen konnten.

Einige tiefe Atemzüge pressten die Luft aus mir heraus, und ich begann, über die Rinne oberhalb des Felsens weiterzusteigen. Wie es darüber weitergehen sollte, wusste ich noch nicht. Ein rascher Blick über die Schulter zurück bewies mir, dass Peter die Querung bereits hinter sich hatte und sich nun, schwer atmend, auf meinem vorigen Standplatz ausruhte. Die Stirn gegen seinen Unterarm gepresst, lehnte er sich gegen die Felswand und verschnaufte. Unwillkürlich musste ich daran denken, woran wir uns hier, in diesem brüchigen Gestein, überhaupt hätten sichern sollen. Es waren zwar Ritzen vorhanden, aber jeder größere Haken hätte den Fels abgespalten, und kleinere hätten sowieso nicht gehalten.

Peter hatte inzwischen die Handschuhe aus seinen Taschen geholt und zog sie wieder an. Seine Hände schmerzten nicht mehr – er spürte sie überhaupt nicht mehr. Wie er sich mit ihnen in dieser schwierigen Querung gehalten hatte, war ihm im Nachhinein schleierhaft.

Den Kopf im Nacken, schaute ich in die Höhe – der Himmel ein mattes Weiß auf blauem Grund. Dort, wo er mit den Bergkämmen den Horizont bildete, war das Blau noch mehr verschwommen. Ein greller Lichtschein ging von den nach Westen geneigten Firnhängen aus. Der Blick direkt in die Sonne war unerträglich. Unter uns die Täler in bläulichem Dunst, schon ein Stich ins Violette. Ein magischer Schimmer über den Firnfeldern. Da und dort schien die Dunstglocke zu brodeln, als würde die Erde darunter kochen.

Mir war, als hingen wir zwischen Himmel und Erde – unergründliche Tiefe oben und unten. 1200 Meter fehlten noch bis zum Gipfel, weit mehr als 2000 Meter waren es bis zum Grund der Täler. Verschwommen schon wie das bläuliche Leuchten unter mir auch meine Gedanken: Noch 200 Meter, dann sind wir vorerst gerettet.

Die Rinne verengte sich mehr und mehr zum Kamin. Die Beine weit gespreizt – ich hatte Vertrauen in die Felsen gewonnen –, stieg ich durch den Spalt aufwärts. Ich vermochte nicht abzuschätzen, ob ich mich irgendwo abfangen konnte, wenn ich abrutschen würde. Deshalb drückte ich vorsichtshalber fester mit meinen Händen gegen die parallel emporziehenden Felswände, zwischen denen ich kletterte. Wenn ich jetzt auch nur ein Stück rutschte, musste ich Peter mitreißen. Einen Stürzenden hätte er niemals halten können. Doch der Kamin wurde nochmals enger. Ein Glück, denn wir konnten uns nun besser in ihm verkeilen.

Durch die anschließende Rinne stieg ich so lange, bis ich sie zu einem Gratrücken nach links verlassen konnte, und über diesen erreichte ich eine Schulter zwischen Nord- und Nordwestwand. Hier rastete ich. Eine steile Schneewand baute sich über mir auf, teilweise felsig, alle Mulden mit Pressschnee gefüllt. Das sah nach Lawinen aus. Ich war unschlüssig, wo wir weitergehen sollten, und tröstete mich vorerst damit, über dem nächsten Steilaufschwung auf unseren Biwakplatz zu stoßen.

Peter hatte inzwischen meinen Standplatz erreicht und sich sofort über die Schulter zur Steilwand emporgearbeitet. Hier hielt er inne, um Kraft und gewissermaßen auch frischen Mut zu sammeln. Den brauchte er, um die ersten Schritte zu wagen. Zuerst stieß er den Pickel in den Schnee, umklammerte dann mit der rechten Hand die Haue, suchte mit der Linken nach einem festen Griff an den Felsen, die inselartig aus dem Schnee ragten, und zog sich nach oben. Seine Arme zitterten vor Anstrengung. Nach endlos scheinenden Sekun-

Rast unter der Rinne, die sich unter dem Biwakplatz zum Kamin verjüngt.

den fand er mit dem linken Steigeisen einen kleinen Tritt unter dem Schnee und verlagerte das ganze Gewicht seines Körpers auf diesen unsichtbaren Halt. Der Schnee war zwar locker, aber nicht allzu tief. So schnell es sein Atem erlaubte, kletterte Peter schräg links aufwärts. Er steckte dabei den Pickel so weit über sich in den Schnee, dass er, sich an ihm festhaltend, jeweils drei Schritte hintereinander machen konnte. Dies war nicht ganz ungefährlich.

Inzwischen hatte Peter eine Felsstufe erreicht und sich auf sie gesetzt, um mich nachkommen zu lassen. Er hatte gute Arbeit geleistet und hoffte, dass wir diese Spur auch beim Abstieg noch benützen konnten.

»Soll ich jetzt vorangehen?«, fragte ich, als ich unterhalb Peters Rastplatz angelangt war. Meine Frage kam etwas zu spät. Peter kletterte schon wieder über mir, und seine kräftigen Bewegungen waren immer noch so zügig, wie sie in den ersten Morgenstunden gewesen waren. Mir lief in diesem letzten Steilaufschwung oft ein Zittern durch die Beine, besonders wenn ich mit den Frontalzacken der Steigeisen nur winzige Rauigkeiten an den Felsen ertastete und mich auf ihnen aufrichten musste.

Von unserem jeweiligen Standort aus konnten weder Peter noch ich sehen, wie es über uns weiterging. Als Peter jedoch zum ersten Mal seinen Kopf über den Grat hinausreckte, rief er begeistert herunter, dass es oben eine flache Mulde gäbe, einen geradezu idealen Biwakplatz. Ich kletterte um den Felsvorsprung herum und erreichte die Trittstufe, von der aus Peter diesen letzten Hang in Angriff genommen hatte. Peters freudestrahlendes Gesicht auf der Gratschneide verriet mir, dass wir für heute genug geklettert waren und dass der Biwakplatz seine Vorstellungen sogar noch übertraf.

Die Anstrengung der 1200 Höhenmeter, die wir an diesem 9. August unternommen hatten, war enorm gewesen. Jetzt jedoch schien sie wie weggewischt aus Peters Gesicht, auch wenn sein Körper beim Gehen nicht mehr so ruhig war wie zu Beginn der Kletterei. Mit den geschulten Augen des erfahrenen Bergsteigers, der versucht, immer das Beste aus jeder Situation zu machen, begann er die Mulde nach der flachsten Stelle abzusuchen. Es dauerte nicht lange, und wir konnten uns beide auf einem schrägen Schotterplatz in 7100 Meter Meereshöhe hinlegen.

Als ich den Rucksack unter meinem Kopf etwas zurechtgerückt hatte, entspannte ich mich instinktiv, machte mich ganz schwer und holte zum ersten Mal seit fünf Minuten tief Luft. Nach einer Weile sah ich zu Peter hin, der neben mir lag, wollte ihm etwas sagen. Er hatte die Augen geschlossen und schien sich, seinem Gesichtsausdruck nach zu urteilen, keine Sorgen zu machen. Auch ich schloss nun die Augen und lag regungslos da. Endlich, nach zehn Stunden höchster Anstrengung und Konzentration, konnten wir einfach nur daliegen, die Steilwand unter uns völlig vergessend. Wir brauchten jetzt nicht mehr aufzupassen, nicht mehr nach einem Weg zu suchen und nicht mehr weiterzusteigen, wenigstens vorläufig nicht.

Die geistige Müdigkeit war größer als die körperliche. Während des Aufstiegs hatten wir jeden Augenblick in größter Anspannung gelebt. Ständig auf unser Gleichgewicht bedacht, immerzu die Griffe und Tritte prüfend, an denen wir uns zentimeterweise an der Wand hochgeschoben hatten, wie zwei Miniatur-Zahnradbahnen.

»Das Schlimmste haben wir hinter uns«, sagte ich, nachdem ich mich umgedreht und einen Blick auf die Gipfelwand geworfen hatte. Es fehlten zwar noch 1000 Höhenmeter bis zum höchsten Punkt, diese aber waren weniger steil als das Wandstück unter uns. Zudem lag eine Nacht vor uns, in der wir uns ausruhen konnten.

»Hier kann man's aushalten«, meinte Peter und versuchte mit den Schuhen die Steine unter sich wegzuschieben. Dabei störten ihn die Steigeisen, und er zog sie aus.

»Im Abstieg können wir die Felspassage nicht mehr machen«, erklärte Peter entschieden. »Wenn wir eine Rinne finden, können wir direkt absteigen, sonst müssen wir ...«

»Wir kommen schon hinunter. Nach dem Gipfel kommen wir überall hinunter«, sagte ich nach einer Weile und in der vollen Überzeugung, dass wir auch die Felsstelle frei abklettern konnten, wenn es keine andere Möglichkeit gab.

Peter war nicht ganz wohl bei dem Gedanken an den Abstieg, verlor aber kein Wort mehr darüber. Er hatte inzwischen die Steigeisen ausgezogen und bemühte sich nun, immer noch hockend, eine Plattform zu bauen. Dabei legte er die größeren Steine an den vorderen Rand des Schotterflecks und schob dann die kleineren mit den

Füßen nach, sodass die Rinne am Mäuerchen immer flacher und der Zeltplatz immer größer wurde. Ich half Peter, so gut ich konnte, und verwendete dieselbe Technik wie er. Zum Stehen reichten unsere Kräfte immer noch nicht.

»Du bist großartig in Form«, sagte ich zu Peter.

Er war sichtlich mit sich zufrieden und wusste, dass er jeden Schritt überlegt und sicher ausgeführt hatte. Auch fühlte er, dass seine Kräfte noch reichen würden, um zum Gipfel zu gelangen. Dies hier war seine höchste erreichte Höhe. Und obwohl ihn wieder Kopfschmerzen plagten, scharrte er weiter Schotter an den talseitigen Rand der Plattform. Sich zu mir wendend, sagte er fast beiläufig: »Morgen sind wir oben. Wir nehmen nur das Allernötigste mit, dann sind wir noch schneller als heute. Ich glaube, ich werde auch den Rucksack dalassen.«

»Ich auch, aber die Kamera nehme ich mit, so weit ich sie schleppen kann. Allerdings, auf den Gipfel verzichte ich ihretwegen nicht.«

»Wenn nur diese verdammten Kopfschmerzen nicht wären!«, ärgerte sich Peter.

»Sind sie schlimm?«

»Wie immer, wenn ich eine neue Höhe erreiche und einfach nur dasitze.«

»Wenn wir das Zelt aufgebaut haben, mache ich dir Tee. Bis morgen früh sind die Schmerzen bestimmt weg.«

Peter, der vorher noch in aller Gelassenheit auf der Plattform gesessen hatte, blickte jetzt schmerzverzerrt und angstvoll ins Gasherbrum-Tal hinunter, in dem bereits die ersten Schatten lagen. Seine Fröhlichkeit war spurlos verschwunden. Er sprach nicht mehr, schien völlig abwesend und fror. Die plötzlichen und ungewöhnlich heftigen Kopfschmerzen machte ihm so zu schaffen, dass ihm fast übel wurde.

Ich band das Sturmzelt vom Rucksack, legte es auf die Plattform, die wir in stundenlanger, mühseliger Arbeit hergerichtet hatten, und breitete es aus. Der Untergrund war ein bisschen schief, da das Eis, auf das wir beim Graben gestoßen waren, es uns nicht erlaubt hatte, eine Stelle waagerecht zu planieren. Zum Glück hatten wir die Zeltgestänge im Tal schon markiert, sodass wir jetzt keinerlei Schwierigkeiten hatten, sie richtig zusammenzusetzen. Die Alurohre vorn und hinten als Dreiecksaufhängung eingeschoben, und schon stand unsere winzige Behausung.

Während ich mich an der Rückseite des Zeltes zu schaffen machte, saß Peter auf der Seite des Eingangs und betastete vorsichtig die Schläfen seines Schädels, der ihm jeden Augenblick zu zerspringen schien.

»Sobald das Zelt ganz steht, kannst du dich hineinlegen und ein bisschen ausruhen. Du musst versuchen, deine Kopfschmerzen wegzukriegen, dann geht's schon wieder. So, wie ich dich kenne, bist du morgen wieder in bester Verfassung.«

An einigen kopfgroßen Steinen verankerten wir die Hauptschnüre des Zeltes, das allerdings etwas kreuzhohl dastand. Auch die Wände hingen leicht nach innen. Der leiseste Windhauch ließ sie flattern. Peter fing an, seinen Rucksack auszupacken, um den Schlafsack zu finden, ich hingegen bemühte mich im Windschatten des Zeltes, eine Kochstelle zu bauen. Jede Faser meines Körpers war müde. Ausgelaugt von der ununterbrochenen Anstrengung und einer Spannung, die vom ganzen Körper Besitz ergriffen hatte. Das Kochen kostete mich Überwindung. Meine Augen brannten vom ununterbrochenen Schauen und Suchen, und knapp oberhalb, hinter der Stirn, war mir, als hätte sich ein Knoten gebildet.

Biwak

Es dauerte Stunden, bis das Eis zu Wasser geschmolzen war, und fast noch mal so lang, bis es so warm war, dass man Tee damit bereiten konnte. Ich befand mich nun nicht mehr in einem Zustand zwischen Schlafen und Wachen, wie es unmittelbar nach dem Aufstieg und während des Zeltaufbauens der Fall gewesen war, sondern war geistig voll da. Mit Behagen schlürfte ich einige Schlucke Tee und stand immer wieder auf, um mich strecken zu können. Die Anstrengung wich langsam aus den Muskeln, und der Knoten über meinen Augen löste sich.

Der spitze Winkel, in dem die messingfarbenen Sonnenstrahlen das Zelt trafen, verriet mir, dass es bald Abend war. Nochmals reichte ich Peter Tee. Er spülte damit eine zweite Kopfschmerztablette hinunter, worauf er sich wieder hinlegte. Immer noch saß ich auf einem Haufen Geröll vor dem Zelt und kochte, schmolz Eis, braute Suppe und Tee. Während der Kocher noch surrte, suchte ich die Ausrüstungsgegenstände zusammen, die rund ums Zelt verstreut lagen. Ich ordnete sie so, dass wir sie am nächsten Morgen schnell anziehen oder einpacken konnten. Nach einer Weile holte ich tief Luft, um alle Kräfte in mir zu mobilisieren, stieß mich vom Boden ab und ging die wenigen Schritte zum Rand der Schotterfläche. Hier lag kein Schnee, sondern nur Eis. Ich pickelte einige Stücke davon heraus, schaffte sie zum Zelteingang und deponierte sie griffbereit, sodass wir am Abend und am Morgen im Zelt liegend kochen konnten.

Während all dieser Zeremonien war Peter bewegungslos dagelegen. Er hatte vergessen, dass wir hoch oben am Hidden Peak kampierten, dass morgen der entscheidende Tag sein sollte. Erst als die Kopfschmerzen gewichen waren, spürte er eine Schwerelosigkeit ohnegleichen. Plötzlich war er mit einer solchen Vorfreude auf den nächsten Tag erfüllt, einer Spannung, wie er sie nur vor richtig großen Bergtouren empfand. Sein ganzes Wesen konzentrierte sich in diesen Stunden auf den kommenden Tag, auf die Kleidung, die anzuziehen war, und auf die Bewegungen, deren Abfolge er jetzt schon überlegte. Überdies waren es die Fragen der Krafteinteilung und des taktischen Vorgehens, die ihn beschäftigten. Alle privaten Gedanken und Gefühle hatte er aus seinem Unterbewusstsein verdrängt. Er hatte nicht geschlafen, aber sich ausgeruht, und jetzt, wo sein Kopf wieder klar war, die Druckschmerzen nachgelassen hatten, fühlte er sich wunderbar. Gut in Form und völlig klar in seinen Überlegungen.

Er kroch aus dem Zelt und begann in seinem Rucksack herumzukramen. Es fehlte nichts. Es war alles da, was für den Gipfelangriff notwendig war, und er überlegte immer wieder, wie und in welcher Reihenfolge er die Ausrüstung anziehen bzw. in seine Taschen stecken sollte. Diese Überlegungen beanspruchten seine ganze Konzentration. Wie ein Slalomläufer prägte er sich nicht nur den Weg, sondern eine ganze Kette von Bewegungsabläufen ein, und rekapitulierte alles immer wieder von vorn. Den Rücken gekrümmt, den Arm auf den Rucksack gelehnt, die Beine gerade vor sich ausgestreckt, saß Peter auf dem Schotter neben mir. Er griff nach der Aluminiumkanne, in der ich erneut Wasser heiß gemacht hatte, schüttete einige Schlucke in einen kleinen blauen Plastikbecher, vergaß dann aber zu trinken. Ohne auf irgendetwas Besonderes zu achten, schaute er in den Abendhimmel.

»Wann müssen wir hier los?«, fragte er nach einer Weile.

»Wenn die Sonne aufgeht.«

Abermals legte sich Peter den Gipfelangriff in groben Zügen zurecht. Er hatte zwar keine Erfahrung in solchen Höhen, aber sein allgemeiner bergsteigerischer Instinkt und sein perfektes Können ließen ihn ahnen, worauf es ankam. Offensichtlich hatten alle seine bisherigen Überlegungen gestimmt – warum sollten nicht auch die für den letzten und entscheidenden Teil richtig sein?

Alles hing nun davon ab, dass keiner von uns beiden krank wurde, dass das Wetter weiterhin gut blieb und dass wir schnell genug waren, um den Gipfel in den frühen Nachmittagsstunden zu erreichen. Wir hatten uns beide darauf geeinigt, dass wir spätestens um 15 Uhr am höchsten Punkt sein mussten, andernfalls würden wir ohne Gipfelerfolg umkehren. Denn es wäre unvorsichtig und verantwortungslos gewesen, auch dann noch zum Gipfel weiterzusteigen, wenn unser Rhythmus nicht den Erwartungen entsprochen hätte. Auch der Abstieg musste einkalkuliert werden, und ich wusste aus Erfahrung, dass ein nächtlicher Abstieg von einem Achttausender-Gipfel nicht zuletzt aufgrund der Müdigkeit und der Konzentrationsschwäche, mit der wir da oben unvermeidlich zu kämpfen hätten, immer große Gefahren mit sich bringt.

Peter war den ganzen Abend über froh gestimmt und doch wortkarg. Er aß wenig, trank aber so viel er konnte, und starrte immer wieder ins Leere. Auch ich machte keinen Versuch, eine Unterhaltung in Gang zu bringen, und wenn meine Aufmerksamkeit von der bevorstehenden Besteigung abließ, schaute ich in Richtung Gasherbrum IV, an dem jetzt die Sonne unterging. Wir spürten die Kälte nicht, obwohl mit den letzten Sonnenstrahlen auch der Hauch von Wärme verschwunden war. Der Himmel im Westen war jetzt rot wie Zinnober gefärbt, und die Berge, die in den Morgenstunden so klar und bis in ihre feinsten Kanten und Rinnen gegliedert gewesen waren, lagen verschwommen hinter einem dunstigen Vorhang.

Ein Lichtfleck hing noch am Gipfel des Hidden Peak, als ich mich vollkommen angezogen ins Zelt zwängte. Schwer atmend kroch ich in den Schlafsack, lockerte die Innenschuhe, legte ein zweites Paar Handschuhe unter mein Kopfkissen. Die Daunenjacke, eine Sturmmütze und den Rucksack schob ich unter Rücken und Gesäß zurecht und drängte mich dann auf die eine Seite des Zeltes, sodass Peter Platz hatte. Der kleine Schotterfleck, auf dem wir lagen, war im Grunde kaum für ein Biwak geeignet. Doch wir hatten beschlossen, noch bei Tageslicht eine Lagerstelle herzurichten, denn sonst wären wir unter Umständen Gefahr gelaufen, überhaupt keine mehr zu finden. Hier war das Gelände zwar abschüssig und der Platz dem Wind ausgesetzt, aber immerhin konnten wir vor dem Zelt unangeseilt und ohne Absturzgefahr herumspazieren, und das war wichtig.

Ausgestreckt lagen wir in unseren Schlafsäcken im Zelt, ich an der Bergseite, Peter talseitig. Beide hatten wir einige Kleidungsstücke unter die Matte geschoben, um so die schiefe Ebene auszugleichen und zu verhindern, dass wir dauernd übereinanderrollten. Mit Sorge dachte ich jetzt daran, dass ich beim Biwakbau nur einen einzigen Eishaken hatte setzen können, an dem das Zelt fixiert war. Alle übrigen Schnüre hingen an losen Steinen. Die unangenehme Vorstellung, bei einem starken Sturm mitsamt dem Zelt weggetragen zu werden, konnte ich nicht ganz aus meinem Hirn verbannen.

Als ich ein letztes Mal mit der Kocharbeit begann, prangten bereits die Sterne am Himmel. Ein gutes Zeichen? Natürlich hatten wir kcine Ahnung, was der Wetterbericht meldete, aber ich war überzeugt davon, dass es auch am nächsten Tag schön sein würde. Auf dem kleinen Gaskocher, den ich am Zelteingang wackelig aufgebaut hatte, braute ich liegend eine Portion Tee nach der anderen, und zwar aus Wasser, das kochte, ohne wirklich heiß zu sein. Es war unmöglich, den anderen bei der kleinsten Bewegung nicht zu stören, so eng lagen wir nebeneinander, Peter halb auf dem Rücken, mit dem Gesicht zur Zeltwand, ich auf dem Bauch. Ab und zu griff ich nach dem Kocher, der unregelmäßig summte. Hier oben in der sauerstoffarmen Luft war nicht das übliche Surren der Flammen zu hören, sondern nur ein leises, zuckendes Summen, das ab und zu so ruhig wurde, dass ich nachschaute, ob die Flamme erloschen war.

Abwechselnd tranken wir Tee – schweigend und ohne jeden Genuss, aber wir tranken, mussten trinken. Zwar hatten wir beide im Laufe des späten Nachmittags einige Bissen gegessen – gedörrte Pflaumen und ein Stückchen Brot –, aber zu einem ausgedehnten Abendessen empfanden wir nicht die geringste Lust. Ein klebriger und fader Geschmack lag in unseren ausgetrockneten Mündern, den auch der Tee nur für einige Minuten verdrängen konnte. Das warme Getränk half gegen Durst, und jeder Schluck wärmte nicht nur den Magen, sondern den ganzen Körper. Dieses ständige Tee-kochen dauerte mehr als eine Stunde. Zwischendurch ersetzten wir den Tee durch einen Becher Bouillon.

Die ersten Stunden im Biwak ohne jede Beschäftigung zogen vorbei. Ich versuchte den Tag zu rekapitulieren, um so alle anderen Gedanken auszulöschen. Es gelang mir nicht. Mit offenem Mund lag Peter neben mir. Aus seinen Bewegungen schloss ich, dass auch er wach war. Wenn er schlief, ging sein Atem zeitweise in ein Röcheln über. Zu wenig Sauerstoff im Zelt. Fingerdicker Reif an den Stoff-wänden. Versfetzen tauchten plötzlich aus meiner Erinnerung auf: »Mit den Göttern soll ich nicht messen ... Mit den Göttern soll ich nicht messen ... Mit den Göttern ...« Weiter kam ich nicht. Dann: »Durch diese hohle Gasse muss er kommen.« Wie Telegramme erreichten diese Fragmente mein Bewusstsein, wie damals beim Auswendiglernen für die Schule. »Frei muss man sein, um so etwas in Ruhe zu Ende führen zu können; frei von Frauen, frei von mate-riellen Wünschen, frei von Angst.« Endlich wieder ein abgeschlos-sener Gedankengang. Wie spät es jetzt wohl war? 3 Uhr, vielleicht auch 4 Uhr? Es blieb immer gleich dunkel im Zelt. Sternklare Nacht draußen.

In der Todeszone

Rastplatz über der »Sichel«. Die Mulde, die aus dem Gasherbrum-Tal wie eine liegende Sichel gewirkt hatte, war in Wirklichkeit eine riesige konkave Bucht, steil und eisig. Auf einer winzigen Plattform, die Peter in den Schnee getreten hatte, rasteten wir erstmals seit dem Aufbruch um 8 Uhr morgens. Vom Grat aus sahen wir weit unter uns das gelbe Zelt, in dem wir bis zum Morgengrauen biwakiert hatten. Der kleine Schotterfleck lag jetzt in der Sonne.

Ich dachte daran, dass es niemanden gab – weder im Basislager noch zu Hause –, der wissen konnte, wo wir uns in dieser Stunde befanden. Niemanden auch, der mit uns fühlen konnte. Das aber bedrückte mich nicht. Im Gegenteil, es freute mich sogar. Wir waren in jeder Beziehung unerreichbar. Und helfen hätte uns hier im Notfall sowieso niemand können.

Nächste Rast an einem Felsblock, den wir nach 28 Schritten erreichten. Dann stiegen wir durch die »Mulde«; klettertechnisch leichtes Gelände, aber anstrengend. Ich zählte wieder die Schritte: neun, zehn, elf … vierundzwanzig, fünfundzwanzig.

Steil wurde es erst wieder weiter oben. Das hatte ich schon auf den Fotos erkannt. Wir hielten jetzt auf den Grat zu, an dem Nordwand und Nordwestwand zusammenstießen. Nach jeweils 25 bis 28 Schritten waren wir so ausgepumpt, so erschöpft wie nach einem mit äußerstem Einsatz durchgestandenen Mittelstreckenlauf. Und etwa 200 solcher Distanzen fehlten noch bis zum Gipfel.

Ein Glück, dass wir so zeitig zu klettern begonnen hatten. Wir waren zwar noch tief, aber das machte nichts; wir waren da, wo wir waren. Das Ziel noch imaginär, aber Ziel. Der Wille getragen vom Glauben an das Gelingen.

Wieder 25 Schritte. Man sah wenig dabei. Nur die Spitzen der eigenen Schuhe, wenn man sie in den Firn stieß, und die Hände.

Jeder Schritt so, wie wenn man immer dasselbe Wort vor sich hersagt: einundzwanzig, zweiundzwanzig ...

Wenn wir uns setzen konnten, schauten wir ins Tal: großartige Landschaft! Gipfel, so weit das Auge reichte. Dunst nur am Horizont. Wir befanden uns schon weit darüber.

200 Meter weiter oben musste ich den rechten Schuh ausziehen. Ich spürte die Zehen nicht mehr. Umständliches Manöver: Gamaschen weg, Außenschuh, Strümpfe, Innenschuh, Fellschuh, nochmals Strümpfe. Vorsichtig massierte ich den amputierten Vorderfuß.

Wenn uns da oben jemand hätte sehen können, vermummt, schwerfällig in den Bewegungen, wer weiß, wofür er uns gehalten hätte. Nicht unbedingt für Menschen.

Als wir auf den Grat zwischen Nord- und Nordwestwand gelangt waren, blieben wir eine Weile stehen. Links vom Gratrücken war es steil, zudem felsig, offenbar zu schwierig. Also verließen wir den Grat wieder nach rechts.

Das Sonnenlicht füllte jetzt alle Schluchten und Täler. In der Ferne jener matte Schleier über den Bergen, wie eine durchschimmernde Mauer.

Ab und zu keuchte Peter ein paar Worte: »Es geht schon« oder »Da hinten liegt Tibet.«

»Ja«, bestätigte ich dann. Die Bedeutung dieser Sätze lag mehr in den Lauten als in den Worten. Wir wollten uns gegenseitig versichern, dass wir beide noch da waren und auch noch fähig zu denken.

Eine Weile lang stiegen wir durch eine S-förmige Rinne empor, aber diese Rinne war zu anstrengend und zudem lawinengefährlich. Zu viel lockerer Schnee lag auf den Platten. Wir verließen sie wieder und kletterten an den felsigen Rippen weiter. Offenbar waren wir doch höher gekommen; man sah jetzt den K 2. In der Ferne einzelne kleine Wolken am Horizont, wie Fische, weißgrau.

Wenn ich nach zwei Dutzend Schritten reglos am Hang lehnte – nur die Hände umklammerten die Haue des Pickels, dessen Stiel ich noch in den Firn gerammt hatte, bevor mein Wille erlahmte –, spürte ich, wie mein Herz schlug. Von den Waden bis hinauf zum Kopf. Langsam klang das Pochen ab, und ich hörte wieder ein ganz leises, fast monotones Singen. Ein gleichmäßiges helles Geräusch kam aus dem Schnee, aus dem Fels. Nicht vom Wind. Wahrscheinlich hörte es Peter genauso wie ich. Am Ende der Rastpausen war es am klarsten zu vernehmen. Keine menschlichen Stimmen. Ein Singen, das nur so lange da war, wie wir beide uns nicht rührten.

Wir hatten Glück mit dem Wetter, es blieb schön wie tags zuvor. Beim Spreizen in einer felsigen Rinne hatte sich Peters rechtes Steigeisen gelöst. Seine roten Gamaschen, die den ganzen Fuß von der Schuhsohle bis zum Knie einhüllten, störten ihn beim Steigen. Auch erschwerten sie das Befestigen der Steigeisen. Er zog deshalb die eine Gamasche aus, ließ sie einfach liegen, baute einen Steinmann darüber.

Wir standen mitten in der Einöde der Gipfelwand. Die steilen, harten Linien der Pyramide liefen über uns zusammen. Zu einem Strich, wo die Fels- und Eiswände zurückwichen. Da oben schien alles zu ruhen. Selbst die dünne Schneefahne hing unbeweglich am überwechteten Grat. Nicht ein Hauch regte sich, obwohl die Luft leicht war und kalt. Die ganze weiße Fläche unberührt. Seit Jahrtausenden ohne Spur. Die Stimme des Berges hörte sich jetzt nicht mehr an wie ein schläfriges Beten, sondern wie ein träumerisches Summen, das zeitweise völlig abklang, um dann wieder neu zu erwachen.

Peter tat nur mehr das Allernotwendigste. Wohl um seine Kräfte zu sparen, stieg er schnurgerade empor. Jetzt hatte er eine schmale Felsrippe über mir erreicht, starrte in die Tiefe. Mechanisch rückte er seine Steigeisen zurecht, die sich im Laufe des Aufstiegs nochmals gelockert hatten.

Neben meiner Sicherheit und meiner Gesundheit war ich natürlich auch um die von Peter besorgt. All meine Aufmerksamkeit galt uns beiden gleichermaßen, uns als einer Einheit. Wenn wir zwei auch nicht durch das Seil miteinander verbunden waren, so fühlten wir doch wie eine Seilschaft, wie ein Gebilde, das in sich ruhte, das in sich eins war. Es war etwas Synchrones in unserem Denken, in unserem Handeln, in unserem Planen. Ein kurzer Blick genügte, um über die Absicht und die Gemütsverfassung des anderen informiert zu sein, um das auszuführen, was der andere wollte. Es lag nicht allein an den gemeinsamen Touren früherer Jahre, die uns dieses erweiterte gegenseitige Verständnis gegeben hatten. Dieses Sich-eins-Fühlen mit dem anderen steigerte sich vielmehr durch diese extreme Spannung, unter der wir standen, und diese immense Konzentration, die in Gipfelnähe zwar träger, aber differenzierter wurde.

Meist sahen wir gleichzeitig, wo der beste Weg verlief. Unsere Augen entsprachen einem verlängerten Tastsinn. Wenn sie die Wand über uns absuchten, den Schnee prüften und nach dem Gipfelgrat Ausschau hielten, war es, als griffen unsere Hände danach. Immer wieder sagte Peter etwas, was ich Sekunden vorher gedacht hatte. Aber es war nicht unbedingt notwendig, dass wir nebeneinander standen oder miteinander sprachen, um jene Leitung zu spüren, jene Kommunikationsströme, die von einem Gehirn ins andere übergingen. Auch wenn wir 20 oder 40 Schritte voneinander getrennt höher stiegen, spürte der eine, was der andere tat, sah oder dachte. Und immer derjenige, der an der Spitze kletterte, trug die Verantwortung für die richtige Route und für die beste Spur. Der jeweils Zweite ordnete sich bedingungslos unter. Den ständigen Rollenwechsel Führer – Folgender nahmen wir zwar nicht bewusst wahr, vollzogen ihn aber nach jeweils 200 Höhenmetern.

Seit Stunden schon hatte ich die Energie und die mutige Entschlossenheit Peters gespürt, der unterschwellig wusste, dass wir zum Gipfel kommen und am selben Tag noch bis zum letzten Biwak absteigen würden. All die Hemmungen und Verunsicherungen, die uns am Tag vorher in der steilen Eisflanke befallen hatten, waren von uns abgefallen. Eine tiefe Ruhe begann sich in uns auszubreiten.

Als am späten Vormittag die Höhe mit jedem Schritt spürbar wurde, rasteten wir öfter. Peter, der jetzt wieder vorauskletterte, bemühte sich nicht nur, gleichmäßige Stapfen in den harten Firn zu schlagen, sondern auch kleine Stufen zu nehmen. Plötzlich unterbrach er die Stille einer Rastpause.

»Wie geht's denn, Reinhold?«

Ich erhob mich kurz von meinem Pickel, und als ich den Kopf zurücklegte, musste mir wohl ein optimistisches Grinsen geglückt sein.

»Wir sind schnell genug«, sagte ich, »wir werden es schon schaffen.«

Dann atmete ich wieder hastig und auf den Pickel gestützt, wie immer in den Erholungspausen. Bevor ich weiterkletterte, tauschte ich mit Peter einen Blick. Ich war im Begriff, an ihm vorbeizusteigen, da wurde ich von ihm unterbrochen. »Da oben, das muss der Grat sein, der Gipfelgrat.«

Feine Schneekristalle schwebten zwischen uns und dem tiefblauen Himmel. Abwechselnd kam und verschwand ihr Gefunkel. Der Schneestaub hing in der Luft wie in einem eigentümlichen, schwerelosen Raum. In der Wand selbst herrschte völlige Windstille, weit und breit war keine Wolke zu sehen. Zum ersten Mal bei einem Aufstieg zu einem Achttausender-Gipfel hatte ich den Eindruck, dass alle atmosphärischen Kräfte aufgehoben waren. Sogar die Sonne war relativ warm, und nicht einmal der Atem gefror mir an den Barthaaren, die von der Oberlippe in den Mund hingen. Keiner von uns sprach. Keiner brach das Schweigen. Die Tiefe des Himmels und die glasige Luft erinnerten mich an einen Flug von Djakarta nach Singapur.

Die steile Wand wurde jetzt zunehmend flacher. Je höher wir stiegen, umso mehr neigte sich der Hang, der uns zwang, in eine scheinbar greifbar nahe Scharte zu klettern. Leise erst, doch allmählich immer lauter, erhob sich ein Brausen über unseren Köpfen, wie von einem riesigen Blasebalg. Als Peter den Grat erreicht hatte, tanzte die Sonne auf seinem Kopf, und der Wind zerzauste sein Haar. Bei mir unten war die Luft noch ruhig. Ich stapfte jetzt in der Hoffnung aufwärts, Peters weiteren Aufstieg filmen zu können. Bis in die letzte Faser davon überzeugt, dass wir es bald geschafft hatten, raunte mir Peter zu: »Das ist der Gipfelgrat.« Dabei zerrte er wieder den Pickel aus dem Firn und stieg weiter. Der Wind war hier stark, aber nicht unangenehm. In ihm erstarben die Geräusche meines hechelnden Atems und der unregelmäßigen Schritte im Firn.

Am Grat zwischen Nordwestwand und Südwestflanke angelangt, tat sich über dem Ostgipfel des Hidden Peak das Bild Zentralasiens vor uns auf, ein Bild, demgegenüber alles verblasste, was ich bisher an Weite gesehen habe. Eine Gebirgslandschaft in Grau und Weiß, die sich von Felskamm zu Felskamm ins Unendliche fächerte. Die einzelnen Höhenrücken wirkten wie gigantische, plötzlich zu Stein gewordene Sturmwellen. Links davon die höchsten Gipfel des Karakorum, gleich drei Achttausender: Gasherbrum II, Broad Peak, K 2; Grenzberge zwischen Sinkiang und Pakistan. Wie Phantasiegebilde griffen sie in den schwarzblauen Himmel, lähmten den Mut, vergegenwärtigten mir unsere eigene Höhe und Einsamkeit.

Und sie war überwältigend, diese Einsamkeit. Wenn ich daran dachte, wie lange wir gebraucht hatten, um bis hierher zu gelangen, schien sie mir der Inbegriff von Ewigkeit. Sie war still, schweigsam wie der durchsichtige Raum über den Gipfeln, in dem nur noch die Sterne sich drehten. Ich hatte mir diese Einsamkeit immer gewünscht, hatte mir über viele Jahre hinweg die Unabhängigkeit dafür erworben. Nun fand ich erstmals die Ruhe, sie zu erleben.

Hier, in nächster Nähe des Gipfels, stand die Welt zeitlos still. Das Brausen des Windes und das Summen aus dem Innern des Berges bildeten einen Teppich über den Tälern, so groß wie das Meer. Dieses anhaltende, wogende Geräusch. Die gleitenden Farben im gezackten Rund trafen am Gipfel zusammen in Schwarz und Weiß. Die Atmosphäre war von Ruhe geprägt, nicht von der lähmenden Ruhe des Todes, sondern von der befreienden Ruhe der Leere, die leicht und sorglos im Raume stand. Alle Geräusche waren wie tiefes Schweigen, jede Bewegung nicht Arbeit und nicht Hoffnung, nur Sein. Das Sein war Frieden, völlig ungestört vom fernen Gang der Jahrtausende.

Im Sucher der Kamera war Peter kaum noch auszumachen. Seine dunkle Gestalt verschwamm mit dem schwarzen Hintergrund des Himmels. Nur wenn er einige Schritte in die Westflanke abstieg, konnte ich seine Füße im Firn sehen. Jetzt stand er oben auf der höchsten Wechte, scheinbar aufgelöst im Nichts. Ich vermochte nicht zu sagen, wie weit es bis zu ihm war.

Bei dem Gedanken, den Gipfel nach diesem zähen Aufstieg als Erster zu betreten, überkam ihn ein Triumphgefühl, eine starke innere Erregung. Ich bemerkte, wie seine Müdigkeit wich und wie er unversehens seinen Schritt beschleunigte.

Dass er oben war, merkte er in dem Augenblick, als er westseitig bis zum Abruzzi-Gletscher sehen konnte. Um sich nochmals zu vergewissern, stieg er an der Gegenseite bis zum ersten Felszacken ab und schlug dort den einzigen Haken ein, den wir bis zum Gipfel mitgenommen hatten. Als er auf die Firnkuppe zurückkehrte, trafen wir zusammen, umarmten uns. Peter konnte die Freudentränen nur schwer zurückhalten. Lange saßen wir dann schweigend da und schauten in die Runde. Die spontane Erregung wurde schwächer, und mit der Rast kam der Friede zurück. Wieder erwachten die Stimmen der Stille, und eine einschläfernde Müdigkeit schlich sich in unser Denken, Schauen, Fühlen. Nur die Spuren der Steigeisen im harten Firn und der Pickel mit der winzigen Europafahne neben dem Rucksack erinnerten daran, dass wir auf dem höchsten Punkt des Hidden Peak saßen.

Die Luft über den Bergen war mit feinen Zeichnungen übersponnen. Zeichnungen, die sich um einen Mittelpunkt scharten, hier und dort mit purpurnen und goldenen Flecken durchsetzt. Die Gipfel selbst – Baltoro Kangri, Chogolisa, Masherbrum, Mustagh-Turm, die Gasherbrums, Broad Peak, K 2 – bildeten ein Chaos aneinandergelehnter Flanken und Wände, die mancherorts die Aussicht versperrten. Hinter ihnen verschwammen dunklere Felskämme und Himmel zum Horizont. Darüber standen wie weiße Minarette Wolken, Nebel und zeitweise bunte Blumen, während tief unten in den Tälern milchiger Dunst lag.

Wir saßen am Gipfel, im Mittelpunkt eines unendlichen, leeren Raumes. Der Horizont um mich wuchs wie die Leerheit in mir. Und meine tiefen Atemzüge verdichteten sich zu spontanen Erscheinungen, Luftbildern gleich, Visionen drängten sich vor mein Auge, als würde mein Innerstes nach außen projiziert werden. Mit einem unbeschreiblichen Gefühl der heiteren Gleichgültigkeit erwachte ich bald darauf aus diesem Zustand der Harmonie, aus einer Art Nirwana.

Wir mussten absteigen, zurück ins Biwak. Jeder suchte sich jetzt – Gesicht zur Wand – seinen eigenen Weg neben der Aufstiegsspur. Jetzt war all mein Planen und Denken nicht mehr auf den Gipfel bezogen, sondern auf das Basislager und darüber hinaus schon auf daheim. Sprunghaft blitzen aus dem Unterbewusstsein erste Gedanken über unseren Erfolg auf: »Wir waren oben.« – »Mein dritter Achttausender.« – »Der erste Mensch, der drei Achttausender bezwungen hat.«

Wir rasteten jetzt weniger oft, hatten Müdigkeit und Zeit vergessen. Nach weniger als zwei Stunden waren wir 100 Meter über der »Sichel«, das Terrain begann flacher zu werden. Ich zwang mich aufzupassen, wie ich mich beim Aufstieg gezwungen hatte, einen Schritt vor den anderen zu setzen.

Im klaren Licht der späten Nachmittagssonne stolperten wir auf das Zelt zu, das wir lange vorher schon mit den Augen fixiert hatten. Das Abendessen bestand aus Suppe, Tee und Schokolade. Danach legten wir uns ins Zelt, lauschten auf die Laute des Abends und freuten uns über den klaren Sonnenuntergang. Schließlich zogen wir die schweren Außenschuhe von den Füßen und krochen in den Schlafsack.

Ich schlief gut, aber dann, im ersten Morgengrauen, hämmerten Zahlen durch mein Bewusstsein: fünfzehn, sechzehn, siebzehn ... Mein Gehirn zählte, immer wieder von vorn beginnend, ohne Ergebnis und ohne Sinn, zählte immer noch Schritte. Peter fuhr aus seinem leichten Schlaf auf. Er schnappte nach Luft, wie jemand, den man in einen Plastiksack gesteckt hat. Der starke Wind und das Geflatter der Zeltwände bildeten sofort eine akustische Brücke vom engen Zelt zur kalten Nacht in mehr als 7000 Meter Meereshöhe. Peter öffnete und schloss ein paar Mal seine Augen, blickte sich im Dämmerschein um, versuchte sich zurechtzufinden. Es war ungefähr 5 Uhr morgens.

Jetzt sahen wir, dass das Zelt am Fußende aufgerissen war. Der Wind trieb feinen Pulverschnee herein, der sich am Kopfende aufstaute. Im Schlaf hatte wohl einer von uns die Ausrüstungsgegenstände, die wir am Abend am Fußende des Zeltes abgelegt hatten, zu sehr an die Stirnwand des Zeltes gedrückt, sodass der Sturm sie zerreißen musste. Peter hatte tief geschlafen. Die veränderte, dramatische Situation, so schrecklich sie war, vermochte ihn doch nicht aus der Ruhe zu bringen. Langsam begann die Schwere der

Beine einer Unruhe zu weichen, die ein leises Zucken in den Füßen nach sich zog. Um dem eisigen Schnee zu entgehen, der immer wieder über mein Gesicht wehte, schob ich mir die Daunenjacke, die ich nachts auf den Schlafsack gelegt hatte, über den Kopf. Meine Bewegungen waren ungeschickt, irgendwie automatisch, wie wenn jemand im Schlaf seine Decke zurechtrückt. Der Wind fuhr so eisig durch das Zelt, dass ich es nicht mehr länger aushalten konnte. Ich erhob mich halb, um die Lage zu kontrollieren. Haare und Pullover waren schneeverklebt, am Fußende des Zeltes wirbelte ständig neuer Schneestaub herein. Im Zeltinnern war es jetzt wie draußen: stürmisch und unangenehm. Nur unserer Müdigkeit war es zuzuschreiben, dass wir so spät aufgewacht waren.

An allen Graten pfiff der Wind. Ein Rauschen und Dröhnen, das unsere Gespräche und das Flattern der Zeltplanen übertönte. Der Wind zerrte mit solcher Kraft an allem, was herumlag, dass ich das Gefühl nicht loswerden konnte, dass er uns mitsamt dem Zelt einfach wegtragen würde.

Ich öffnete den Zelteingang und hatte augenblicklich das Gefühl, in einem Gebläse zu liegen. Instinktiv griffen Peter und ich nach den Habseligkeiten, die lose im Zelt herumlagen, suchten unsere Rucksäcke und verstauten alles in ihnen, was wir nicht anziehen wollten. Dann legten wir sie ins Freie und hatten im nächsten Augenblick auch schon selbst das Zelt verlassen. Wir zogen die Schlafsäcke heraus und bemühten uns, sie im Sturm zusammenzufalten. So schnell wie möglich wollten wir die Lagerstätte verlassen. Als wir die Schuhe anzogen, begannen die ersten Kleidungsstücke davonzufliegen, und mit einem hastigen Blick prüften wir, ob Steigeisen und Pickel noch dalagen.

Wir saßen auf unseren Rucksäcken und schauten zu, wie der Sturm das Zelt zerfetzte. Jetzt, wo es leer und leicht war, hing es wie ein gespannter Fallschirm an den Schnüren. Die Felsstücke, die wir am Abend vorher als Verankerungspunkte hingelegt hatten, waren an der Eisfläche angefroren, sodass sie unwillkürlich hielten. Einige der Schnüre waren inzwischen gerissen, und eine lose Ecke des Zeltes flatterte so stark, dass es wie Peitschenhiebe knallte.

Wir mussten – obwohl noch müde vom Gipfelgang und der starren Nacht – den Abstieg ins Gasherbrum-Tal so bald wie möglich fortsetzen. Keiner von uns beiden kam auf den Gedanken, ihn hinauszuschieben, denn wir wussten: Je länger wir hier oben blieben, umso beschwerlicher wurde der Abstieg, und je früher wir ins Tal zurückkamen, umso besser war es. Wieder einmal packten wir nur das Allernötigste und ließen alles – Gaskocher, überflüssige Nahrungsmittel und auch Klettermaterial –, was wir in den nächsten Tagen nicht mehr brauchten, oben zurück. Diese Gegenstände würden in einigen Tagen vom Sturm weggeblasen oder im Eis eingefroren sein. Als wir nochmals die Rucksäcke kontrollierten und unsere Schlafmatten mit einer Reepschnur zusammenschnürten, stieß ein Windstoß das Zelt um.

»Wir können froh sein, dass wir rechtzeitig ausgezogen sind«, sagte Peter.

Obwohl jetzt jene Spannung, die uns beim Aufstieg Schritt für Schritt weitergetrieben hatte, verflogen war, waren wir nach wie vor voll konzentriert. Uns war klar, dass auch der Abstieg den ganzen Mann forderte. Bei den Bedingungen, wie wir sie jetzt vorfanden, war der Abstieg entschieden schwieriger als der Aufstieg. Wenn wir die ersten 1000 Meter lebend herunterkommen wollten, mussten wir uns voll einsetzen, mit aller Kraft und mit allem Können zusammenarbeiten. Wir konnten uns in dieser Wand ruhig etwas verausgaben, denn wichtig war, dass wir das flache Gasherbrum-Tal überhaupt erreichten. Tiefer unten würden wir schon weiterkommen, wenn nicht mehr gehend, dann wenigstens kriechend. Die Genugtuung über den sensationellen Erfolg, die erste Zwei-Mann-

Expedition auf einen Achttausender, war nun in den Hintergrund getreten. In der Tat war das angesichts des schwierigen Abstiegs völlig bedeutungslos.

Immer noch saßen Peter und ich am Rand der kleinen Schotterterrasse, die das schräg einfallende Morgenlicht zaghaft erhellte. Die umliegenden Gipfel schimmerten rosa. In den Tälern lag noch die Nacht. Dort unten schien es vollkommen ruhig zu sein, kein Sturm. Dann gaben wir uns einen Ruck, nahmen die Rucksäcke mit unseren Fotoapparaten, der Filmkamera, den belichteten Filmen und dem Notproviant auf und begannen mit dem Abstieg. Die wenigen Schritte zum Rand des Plateaus gingen wir etwas unsicher. Der Sturm fuhr uns an, versuchte uns umzuwerfen.

Unheimlich steil fiel die Wand unter uns ab. Es kostete einige Überwindung, den sicheren Boden zu verlassen und in den scheinbar unendlichen Schlund hineinzusteigen. Aber wir mussten hinunter. In der Wand war der Wind weniger stark als am Biwakplatz. Und selbst dort tobte er jetzt nicht mehr so laut wie zuvor. Sobald die Sonne stärker wurde, musste er ganz abflauen.

Polternd brach ein kleiner Stein unter meinen Steigeisen aus. Es klang ungewohnt laut, das Geräusch übertönte sogar den über unsere Köpfe hinwegzischenden Sturm. Peter drehte den Kopf zur Seite und sah den Steinen nach, die, mit jedem Aufschlag eine kleine Lawine auslösend, in die Tiefe hüpften. An der Geschwindigkeit und der Fallzeit der Steine waren Steilheit und Länge der Wandflucht abzulesen.

Peters Sicherheit und Entschlossenheit litten nicht unter dieser beunruhigenden Gewissheit. Nach wenigen Schritten schon hatten wir beide unser Gleichgewicht und den inneren Rhythmus wiedergefunden, kletterten nun dieselbe Route, über die wir aufgestiegen waren, abwärts. Das Gesicht zum Berg gewandt, machten wir einige

Schritte, wobei wir uns vorsichtig mit den Händen an zwei Felsgriffen festhielten, tasteten dann mit den Händen tiefer, während die Füße nun auf festen Tritten standen. Wieder kletterten wir ganz automatisch nach der Drei-Punkte-Regel. Dann verschwand Peter unmittelbar unter mir in einem Kamin. Zwischen meinen Beinen durchblickend, konnte ich seine Bewegungen verfolgen.

An diesem Morgen hatten wir keine Zeit gehabt, den Tagesablauf in aller Ruhe zu besprechen. Auch jetzt flogen ab und zu nur Wortfetzen von einem zum anderen.

»Es ist gar nicht so schwierig, wie ich gedacht habe«, sagte Peter.

»Ja«, brummte ich.

Peter fuhr fort, wie in Trance tiefer zu klettern. Immer wieder, wenn er einen sicheren Felsvorsprung erreichte, wartete er und ließ mir den Vortritt, sodass er sich beim Nachsteigen etwas ausruhen konnte. Wenn ich vorausging, bemühte ich mich, aus der Falllinie unserer Abstiegsroute leicht herauszuqueren, um so nicht etwaigem Steinschlag von oben ausgesetzt zu sein. Das war aber nicht immer möglich, und besonders dort, wo wir uns an schmale Rinnen halten mussten, kletterten wir manchmal unmittelbar übereinander. Jedes Steinchen, das der Obere auslöste, hätte den Unteren aus der Wand schlagen können, wenn die Fallgeschwindigkeit groß genug wurde. Wir bemühten uns deshalb, den Abstand möglichst klein zu halten, in unserer Müdigkeit nicht gleichgültig zu werden.

»Vorsicht, Stein!«

Ich blickte hinauf zu Peter, sah einen kleinen schwarzen Punkt, der sich direkt unter seinen Füßen gelöst hatte und jetzt auf mich zukam. Im nächsten Augenblick wich ich aus und schaute der rollenden Kugel nach, wie sie in der Tiefe verschwand.

»Ist etwas passiert?«, rief Peter erschrocken.

Ich hielt einen Herzschlag lang die Luft an, ehe ich antwortete.

»Nein.«

Peter musterte den Fels, an dem er jetzt stand, wich dann nach rechts aus, um dort über weniger gefährliches Gelände eine Rinne zu erreichen.

Unser Abstieg vollzog sich anfangs mit quälender Langsamkeit. Der Schnee war teilweise mehlig, sodass die Steigeisen an den Felsen kratzten, teilweise war er harschig und darunter so hart, dass die Steigeisen nicht bis zum festen Grund durchstoßen konnten. Es galt nun, jeden Fuß so zu setzen, dass er nicht plötzlich einbrach oder abglitt, immer so, dass er einen Gegendruck spürte. Der Schnee krallte sich hier in die 60 Grad geneigten Rinnen. Er war wohl nur deshalb liegen geblieben, weil diese Schlunde schmal waren. Immer wieder verengten sie sich wie Flaschenhälse. Im Gegensatz zum Aufstieg konnten wir jetzt beim Abstieg weit mehr Schritte machen, ohne rasten zu müssen. Bei den Verschnaufpausen genügte es mir nicht mehr, einfach nur innezuhalten; ich war bemüht, eine kleine Stufe in den Firn zu schlagen, um beide Füße waagerecht aufsetzen zu können.

Im Grunde war dieser Abstieg kein kompliziertes Vorgehen, aber auch nicht eintönig. Er forderte viel Energie, auch wenn wir jetzt mit jedem Schritt in die Tiefe in sauerstoffreichere Luft gelangten. Immer mehr kam ich zu der Überzeugung, dass eine Sicherung, wie wir sie uns zwischendurch gewünscht hatten, nicht viel Sinn gehabt hätte, weil wir nur selten einen sicheren Standplatz hätten bauen können. Eine Sicherung erfüllt auch in derartigen Wänden nur dann ihren Zweck, wenn der Sichernde genügend Haken unterbringen kann, an denen er sich selbst befestigt.

Das letzte, unterste Drittel des Abstiegs war das anstrengendste und deshalb gefährlichste. Die Wand war hier steil und teilweise blank, sodass wir nur die vordersten Spitzen der Zwölfzacker einrammen konnten. Wir hielten das Gleichgewicht mit dem Pickel in der Rechten und einem Haken in der Linken, rasteten öfter als früher. Immer noch arbeiteten wir ohne Sicherung – bis auf den psychologischen Rückhalt, den die Anwesenheit des anderen jedem von uns gab. Jedes Abrutschen hätte unweigerlich zum Absturz geführt, und obwohl die Wand unten flach auslief, bestand keine Chance, den Sturz bis ins Gasherbrum-Tal zu überleben. Nicht, dass wir in diesen Stunden an unsere Verantwortung dachten, aber wir kletterten mit größter Umsicht. Und dies trotz der ständigen Anspannung. Obwohl Peter und ich jetzt recht zügig tiefer kamen, empfanden wir unsere Geschwindigkeit als Schneckentempo. Bei jeder Rast berechnete ich im Geiste die Strecke, die noch bis zum Wandfuß fehlte.

»Jede einzelne Stufe aus dem Eis hauen, um dann richtig rasten zu können. Mit dem schweren Rucksack beim Klettern nicht das Gleichgewicht verlieren.« Das waren meine Gedanken, die meinen Willen immer wieder von Neuem ankurbelten.

In vier Stunden hatten wir etwa 600 Höhenmeter geschafft. Ebenso viele fehlten noch bis zum Bergschrund, der unten als ganz schmaler schwarzer Streifen zu erkennen war. Peter keuchte vor Erschöpfung. Die eisige Luft der immer noch schattigen Wand fuhr ihm stechend in die Lungen. Seine Arme waren vom ständigen Druck auf Haken und Eispickel bleischwer, seine Füße drohten ab und zu nachzugeben. Wenn er stehen blieb, um einige Minuten zu rasten, wurde eine Qual gegen die andere getauscht: In jeder Ruhepause sackte eine lähmende Schwere in seine Beine, das Stechen der Lungen war dann noch stärker spürbar, und seine Muskeln wurden von krampfähnlichen Spannungen zusammengezogen. Er stöhnte vor Übermüdung. Einzelne Rotztröpfchen waren ihm an Bart und Oberlippe zu Eis gefroren. Unser Ziel, das Gasherbrum-Tal, war immer noch in allzu entmutigender Ferne, als dass es sich gelohnt hätte, sich in Gedanken daran zu klammern. Also konzentrierten wir uns auf die Dinge, die unmittelbar vor uns lagen. Auf die schier endlose Eisflanke unter unseren Füßen. Wieder einige Schritte und wieder einige Schläge in das harte Eis, um eine Kerbe zum Stehen zu haben. Fünf Stunden dauerte dieser Abstieg schon, und immer noch fehlten 300 Höhenmeter bis zum Wandfuß.

Immer häufiger legten wir nun Pausen ein, die sich länger und länger hinzogen. Ich versuchte, meinen Körper zu betrügen, ihn dazu zu verleiten, die Abstände von Standplatz zu Standplatz größer werden zu lassen. Durch die Suggestion, dass unten alles aus sei, dass unten alles leichter würde, holte ich das Letzte aus ihm heraus.

»Noch einen Schritt, dann kannst du wieder ausruhen.« Dieses »noch einen Schritt« sagte ich immer wieder, und so konnte ich die Kletterstrecken zwischen den Rastpausen nach und nach verdoppeln.

Plötzlich sah ich aus dem Augenwinkel, dass Peter, der gerade rechts unter mir kletterte, seinen Rucksack abgeworfen hatte. In tollen Sprüngen und Sätzen wirbelte dieser die Wand hinunter und rollte im Gasherbrum-Tal aus. Im ersten Moment war mir bei diesem Schauspiel ein kalter Schauer über den Rücken gelaufen, aber dann merkte ich, dass Peter trotz seiner Aktion die Balance gehalten hatte und seinem Rucksack gelassen nachsah. Sein rechtes Steigeisen hatte sich offensichtlich gelöst, und da er mit der unförmigen Last auf dem Rücken nicht genügend Spielraum gehabt hätte, die Gurte wieder enger zu schnallen, hatte er den Rucksack loswerden müssen.

In diesem Augenblick fiel mir auf, dass auch eines meiner Eisen locker war. Unsicher stand ich in der Wand. Ohne weiter darüber nachzudenken, nahm auch ich die eine Schlaufe des Rucksacks von der Schulter, wand mich etwas, und schon war mir die Last entglitten. Wie Peters Rucksack wenige Minuten vorher, so sauste auch meiner die Wand hinunter. Das erste Stück rollte das rote Bündel, dann machte es gewaltige Sätze. Ich sah noch, wie es über die Randspalte schwirrte und unten in mehrere Stücke zerschellte. Es war mir alles gleichgültig, ob ich den Rucksack wiederfinden würde oder nicht, ob ich die Sachen zurückbrachte oder nicht. Wichtig war in diesem Augenblick nur, dass das Steigeisen hielt und ich nicht selbst die Wand hinunterstürzte.

In Gedanken war ich noch bei unseren beiden Rucksäcken, als ich meinen Abstieg fortsetzte. Plötzlich gab es ein knirschendes Geräusch unter meinem Fuß, und ich merkte, dass sich eine große Scholle, eine Eiskruste, gelöst hatte, sich bewegte. Gerade noch rechtzeitig konnte ich mein Gewicht mit den Armen abfangen. Ein paar kleine Schritte mit den Füßen, und ich hatte wieder Halt. Die Scholle rutschte immer schneller und war bald zu vielen kleinen Stücken zerstoben. Instinktiv versuchte ich jetzt mein Gewicht gleichmäßig auf Arme und Beine zu verlagern, um so eine größere Haltefläche zu haben. Gleichzeitig schaltete ich dadurch, dass ich immer noch mit Pickel und Stichel kletterte, die Gefahr des Ausgleitens in jedem Augenblick aus.

Während der Rastpausen dachte ich nun an überhaupt nichts mehr. Peter hatte sich auf einer relativ angenehmen Stufe zusammengekauert und das Steigeisen wieder in Ordnung gebracht. Seine Augen waren starr, und der Schnee, der überall an seiner Kleidung klebte, ließ ihn wie ein Stück Fels mitten in dieser blanken Eisfläche erscheinen.

Eine Stunde später lasen wir im Gasherbrum-Tal unsere Rucksäcke auf.

Durst! Wie ein Stück Leder klebte die Zunge am Gaumen. Staub und Erde im Rachen. Seit dem Vorabend hatten Peter und ich nichts mehr getrunken. Nun strebten wir lechzend dem Biwakplatz zu, wo wir nicht nur einen Kocher, sondern auch einige Gaskartuschen zurückgelassen hatten.

Der Himmel hatte jetzt die Farbe von Wasser auf moosgrünen Steinen. Weit draußen im Gasherbrum-Tal ein kleiner See. Nein, das war eine Spalte, der lange dunkle Fleck rechts vom ersten Lagerplatz war nichts als eine Spalte. War ich schon farbenblind? Verrückt? Geplagt von Halluzinationen?

Peter war ein Stück voraus. Er ging nicht mehr wie ein Mensch, sondern wie eine Maschine, der Wille war sein Motor. Er war zum Umfallen müde, aber er blieb nicht stehen. Er ging und ging und ging, den Oberkörper leicht vornübergebeugt, mit kleinen, gleichmäßigen Schritten. Er wäre nicht wieder hochgekommen, wenn er sich jetzt hingesetzt hätte.

Nach einer vierstündigen Rast auf dem Biwakplatz rappelten wir uns wieder auf, stopften in die Rucksäcke, was wir unbedingt zu brauchen glaubten, und begannen mit dem Abstieg über die Eisbrüche in Richtung Basislager.

Wir kamen nicht weit. Der Schnee war noch weich, die Sonnenglut unerträglich. Nach 200 Metern – Peter war gerade ein zweites Mal in eine Spalte getreten – beschlossen wir, an die alte Biwakstelle zurückzukehren und am anderen Morgen erst abzusteigen.

Der Abend und die Nacht vergingen wie im Flug. Langsam wich die Müdigkeit aus unseren ausgetrockneten Körpern. Gegen Morgen setzte der Wind fast ganz aus. Statt des Flatterns der Zeltwände war nur ein leises Singen zu hören. Die ungewohnte Stille machte mich schläfrig und benommen. Eine Zeit lang dösten wir noch vor uns hin, das Heulen des Sturmes der vergangenen Nacht noch immer im Ohr, sein Zerren am Zelt vor Augen, den Abstieg in den Knochen. Mir war, als sei eine nächtliche Fahrt im offenen Wagen plötzlich zu Ende. Feiner Schneestaub trieb durch die Entlüftungsöffnungen in die Biwakhülle.

Als Peter und ich aus dem Biwaksack krochen, bröckelte der Schnee, der sich nachts zwischen unseren Schlafsäcken angesam-

Zurück im Basislager. Neuschnee, Nässe und Nebel lassen den Platz desolat erscheinen.

melt hatte, ab und lag nun auf den gelben Isoliermatten. Peter richtete sich auf, versuchte sich zu strecken und blickte um sich: Felsen, Berge, darüber ein Stück Himmel, im Süden die Gipfelwand des Hidden Peak, die jetzt jede Sicht nach China versperrte. Der Himmel hatte immer noch jene weißblaue Farbe, die eine andauernde Schönwetterperiode vermuten ließ. Nur im Osten hing eine Goldtönung über dem Horizont. Das Blau in den Tälern war noch durchsichtig, der Schnee in der Morgendämmerung schmutziggrau.

Der Abstieg ins Basislager am Morgen des 12. August glich einem Spaziergang. Die Rucksäcke halb leer, der Schnee hart, alle Gletscherbrücken gefroren. Die beiden Eisbrüche hatten sich zwar verändert, aber wir fanden trotzdem einen Weg.

Die Bergsteiger der polnischen Gruppe, all jene, die nicht mit Wanda Rutkiewicz, der Leiterin, in den Hochlagern saßen, waren unsere ersten Gratulanten. Sie sprachen von einer neuen Epoche des Sport-Alpinismus, die wir eingeleitet, und einem neuen, logischen Weg, den wir einer jungen Generation von Abenteurern gezeigt hätten. Erstmals sei es uns gelungen, den sportlichen Schwierigkeitsalpinismus in die größten Höhen, in die letzten von Erschließung und technischer Nutzung verschont gebliebenen Winkel zu tragen.

Wir selbst hatten uns bei unserer Planung weniger von diesen Gedanken leiten lassen als vielmehr von der Faszination dieses härtesten Ödlands der Erde, von der Frage nach der Lebensfähigkeit zweier Menschen in der letzten Einsamkeit einer Grenzsituation. Diese Expedition hat mir nicht nur bewiesen, dass man einen Achttausender zu zweit genauso wie einen Alpenberg besteigen kann, sie gab mir auch eine Antwort auf die Frage nach der existenziellen Grundsituation des Menschen, und schon hatte ich begonnen, mich in einem neuen Verhältnis zur Welt zu sehen. Manchmal dachte ich sogar daran, was gewesen wäre, wenn wir am Gipfel des Hidden Peak eingeschlummert oder wenn wir gar nicht bis dorthin gekommen wären. Für die Welt wäre es einerlei gewesen. Nur Peter und mir wäre eine weitere Dimension unseres Seins vorenthalten geblieben.

Am 13. Juli hatten wir Skardu Richtung Basislager verlassen, am 13. August verließen wir nun zusammen mit Khaled das Basislager für den Rückmarsch nach Skardu. Genau vier Wochen lang hatten wir uns für den Gipfel akklimatisieren können, genau fünf Tage hatten wir für die eigentliche Besteigung gebraucht. Wir waren dabei den Grazern um einen Tag zuvorgekommen, und dies, obwohl sie zwei Wochen vor uns aufgebrochen waren und für den Gipfelangriff Sauerstoffgeräte und Hochlager eingesetzt hatten. War unser System deswegen das bessere? Nein, da gab es kein besser oder schlechter, unser System war nur anders gewesen. Schell hatte vorbildlich operiert. Er darf sich rühmen, eine der kleinsten Expeditionen geführt zu haben, die je einen Achttausender-Gipfel erreicht hat.

Am zweiten Tag des Rückmarsches, auf dem Weg von Concordia nach Urdukas, entlud sich ohne jede Vorankündigung ein Eisregen über uns. Es war unmöglich abzuschätzen, wie lange er wohl dauern würde. Es war nass, trüb die Sicht – eine Brühe, die sich zusammensetzte aus Nebel, peitschendem Regen, Hagel und Schnee, die uns der Wind direkt ins Gesicht trieb. Wie viele kleine Nadeln stachen die Graupelkörner auf der Haut. Schmerzen im Gesicht, Wasser, das vom Haar über den Rücken bis in die Schuhe lief, Gefühllosigkeit in den Zehenspitzen. Dazu reißende Bäche, nasse Steine und dieses gleichmäßige ohrenbetäubende Rauschen, wenn wir an Flüssen vorbeikamen, das ununterbrochene Pfeifen des Windes. In der Ferne war ab und zu das Getöse von Lawinen zu hören, die links oder rechts vom Gletscher niedergingen. Nicht selten verliefen wir uns und mussten, wenn wir zwischen den Spalten nicht zurechtkamen, ein Stück des Weges wieder zurückgehen, eine andere Route suchen.

In Urdukas, wo wir unser zweites Rückmarschlager aufschlugen, dauerte es keine halbe Stunde, dann herrschte völlige Stille, der Wettersturz war vorüber.

Auch unsere Aufregung, die uns in den Stunden während des Gewitters erfasst hatte, klang ab wie der Regen, und so sauber jetzt die Steine und das Gras hier waren, so klar waren auch meine Gedanken.

Mit der Wasserflasche in der Hand machte ich mich auf die Suche nach einer Quelle. Da hörte ich ein schwappendes Geräusch in den Schuhen. Die Füße eisig kalt und dazu Wasser bis zu den Knöcheln. Ich musste die Kleidung wechseln.

Die Quelle, aus der wir beim Anmarsch getrunken hatten, war inzwischen versiegt. Ich suchte weiter, bis mir ein leises Geräusch, ein gleichmäßiges Tropfen zwischen den Steinen, den richtigen Weg wies. Mit Mühe fand ich die unterirdische Quelle, die zwar wenig, aber immerhin Wasser spendete. In zwanzig Minuten war meine Flasche gefüllt.

Am nächsten Vormittag standen wir oberhalb von Liligo vor einem milchig-grauen Gletscherbach. Die Frage, auf welche Weise wir ihn wohl queren sollten, stellte ich mir nicht mehr. Ich wusste einfach, dass es ging. Von der Ungewissheit, die zu Beginn unseres Unternehmens nur zögernd gewichen war, war keine Spur mehr. Mit jedem Tag und jedem Schritt, den wir hinter uns brachten, wuchs unsere Entschlossenheit. Jetzt waren die Hindernisse keine Hindernisse mehr, sie wurden einfach genommen. Das bedurfte keiner Selbstüberwindung, wir fürchteten schlichtweg keine Mühen und Gefahren mehr. Beim Anmarsch hätten wir hier am Fluss nicht nur gezögert, wir hätten vielleicht sogar eine ganze Nacht lang gewartet, bis die Wassermenge zurückging. Jetzt hatten wir nicht die mindesten Bedenken, den Fluss zu überqueren.

Woher kam plötzlich diese Entschlossenheit, diese Härte gegen uns selbst? Vielleicht aus dem Wissen, dass wir uns nicht mehr zu schonen brauchten, vielleicht hatten wir gelernt, Hitze und Hunger, das harte Leben hier zu ertragen. Wir brauchten nicht mehr zu sparen mit unseren Kräften, unserem Mut, unserer Haut. Wir waren rücksichtslos mit uns selbst, am Anfang jeder neuen Schwierigkeit gelassen, dann ohne alle Bedenken.

Ich stieg vorsichtig in die eisige Brühe und ging langsam, aber ohne zu zögern tiefer ins Wasser. Die Beine gefühllos. Erst als mir das Wasser bis zum Bauch stand, blieb ich stehen. Die Steine, die an meine Schienbeine schlugen und die mich mit jedem Stoß ein Stückchen flussabwärts schoben, taten nicht weh, auch wenn sich nachher blaue Flecken bildeten. Peter folgte, wir stützten uns gegenseitig mit den Händen, balancierten. Als wir noch in der Strommitte gegen die Fluten kämpften, hatten wir das andere Ufer im Geiste schon berührt. Mit den Augen saugten wir uns an ihm fest und tasteten, den Atem anhaltend, mit den Füßen in den tiefsten Strudel. Das Wasser bedrängte uns, trieb jedoch keinen ab – so fest hing jeder mit seinen Augen am jenseitigen Ufer.

Unsere Rückkehr in die Niederungen war ein einziger Gewaltmarsch. Tag für Tag wurden die Etappen über den unbarmherzigen Baltoro-Gletscher länger.

»Einmal und nie wieder!«

Wir gingen wie in Trance, die Lippen aufgerissen, Hautfetzen an Nase und Wangen. 50 Kilometer in zehn Stunden.

Zwei Tage blieben wir in Askole, dem ersten Dorf: Wiesen, Bäume, Menschen! Wie Musik die Geräusche am frühen Morgen: das Zirpen der Grillen und Zikaden, das Singen und Schlagen der Vögel, irgendwo krähte ein Hahn, dazwischen bellte ab und zu ein Hund, Bauern, die ihre Ochsen auf den Feldern antrieben, Kindergeplärr, Mädchenstimmen.

Trotzdem, wir wollten weiter. Wieder endloses Ödland.

»Da waren wir noch nie.« Peter konnte sich an viele Passagen nicht mehr erinnern. Der Gedächtnisschwund, der bei jeder ähnlichen Achttausender-Besteigung unvermeidlich ist, machte sich nun bemerkbar. Ich erinnerte mich an einen Ausspruch von Uschi. Einem neugierigen Journalisten gegenüber, der dem Schwanken der Manneskraft in extremen Höhen auf der Spur war, hatte sie geäußert: »Der Reinhold geht so lange, bis er seine eigene Frau nicht wiedererkennt.«

Wie es ihr jetzt wohl ging? Während ich am Lhotse gewesen war, hatte sie sich immer gut gefühlt. Sie hatte sich wenig Sorgen gemacht, kaum je Angst gehabt. Sie wusste, die Mannschaft war erfahren, und in wenigen Wochen, vielleicht schon zum Gipfelsturm, würde sie bei uns sein.

Nun, bei der Hidden-Peak-Expedition war alles ganz anders. Uschi war angespannt, müde. Sie grübelte viel über alles nach. Ich glaube, es ist eine Frage der inneren Harmonie. Fühlt man sich als ein Teil der Umwelt, eines Freundeskreises, so ist es leicht, heiter und gleichmütig zu sein. Sie aber hatte sich fast ausschließlich auf mich konzentriert, und obwohl sie im Grunde ein Mensch ist, der gut allein sein kann, kam sie sich jetzt nicht nur einsam, sondern verlassen vor. Durch ein ganzes Mosaik von widrigen Umständen vollständig aus der Bahn geworfen, konnte sie diese Isolation nicht ertragen.

Während des Rückmarsches konzentrierte ich mich auf Uschi wie auf eine greifbare Vision. Ihr Bild begleitete mich tagsüber beim Gehen, nachts erschien es mir im Halbschlaf. Zwischendurch Angstträume, wie immer, wenn ich nach großen Expeditionen auf dem Weg zurück in die Zivilisation war. Nur für eine halbe Stunde, als ich in den Ästen des ersten Aprikosenbaumes in Tschongo kletterte, konnte ich alles vergessen.

»So könnte ich jahrelang dahinmarschieren, immerzu gehen, gehen«, ging es mir durch den Kopf. Der Genuss des Gehens floss durch meine Glieder. Ich fühlte mich, als ob der ganze Körper leichter, gleichzeitig auch stärker geworden wäre.

Die Terrassenkulturen in der Talsohle erschienen an diesem Vormittag sumpfig. Überall gab es Wassergräben und Pfützen, die in der Sonne glitzerten – ein krasser Gegensatz zu den braunen ausgedörrten Berghängen, die unmittelbar aus dem Tal aufsteigen. Trotz der frühen Stunde stand die Sonne schon hoch, die Luft über den Feldern aber war noch angenehm, fast kühl. Sie auf meiner Haut spürend, erinnerte ich mich an den Frühling, an den Frühling in Südtirol. An einen Tag im April vor mehr als 20 Jahren, mit Blumen auf den Wiesen und Bächlein, feuchter Erde und frischem Laub, an eine Zeit, die zu den wenigen wahrhaft frohen Wochen meines Lebens gehörte.

Seit wie vielen Jahren war ich im Frühling nicht mehr daheim gewesen? Seit sechs, seit sieben? Das Frühjahr war überall anders, und überall auf der Welt kam es zu einer anderen Zeit. Daheim aber, so kam es mir vor, war es sanfter, die Wiesen wie Spannteppiche, die Luft so klar wie frisches Wasser. Ich zog die Schuhe aus. Auch hier war die Erde feucht und warm, aber weniger jung. »Im nächsten Frühjahr will ich daheim bleiben.« Dieses Versprechen entlockten mir meine nackten Fußsohlen.

Es war noch früher Morgen, als wir Tschongo verließen. Das Geräusch stürzender Wasser vermischte sich hoch in der Luft mit dem Wind zu einer auf- und abschwellenden Symphonie, die uns ständig begleitete. Wir hatten die Hemden ausgezogen und marschierten mit nackten Oberkörpern durch die Felder, an strauchbestandenen Wassergräben entlang. Das taufrische Laub strich mir um Brust und Arme. Die Wassertropfen blieben an der Haut hängen wie an Blütenblättern.

Wie schmal meine Arme geworden waren. Die Arme, mit denen ich mich an bleistiftbreiten Leisten hatte hinaufziehen können, sahen jetzt aus wie die Arme irgendeines untrainierten Büroangestellten.

Ich wog noch 59 Kilogramm, hatte 16 Pfund verloren.

»Die Schottertraverse dürfte jetzt kein Problem mehr sein.«

Der Anblick des Hanges rief noch einmal die schaurigen Bilder des Anmarsches in mir herauf: lastgebeugte Träger, Blut, ein rollender Körper, Khaled wie ein lebender Stein im tosenden Wasser, angstgetriebene Menschen, die die Gischt schluckte und wieder freiließ, weit vorn im Fluss eine abtreibende Last. Damals, vor fünf Wochen, waren die Steine von überall gekommen, auf einer Breite von zehn, 20, 30 Metern nichts als Steine. Steine wie Geschosse, und dazwischen Dreck.

Auch diesmal pfiffen Steinhagel über unsere Köpfe. Wieder hieß es sich ducken, sich unter Vorsprünge pressen. Die Steinlawine war noch keine Sekunde vorbei, als ich aufschaute. Peter lief, während die letzten Trümmer ins Wasser klatschten, bereits weiter. Nichts wie raus aus dem schlüpfrigen Schlund, weg, bevor die nächste Ladung kam, bevor es vielleicht zu spät war. Wir standen mittendrin in der Querung, ein Zögern gab es nicht. Fest nahm ich den einen Träger, den wir in Askole angeheuert hatten, am Handgelenk, riss ihn mit, als mir Peter den Wink zum Weitergehen gab. Einige kräftige Sätze, ausbalancieren, das Gleichgewicht wiederfinden, und weiter. Die Füße berührten den Steilhang nur kurz. Wenn ein Tritt ausbrach, war ich meist schon darüber, dem nächsten Unterstand näher. Wieder eine abgescheuerte Rinne. Mit der bergseitigen Schuhkante hinein in das weiche Konglomerat, dass die Steine spritzten! Der Träger hinter mir zögerte. Verdenken konnte ich's ihm nicht, trotzdem brüllte ich ihn an.

»Go!«

Keine Sekunde durften wir verlieren. Die Steinschlagpausen waren kurz und gezählt. Er konnte nicht aus, also hetzte auch er vorwärts, dem Ende der gefährlichen Querung zu. Noch 500, noch 400 Meter.

Wir kletterten weiter, immer am Braldo entlang, oft zwei, oft 50 Meter über dem Ufer, die heimtückische Schotterwand, die uns keine Sekunde zur Ruhe kommen ließ, über unseren Köpfen. Jeden Augenblick konnte sie wieder lebendig werden, und man wusste nie, wo genau die herabstürzenden Steine dann auftauchten. Bei einer Wandhöhe von 500 Metern war die Gefahr groß: Ein Stein riss einen zweiten mit, der zweite wiederum andere, und bei uns in der Querung waren es dann schon Hunderte von faustgroßen Steinen, topfgroßen Trümmern. Sie sprangen über senkrechte Stufen, schwirrten durch die Luft, schlugen auf und zersplitterten in tausend Stücke.

Unter Überhängen oder Vorsprüngen rasteten wir jeweils einige Minuten. Doch in Sicherheit waren wir auch dort nicht. Der ganze Berg über uns konnte zusammenstürzen, ins Gleiten kommen. Da lehnte er nun, der Träger, keuchend, bis in die Haarwurzeln zitternd vor Angst. Ehe wir nicht drüben waren, wenigstens hundert Meter über die Steinschlagzone hinaus, würde sich der Schrecken bei ihm nicht legen.

Da gab plötzlich der Hang unter meinen Sohlen nach, er federte nicht mehr. Also hatte der Fluss, ohne dass es mir aufgefallen war, den Hang untergraben. Blitzschnell hatte ich die Situation erfasst. Den Blick auf das Blockwerk am Ufer gerichtet, sprang ich hinab. Das Wasser umspülte meine Füße und schlug, als ein zimmergroßer Erdkeil hinter mir niederging, über meinem Kopf zusammen. Mein Blick flatterte vom Träger zu Peter. Der tat, als wäre alles in Ordnung.

»Alles okay?«

»Sahib patschnass – hoffentlich kommt jetzt nichts mehr von oben – hoffentlich jetzt nicht«, murmelte der Kuli verschüchtert.

»Saugefährlich, dieser Hang«, kommentierte Peter nur und gab ihm mit der Hand die Anweisung zum Weitergehen. »Weiter, wir müssen da raus!«

Und um mich aufzumuntern, rief er: »Long live the craw!«

Der Kuli stand immer noch unschlüssig unter dem Felsvorsprung, zusammengekauert, geduckt wie in einem Bunker. Die Steilwand war nach jeder Handbreit anders: einmal lehmig, dann schottrig, teilweise senkrechtes, buckliges Gestein. Mit der Schaufel des Pickels scharrte ich ab und zu Stufen aus dem lehmigen Schotter, die den Träger regelrecht verpflichteten, uns zu folgen.

Nach diesen lebensgefährlichen Passagen hatte sich meine Müdigkeit schlagartig um ein Vielfaches gesteigert. Wie weit war es noch bis nach Dassu? Stunden oder Tage? Ich hatte kein Verhältnis zur Zeit mehr, hatte aufgehört, sie zu messen, einzuteilen.

Träge trieb ich im Braldo

Wir sahen jetzt wohl aus wie Wüstenfüchse und nicht mehr wie
»Romeo und Julia«. So hatte uns ein guter Freund beim Abflug in
München getauft. Romeo und Julia auf Expedition! Auch Peter musste lachen. Und doch war der Vergleich nicht so abwegig: In unserem
Handeln lag dieses eigenartig Synchrone – vor wie auch nach dem
gemeinsamen Gipfelerfolg. Wir liebten uns nicht, sprachen wenig
miteinander, und doch wäre der eine mit dem anderen in den Tod
gegangen, wenn die Naturgewalten nicht für beide einen Ausweg
offengelassen hätten.

Jeder Mensch verfügt über eine bestimmte Menge an Energie.
Wenn er diese verbraucht hat, fehlt ihm sogar der Wille, gegen den
Tod anzukämpfen. Sicher, man kann seine Kräfte regenerieren, aber
man braucht Zeit dazu. Von den sechs Expeditionsmonaten, die hinter mir lagen, war ich jetzt ausgelaugt und müde wie nach schwerer
Krankheit. Nicht, dass mich die Beine nicht mehr getragen hätten,
es fehlte ihnen aber die Sprungkraft. Diese Hitze und diese Müdigkeit! Dazu die Moskitos in der Nacht. Es klang mir wie Sirenenge-
heul in den Ohren, wenn sie über meinem Gesicht kreisten.

In Dassu regnete es, wir warteten einen Nachmittag und einen
Morgen lang auf den Jeep, mit dem wir viele Stunden lang durch die
von der Sonne gegeißelten Täler fuhren, Staubwolken hinter uns
herziehend. Dann war der Hetzmarsch endlich vorbei – wir saßen
wieder in Skardu.

Nach fünf Wochen sah ich mich erstmals wieder in einem Spiegel.
Ich war überrascht, hatte ich doch zumindest einige graue Haare
erwartet, nachdem ich in nur 38 Tagen die Erfahrungen eines ganzen Lebens gemacht hatte. Jedenfalls fühlte ich mich unglaublich
alt.

Eine innere Unruhe trieb mich sogleich zur Post. Zögernd, mit dem Gefühl, es gebe Zärtlichkeiten abzuholen, trat ich ein. Irgendetwas musste dort für mich liegen: ein Brief vielleicht, oder auch nur eine Zeile auf einer Karte. Wenigstens ihren Namen hätte ich gern wieder gelesen. Ihre Schriftzüge schon wären an diesem Tag eine Liebkosung für meine Augen gewesen. Ich wollte nicht glauben, dass nichts für mich bestimmt war, und blätterte lange in gestapelten Stößen von Briefen, nicht abgeholten Briefen – so lange, bis ich einen fand: vom Ministerium für Tourismus aus Islamabad. Es war die Verlängerung der Expeditionsgenehmigung bis zum 15. September. Das war allerdings so ziemlich das Einzige, was jetzt nicht interessierte.

Zu meiner Müdigkeit kam nun das Gefühl des Verlassenseins, nicht wissend, wie es Uschi ging.

Warten auf morgen.

»Übrigens, wo ist hier das Telegrafenamt?«

»Rückwärts im selben Gebäude«, antwortete der alte Postmeister freundlich.

Ein Stuhl nur und zwei kleine Tische. Der Beamte stand draußen, er hatte wohl nicht viel zu tun, obwohl es früher Vormittag war. Als ich den Text schrieb, dachte ich nur daran, dass in zwei bis drei Tagen auch Uschi die Worte lesen würde: »Hidden Peak climbed. In love Reinhold.«

Dann schlenderten Peter und ich durch die engen Straßen von Skardu. Ohne Jacke, in kaputten Schuhen. Es war heiß, der Staub hing wie Rauch über den Dächern der Stadt. Immer noch Sommer, wie sechs Wochen vorher. Ein klarer, heller Himmel spannte sich über der Stadt, es herrschte Windstille. Im Vorbeigehen sah ich all die Läden wieder, wo ich damals eingekauft hatte.

Warum bei diesem schönen Wetter kein Flugzeug starten sollte, verstand ich nicht, aber ich musste mich mit der Tatsache abfinden.

Ich kannte dieses Lotteriespiel ja bereits. Und so spazierten wir auch die nächsten Tage durch die Stadt, tranken Tee oder kauften Obst.

In meinen nächtlichen Träumen trieb ich im Braldo liegend flussabwärts. Auch im Halbschlaf und wenn ich gedankenverloren über die staubigen Wege schritt, erfasste mich sein Sog, nahm mich mit in unbekannte, bekannte Welten.

Zwei Nächte später – immer noch in Skardu, in einem kahlen, zementgrauen Zimmer – tat sich mir nochmals der Blick ins Nirwana auf: Ich durchmaß die Freiheit über den Wolken, war allen Wünschen enthoben. Es gab nichts mehr, gegen das ich mich auflehnte, nichts in der Welt, das ich fürchtete, nichts, wonach ich mich in Liebe verzehrte. Ich war einfach nur da und trieb träge im Braldo.

In diesen Stunden wiederholten sich die Stimmungen der vergangenen Wochen in meinem Bewusstsein: übereinander, nebeneinander, gemischt und einzeln in die Länge gezogen. Oft erwachte ich mitten in der Wand, einmal am Gipfel. So gern ich dort geblieben wäre, die Realität trat an die Stelle geträumter Empfindungen.

In einer Woche hatten wir den Rückmarsch vom Basislager nach Skardu geschafft, in einer Woche 70 Kilometer Gletscher, 70 Kilometer am Rande des Braldo entlang, 60 Kilometer Fahrt durch die Wüste. Mit dem Ergebnis allerdings, dass wir jetzt schon vier Tage in dieser Stadt aus Staub und Wind eingesperrt waren. Seit Wochen schon keine Flugverbindung nach Rawalpindi. In mich versunken, erstickt von den Eindrücken der vergangenen sechs Monate, die sich in Fieberträumen wiederholten, lag ich in unserem trostlosen Zimmer. Im bläulichen Schimmer des frühen Morgens erschien mir der Talkessel von Skardu öde und hoffnungslos. Vor dem Rasthaus Haufen von Abfall. Ein ängstlicher Hund durchwühlte sie mit hungriger Gier. In den östlichen Wolken brach sich das schwache Licht, das über die braunen Bergrücken quoll. Unten der Indus, matt und träge.

Wieder kein Flugwetter.

Wahrscheinlich war ich wie in Trance, denn ich erinnerte mich später nicht, wie ich ins Bett zurückgekommen war. Wieder lag ich ausgestreckt im Wasser, mit weichen, schweren Gliedern auf den Wellen, und die Bilder zogen vorbei: Tengpoche, Lager III am Lhotse, Urdukas, Concordia, die Stirnmoräne des Baltoro-Gletschers, ein Dorf, einer winzigen Oase gleich. Dieser stetige Fluss auf das Meer zu. Ich war allein, ein dahintreibendes Bündel von Eindrücken, eine Beute der Wirbel und Strömungen. Oft hielt ich die Augen geschlossen, und es kam mir vor, als ob ich schon immer so getrieben wäre, als ob ich den Rest meines Lebens nur geträumt hätte.

Ich drehte den Kopf nach links: Neben dem Paju Peak stand jetzt die zierliche Kette der Geislerspitzen und etwas weiter weg der Ruefen, an dessen Fuß unser Haus lag. Daneben Uschi. Da ich sie nicht erreichen konnte, erschien sie mir sehr weit entfernt, aber ich konnte sie ganz deutlich erkennen.

Diese harmonische, in sich ruhende Erscheinung wurde im nächsten Augenblick schon wieder geschluckt von gleitenden Ufern. Ich sah wieder auf. Links und rechts, im stumpfen Mittagslicht, schaukelte die Landschaft vorbei – diese Berge ohne Erlösung.

Dieser von allen sechs Gasherbrums umschlos-
sene, wild zerklüftete Gletscher gehört zum
Großartigsten, was mir bisher im Himalaya
zu sehen vergönnt war.

GÜNTER O. DYHRENFURTH, 1934

Verlorene Spuren

Ein leeres Zelt am Gasherbrum II

Die Idee, drei Achttausender hintereinander über neue und schwie-
rige Wege zu begehen, war verspielt, als mein Partner Friedl Mutsch-
lechner nach dem ersten von ihnen mit Erfrierungen an Händen und
Füßen in ein Krankenhaus nach Europa gebracht werden musste.
Das war Ende Mai 1982. Auch ich war nach der Erstbegehung der
Kantsch-Nordwand krank: Amöbenabszess in der Leber.

Uschi, von der ich seit 1977 geschieden war, nachdem sie sich von
mir getrennt hatte, lebte seit ein paar Jahren wieder mit mir und
brachte bei ihrem Besuch in Asien einen Brief von Generalmajor
Qamar Ali Mirza mit, der wenig aufmunternd klang: »In diesem Jahr
sind so viele Expeditionen im Karakorum unterwegs, dass wir Sie
bitten müssen, vier Wochen später als geplant zu kommen, um Kol-
lisionen zu vermeiden.«

Uschi und ich reisten nach Srinagar und weiter nach Ladakh, wo
ich mein Höhentraining wieder aufnahm. Gesundheitlich ging es
mir zwar immer noch nicht gut, doch die Idee von den drei Achttausendern wollte ich keinesfalls aufgeben. Auch wenn ohne den starken Kletterpartner Mutschlechner weder der geplante Aufstieg vom
Gasherbrum La zum G II noch die Überschreitung des Broad Peak
denkbar war, war doch die Aussicht, allein in einer Saison auf drei

Gipfel über 8000 Meter zu steigen, Herausforderung genug. Nein, vernünftig war der Plan nicht, aber nach drei gemeinsamen Wochen in Indien und Klein-Tibet hatte auch Uschi nichts mehr dagegen: »Was ist ein vernünftiges Leben?«, fragte auch sie sich. »Ich glaube nicht, dass Herzinfarkt und Intensivstation einen schöneren Tod bereithalten als die Berge. Und mit Sicherheit ist der Tod am Berg menschlicher als der Tod durch die Neutronenbombe.«

Trotzdem quälte sie die Angst, während sie mir in Islamabad beim Packen für G II und Broad Peak half. Ihre Bedenken aber behielt sie selbst beim Abschied für sich, obwohl ich ahnte, was ihr durch den Kopf gehen musste: »Mir vergeht alles, wenn diese Männer beim Abschied ihre Pläne für die nächsten Monate besprechen. Ganz sachlich wird da ständig über gefährliche Eistürme geredet, die zu umgehen sind, über Séraczonen, unter denen man in Windeseile vorbeiklettern muss, weil sie ›tödliche Munition‹ bereithalten, über den Sturm, der einen nicht gesicherten Mann aus der Wand reißen kann.«

Nach der dramatischen Durchsteigung der Kangchendzönga-Nordwand im Mai 1982 reiste ich also Ende Juni Richtung Karakorum. Den Ratschlag, endlich nach Hause zu gehen, hörte ich auch dort häufiger als die Frage, was ich an G II und Broad Peak eigentlich wolle. Die Antwort war einfach: Ich wollte etwas wagen und vor allem selbst für mein Leben verantwortlich sein. Und in dieser Stimmung begann Anfang Juli in einer Kleinexpedition mit Sher Khan und Nazir Sabir, den beiden stärksten pakistanischen Bergsteigern, der Fußmarsch zu den beiden Achttausendern Gasherbrum II und Broad Peak. Nur 25 Balti-Träger sowie zwei Köche für das Basislager sollten uns auf dem Weg zum Baltoro-Gletscher begleiten.

In Dassu, nach einer Jeep-Fahrt mit viel Lärm und Staub, wählten wir unter 100 Trägern 25 starke Männer aus. Es waren viel mehr gekommen, als wir beschäftigen konnten. Nachdem wir Socken,

Schuhe und Jacken unter den Glücklicheren verteilt und die Lasten zugeordnet hatten, schlichen sich die anderen davon. Im Schatten des frühen Morgens stiegen die Auserwählten anderntags hinter uns in die Braldo-Schlucht ein.

Es war Hochsommer, und ich hatte endlich wieder Zeit zum Tagträumen, wie ich es immer auf langen Fußmärschen tat. Auch das Aufwachen am frühen Morgen war kein Aus-dem-Wahnsinn-Fallen mehr wie beim Rückweg vom Kangchendzönga, als der Amöbenabszess meine Leber angegriffen hatte. Meist weckte nun das Windgeräusch auf der Zeltplane meine Seele, bevor mein Körper wach war.

Drei Tage lang gingen wir bis Askole. Die Berge waren bis tief unter die Gipfel nebelverhangen; es war frisch. In diesem letzten Dorf vor der Gletscherwelt beherrschte damals Hadschi Mahdi das Expeditionsgeschehen. Er achtete darauf, welche Träger wir austauschten, wo wir Eier und Mehl kauften. Er stand zwar immer nur am Rande, drängte sich niemals vor, aber aus dem Hintergrund zog er die entscheidenden Fäden. Er wachte über sein Dorf, über das Schicksal jeder einzelnen Familie!

Eines Mittags lud uns Hadschi Mahdi zum Essen ein. Nicht etwa aus Gastfreundschaft, sondern um uns Geschäfte mit Ausrüstung, Proviant und Trägern vorzuschlagen. Er brachte zwei weiße Ziegen und wollte 200 Rupien dafür. Ein stolzer Preis! Aber Hadschi Mahdi war in Mekka gewesen und konnte sich wegen seines Ansehens jede Unverschämtheit leisten, sei es den Dorfbewohnern oder vorbeiziehenden Expeditionen gegenüber. So mischte er, wenn nötig, Sand ins Mehl oder trieb von den Trägern eine Art selbst erfundener Steuer ein. Als wären das, was er tat, heilige Handlungen, folgten alle seinen Anweisungen, schließlich bedeutet *hadschi* heilig, und wer *hadschi* ist, handelt im Geiste Mohammeds. Sogar hier, in den entlegensten Bergtälern, war jener Fanatismus der Mullahs zu spüren, der die Welt der Moslems seit einigen Jahren stärkte. In düsteren Lehm-

»Little Karim« war 1982 noch kein berühmter Mann, dafür aber lebenslustig, einsatzfreudig und zäh.

hütten standen Bilder von Khomeini, und ich erlebte erbitterte Streit-
gespräche über diesen Tyrannen, den niemand persönlich kannte,
aber über den alle redeten.

Um 6 Uhr marschierte ich am anderen Morgen mit den letzten
Trägern los. Die Wassergräben waren noch leer, Rauch quoll aus
Ritzen und Dachluken der Lehmhäuser. Mit dem Rhythmus des
Gehens vertiefte sich untertags mein Selbstverständnis. Zwischen
Aufstehen und Schlafengehen fühlte ich mich stark und lebenslustig. Nur nachts kamen die Zweifel. Phasen des Tiefschlafs folgten
Stunden des Wachseins. Dazwischen schlich sich, im Halbschlaf,
irgendwann die Frage nach dem Zweck des Hierseins ein. Die Antwort, die so sinnlos gewesen wäre wie ein Morgen ohne diese Frage,
erschien mir jedoch in dem Moment, in dem ich das Zelt zu-
sammengefaltet, den Rucksack gepackt hatte und losgegangen war,
bereits überflüssig.

Auch meine beiden Begleiter, Sher Khan und Nazir Sabir, machten während des Marsches einen selbstsicheren Eindruck. »Sherá«, wie wir den Ersten nannten, Major der Kavallerie, war Bergsteiger und Begleitoffizier in einer Person. Aus dem Geschlecht der Könige von Hunza stammend, war er ganz Aristokrat. So sah er auch aus: schlank, schmalgliedrig, elegant. Er ging immer erhobenen Hauptes und war gebildet. Seine Ausdauer und Willensstärke haben ihm zu Recht den Ruf eingebracht, der erfolgreichste Bergsteiger Pakistans zu sein. »Meine Familie hat in Hunza 1400 Jahre lang regiert, bis das Land 1964 von Pakistan annektiert wurde«, erzählte er bestimmt, aber ohne Verbitterung.

Der andere, Nazir, ein kleiner, rothaariger Bergführer, war der bessere Kletterer. Bei der Erstbesteigung des K2-Westgrates mit Japanern war er die alles entscheidenden Kletterstrecken vorausgestiegen. Seine ruhige, herzliche Art sowie sein soziales Einfühlungsvermögen hatten ihn landauf, landab beliebt gemacht. Überall, wo wir mit ihm auftauchten, wurden wir freudig begrüßt. Mein langjähriger Wunsch, Einheimische als gleichwertige Kletterpartner in meine Expeditionen einzugliedern und gegenseitig voneinander zu lernen – hier war er bis zur Idealvorstellung in Erfüllung gegangen.

Auf dem Weg ins Basislager begegneten wir immer wieder kleinen Trägergruppen, die uns überholten oder von oben entgegenkamen. Es war ein Kommen und Gehen wie beim Aufstieg zu einer Schutzhütte in den Alpen. In den kurzen Gesprächen mit den anderen flossen neueste Informationen, wurden Nachrichten und Gerüchte ausgetauscht. Unser Interesse galt vor allem den Neuigkeiten rund um den G II.

In Urdukas trafen wir mit einer amerikanischen Expedition zusammen, die ihre Besteigung des Gasherbrum II abgebrochen hatte. Einer aus der Mannschaft war von einer Lawine mitgerissen und getötet worden. Zwei hatten sich nur wie durch ein Wunder

Auf dem Weg ins Basislager begegneten wir anderen Bergsteigern, mit denen wir Erfahrungen austauschten.

retten können. »Zu gefährlich«, warnten auch ihre Träger. »Zu viel Schnee!« Niemand war mehr am G II. Sollten wir deshalb umkehren? Nein, wir wollten weiter, unser Glück versuchen und vorsichtig sein.

Wir hatten noch 20 Träger unter Vertrag: vier Träger mit Broad-Peak-Proviant, 16 Träger für das Gasherbrum-Basislager. Inzwischen waren auch alle Rationen an die Anmarschträger ausgegeben, welche nun im Voraus fleißig kochten. In Grüppchen hockten sie unter Felsüberhängen und sangen. Den ganzen Nachmittag über brieten sie Fleisch, um weiter oben genug Kalorien zu haben, wenn es unterwegs anstrengender und nachts kälter wurde.

Seit Tagen war die Welt um uns grau und schemenhaft, ganz wie unsere Träume. So trist sei es oben am Berg seit Wochen gewesen, hatten die Amerikaner erzählt. Als wäre das nicht genug, herrschte auch noch Lawinengefahr. Bei solchen Verhältnissen war am Berg wirklich nichts zu machen! Umkehren? Nein, das Wetter konnte wieder besser werden.

Tage später zogen hohe Federwolken über den Streifen am Himmel, den die Granitfluchten von Baltoro einrahmten. Ganz hinten im Talkessel stand der Broad Peak wie eine überdimensional große Burg. Jetzt war der Zeitpunkt gekommen, an dem wir unseren Brennstoff und die Nahrungsmittel konkret verteilten. Vier Trägerlasten mit Essen und Gas gingen ins Broad-Peak-Basislager. Nazir und ich führten die Helfer über Moränen an den Fuß dieses Berges. Sher Khan geleitete den Haupttrupp der Träger inzwischen über den Abruzzi-Gletscher weiter in Richtung Gasherbrum II. Zwei Wegstunden oberhalb von Concordia holten wir ihn ein. Es schneite, und die Balti in ihren grauen Umhängen hockten wartend vor ihren Lasten, unbeweglich, unschlüssig. Wie Steine erschienen sie mir im Grau zwischen Schuttstrom und Felsenhintergrund.

Wir lagerten und erreichten anderntags den Fuß des G II. Ein paar europäische Bergsteiger, denen ich im Gasherbrum-Basislager begegnete, bemühten sich, ihr Erstaunen über mein Auftauchen zu verbergen. So mancher, der nach den Berichten im Mai nicht mit meinem Überleben gerechnet hatte, schien nun bei meinem Anblick befangen zu sein. Kein Wunder, man hatte Mutschlechner und mich in Zeitungen für tot erklärt.

Gleich nachdem wir anderntags am oberen Abruzzi-Gletscher unser Basislager ausgebaut hatten, besuchten uns zwei Wissenschaftler, ein Österreicher und ein Deutscher. Es waren nette Leute, aber keine geschulten Bergsteiger und als Bergretter völlig überfordert. Sie baten uns, am Gasherbrum II nach ihren Freunden zu suchen, die seit mehr als 20 Tagen am Berg unterwegs waren. Zuletzt waren sie eine Woche vorher im Nebelreißen gesehen worden. Wo? Warum? Was war passiert? Sie wussten es nicht. Wir versprachen, unser Bestes zu tun.

Auch »Little Karim« machte sich Sorgen um die beiden Österreicher, die im Gipfelbereich des G II verschwunden waren.

Noch waren wir nicht genug akklimatisiert, und der Schnee war schlecht. Zudem narrte uns das Wetter. Kühlen Abenden folgten verregnete Morgen, sodass wir den Aufstieg von Mal zu Mal aufschieben mussten. So ging das eine Woche lang. Wie sollten wir uns nur, ans Basislager gefesselt, an die Höhe gewöhnen?

Am Abend des 20. Juli kam wieder Hoffnung auf. Einige Tage vorher waren wir zwar ins Gasherbrum-Tal aufgestiegen und hatten am Bergfuß ein Depot errichtet, aber wir hatten nicht oben bleiben können. Zeit verging, Zeit, die zwei verzweifelte Alpinisten vielleicht irgendwo in der Hoffnung verbrachten, doch noch gerettet zu werden. Unser Rettungsplan sah nun vor, dort oben ein Lager aufzubauen und mit zwei Biwaks bis an den Fuß der fein gezeichneten Gipfelpyramide heranzukommen, wo man die beiden vermissten Österreicher zuletzt gesehen hatte. Wir packten, als ob es endlich richtig losginge. Auch wenn wir eigentlich nicht mehr wollten, wir

Das Zelt der Österreicher mit einem Tagebuch, das Auskunft über ihre Pläne gab

mussten hinauf zu den Vermissten. Um drei Uhr früh aber war es so warm, dass wir es vorzogen abzuwarten. Wir hätten den Weg nicht finden können. Dicke schwarze Wolken hingen in den Gletscherbecken. Schade um diese Nacht im Halbschlaf, unterbrochen vom ständigen Blick auf die Uhr, immer in der Bereitschaft loszumarschieren. Meinen ursprünglichen Plan, vom Gasherbrum La über eine neue Route zum Gipfel zu steigen, hatten wir schon mehr oder weniger aufgegeben, bevor wir von den Vermissten wussten. Jetzt kam jedenfalls nur noch der Aufstieg über den Normalweg infrage. Vielleicht konnte den beiden geholfen werden, wenn wir bald zu ihrem Zelt kamen, den Südwestgrat absuchend.

Eine Nacht später, am 21. Juli, kam endlich Wind auf. Die Wolken verschwanden, der Himmel wurde tief, ungezählte Sterne funkelten. Über den Eisbruch stiegen wir bis an den Fuß des Gasherbrum II auf. Das strahlende Wetter trieb uns zur Eile an.

Es war ein zügiger Aufstieg. Ein Aufschwung nach dem anderen wurde Abgrund, ein Grat nach dem anderen verschwand unter uns. Manchmal drückt sich die Freude über den Verlauf solcher Schneegrate so aus, dass ich einfach immer weiter nach oben steige. Das starke Gefühl dabei, den Raum zwischen mir und dem Himmel zu überwinden, ist wie jeder einzelne Gratabschnitt eine gebogene Linie, ein Stück von einem Kreis gegen den blauen Himmel.

Als plötzlich Nebel einbrach, waren mein Jubel und dieses Raumgefühl schlagartig verschwunden. Keinerlei Himmelsnähe mehr. Nur noch diese Strahlungshitze und ein Verlorensein zwischen all den Abbrüchen unter uns und dem Ungewissen über uns. Ich war weit voraus und spurte rechts der Gratkante aufwärts, als dieses militärgrüne Zelt unvermittelt vor mir stand. Ich war etwa 6800 Meter hoch, auf halbem Weg zwischen dem Gasherbrum-Tal und der Felspyramide des Gipfels. Das Zelt war zweifelsfrei jenes der beiden verschollenen Österreicher, und ich erschrak – es stand so friedlich da. Aus Angst, es aufzumachen und in ein unbekanntes Gesicht zu sehen, rief ich die Namen der vermeintlichen Insassen. Keine Antwort. Ich wartete. Im Zögern überkam mich ein Schaudern. Dann aber, als ich schließlich den Reißverschluss öffnete, war der Bann gebrochen. Niemand da. Essen und Gas für eine knappe Woche lagen auf dem Zeltboden. Daneben Kletterausrüstung, zwei Tagebücher. Die letzte Eintragung datierte vom 7. Juli und verriet, dass die beiden Richtung Gipfel aufgebrochen waren. Seitdem waren sie nicht mehr zurückgekommen, auch wenn das Zelt aussah, als wäre es nur für wenige Stunden verlassen worden.

Wir nahmen die Spur der Österreicher auf. Als würde hier oben jeder Artgenosse zum Leidensgenossen und damit zum Freund, stiegen wir hinter ihnen her, als handelte es sich um zwei gute Bekannte. Irgendwo mussten wir ja auf sie stoßen. Immer wenn ich mir ihre Situation im Geiste ausmalte, lebten sie. Sie taten mir leid, denn es war stürmisch, neblig, kalt. Und bei der Vorstellung, sie zu sehen, breitete sich in mir ein Gefühl der Wärme und Verbundenheit aus.

Später, es war schon Nachmittag und ziemlich stürmisch, kletterten wir zwischen steilen, lawinenschwangeren Schneehängen und einem abgerundeten Felsgrat gerade empor. Keine Spur mehr, kein Seil, nichts. Alle Zeichen der Vorgänger wie ausgelöscht. Oben, 7400 Meter hoch, am Fuß einer jäh ansteigenden Felswand, bauten wir unser Biwakzelt auf. Das Wetter hatte endgültig wieder umgeschlagen: Schneefall, Nebel, Sturm. Trotzdem brachen wir am Morgen auf, gingen weiter – und stießen in einer Felsnische auf einen Toten. Der steife Körper lag da, als ob er vergessen hätte aufzustehen, weiterzugehen, weiterzuleben.

Diese Begegnung mit dem Tod brachte für Augenblicke den Sturm zum Schweigen. Der Schneestaub in der Luft erstarrte. Nochmals sah ich hin. Die Leiche lag unter einem nach Westen ragenden Felsblock. Der Biwaksack war etwas über die Beine hochgerutscht und die weißen Plastikstiefel ragten über die Plattform hinaus, auf der zwei Männer nebeneinander hätten hocken können. Es war aber nur einer da. Dieses Bild registrierte ich, verarbeitete es aber nicht. Wie ein Fotoapparat hatte ich die Situation aufgenommen – klick – und meine Empfindungstore wieder verschlossen. Wir wandten uns ab, sachlich, unerschüttert. Nur für einen kurzen Augenblick kam Traurigkeit auf: Ein Freund, der mich wochenlang begleitet hatte, ohne dass ich ihn kannte, war nun tot. Die Vorstellung von seinem Sterben hob alles um mich herum auf. Als ich höher stieg, mehr auf der Suche nach dem Körper des zweiten Toten als auf dem Weg zum Gipfel, versuchte ich mir auszumalen, wie der aufgefundene Tote wohl zu Lebzeiten war. Es gelang mir nicht. Ich konnte ihn mir lebend nicht mehr vorstellen. So als wäre er nie lebendig gewesen. Höher oben, knapp unterm Gipfel, fanden wir wieder eine Spur. Sie

Biwakzelt unter der Gipfelpyramide am G II. Dahinter erhebt sich der G I, während sich ganz unten der Abruzzi-Gletscher erstreckt.

verlor sich am Grat im Nichts. Ein letzter Fußabdruck im Schnee, dahinter Abgrund, Nebel und Sturm. Keine Leiche.

Immer noch wütete das Unwetter. Wir konnten keine zehn Meter weit sehen. Unschlüssigkeit. Wo war der Gipfel? Plötzlich riss es wieder auf. Über Sinkiang hohe Wolken. Zwei Stunden lang spurte ich im tiefen Schnee den Gipfelhang hinauf, bis wir endlich das Ende des Weges über einen messerrückenscharfen Grat erreichten – keinen Ort, nur Schnee und Nebel. Wir standen auf dem Gipfel des G II. Nur weil Sherá den Berg von einer früheren Besteigung her kannte, konnten wir den Gipfel identifizieren, und auch, weil es höher einfach nicht ging.

Vorsichtig – mit dem Gesicht zur Wand – stiegen wir zurück. Doch obwohl wir aufpassten, verloren wir unsere Aufstiegsspur und bald auch die Orientierung. Im dichten Schneetreiben hasteten wir abwärts. Panik, als ich merkte, dass wir schon zu weit waren. Wir

Sher Khan und Nazir Sabir bestiegen mit mir den G II (im Bild) und den Broad Peak.

riskierten, nach Osten hin abzugleiten. Halt! Stehen geblieben! Ich stieg am Grat auf und ab, bis ich endlich im Sturm die Rinne vom Ostgrat zu den Hängen unter der felsigen Gipfelpyramide fand. Gerettet! Aber nur für Stunden. Im Zelt warteten wir die Nacht ab. Wiederholt weckte mich die Angst, für Tage in Nebel und Sturm gefangen zu sein.

»Weil ich ein linker Student war, ist meine Bergsteigerlaufbahn immer wieder durch Gefängnisaufenthalte unterbrochen worden«, hatte Nazir früher einmal erzählt. »Endlich frei, sperrt mich jetzt dieser verfluchte Nebel ein«, meinte er in dieser Nacht.

Zweimal noch verloren wir anderntags im Nebel den Weg. Dabei wurde mir bewusst, wie groß auch dieser Berg, ein sogenannter »kleiner« Achttausender, ist. Leicht war weder der Aufstieg gewesen, noch wurde es der Abstieg. Wie mühevoll wir uns bei Lawinengefahr, fünf Meter Sicht und jagendem Sturm Meter für Meter hinuntergetastet hatten, war im Gasherbrum-Tal allerdings schon wieder vergessen.

Zugabe Broad Peak

Im Basislager zurück, war ich immer noch begeistert von der Idee des Achttausender-Hattricks, sodass ich das karge Leben genoss und unter den Broad Peak zog. Unser Lagerplatz, eigentlich nur ein windiger, trostloser Moränenrücken, gefiel mir. Nach nur einem einzigen Rasttag brachen wir erneut auf. Ich fühlte mich frischer und unverbrauchter als zwei Wochen zuvor beim Aufbruch zum Gasherbrum II.

Am 31. Juli, im Morgengrauen, schaute ich aus dem Zelt. Die Wolken über dem K 2 erinnerten mich an Gedanken, die mich beim Einschlafen am Abend vorher verfolgt hatten. Jetzt waren sie nicht mehr richtig greifbar. Die Träume der Nacht und nicht zuletzt meine beiden Freunde hatten sie längst verdrängt. Sher Khan und Nazir Sabir waren mir mittlerweile sehr vertraut geworden, und ich wünschte mir eine Art von Verschworenheit, die über diese Expedition hinausgehen sollte.

Am ersten Tag stiegen wir, einen Lagerplatz überspringend, bis in die Mitte des Westsporns hinauf. Vojtek Kurtyka und sein polnischer Freund Jerzy Kukuczka waren gerade auf dem Rückweg vom Gipfel, als wir sie trafen. Im Vorbeigehen lud ich Vojtek zur Cho-Oyu-Expedition ein, die ich für den kommenden Winter geplant hatte. Dann zogen wir weiter. Am zweiten Tag blieben wir auf 7100 Meter, um uns nicht zu überanstrengen. Am dritten Tag, es war kalt und windig, aber strahlend schön, wussten wir schon beim Anziehen in der Früh, dass wir den Gipfel erreichen würden.

Kurz vor 5 Uhr brachen wir auf. Das erste Stück spurte ich, dann ging Sherá voraus. Den Steilhang zum Gipfelgrat übernahm wieder ich. Um 9 Uhr standen wir in der Westscharte, links der Mittelgipfel, den ein paar Unkundige immer wieder zum Achttausender machen möchten, rechts der Hauptgipfel, der Broad Peak. Der Grat dorthin schien endlos, das Wetter aber war so prächtig, dass es nur weitergehen konnte.

Im gleichmäßigen Rhythmus stieg nun wieder Sher Khan hinter mir her. Nazir Sabir folgte. Dieses langsame Vorankommen – Gehen, Innehalten, Gehen – machte uns drei zu Marionetten, aber auch zu einer Gefühlseinheit. Uns verband ein gemeinsames Wollen, Hoffen – auch Verdrängen. Denn Gedanken an Gefahren, den Abstieg, auch an ein Morgen waren just in diesem Augenblick wie ausgeklammert.

Auf dem Vorgipfel über der Westscharte warteten wir wieder aufeinander. Wir waren jetzt schon höher als der Mittelgipfel. Der Gipfel selbst aber schien noch immer weit entfernt. Wie klar ich mich jetzt an den Bericht der Erstbesteiger erinnern konnte! Vor 25 Jahren hatten Kurt Diemberger und Fritz Wintersteller hier gestanden, Marcus Schmuck und Hermann Buhl waren gefolgt. Sie hatten den wenige Meter höheren Hauptgipfel in zu großer Entfernung gesehen und umkehren müssen. Also waren sie nochmals bis ins Basislager abgestiegen, um neue Kräfte für den endgültigen Aufstieg zum allerhöchsten Punkt zu sammeln. Denn nur mit dem Vorgipfel hätten sich diese starken Österreicher nicht zufriedengegeben. Mit Wintersteller als stärkstem Mann in der Gruppe und dem legendären Buhl als letztem haben alle vier zuletzt den Gipfel erreicht.

Diese riesigen Schaumrollen aus Pressschnee links von uns! Diese Windwolken am nahen Himmel! In diesen Stunden glaubte ich meinen Augen, meinen Ohren, meinem Leben mehr als allen Philosophen und Religionen der Welt.

Es war Vormittag, der Grat war nahezu flach. Ich war müde, hätte aber nicht einfach anhalten können, ohne am Gipfel gewesen zu sein. So ging ich weiter, getrieben wie ein Tier. Wie in Trance. Die Vision vor Augen, die sich oft auch in meine Träume schleicht: zu gehen und dabei zu verschwinden, mich nach so vielen Jahren des Immer-Weiterziehens in der Ferne und in der Zeit aufzulösen. Noch stärker, schon damals, die wachsende Lust, immer weiterzugehen, rund um die Welt.

Kein Balti-Kuli war dazu zu bewegen, weder
für Geld noch für alle Harems der Welt, diesen
ihnen so gefährlich erscheinenden Weg mit uns
zu gehen.

HANS ERTL

Die Gasherbrum-Überschreitung

Ein kühner Plan

Ursprünglich war es meine Idee, die Gasherbrums, G I und G II, als Achttausender-Paar zu überschreiten, und Hans Kammerlander fragte sich, warum ich ausgerechnet ihn für dieses schwierige Unternehmen als Partner gewählt hatte, basierten doch seine Erfahrungen in großen Höhen damals nur auf dem Cho Oyu. Aber er sagte bereitwillig zu, und so machten wir uns auf den Weg zur Doppelüberschreitung von G I zum G II. Nach einer Erkundung des Südwestgrates am Gasherbrum I, an dem Lawinengefahr drohte, hatte Hans die Idee, die Überschreitung umzudrehen: Aufstieg über den zentralen Gasherbrum-Eisbruch und die Moravec-Route zum Gipfel des G II, Abstieg über eine neue Route ins Gasherbrum-Tal, Aufstieg über die Nordwestflanke zum G I und Abstieg über den Südwestgrat (teilweise Jugoslawen-Route) und den linken Graben zwischen G I und Eisbruch ins Basislager. Das waren knapp 20 Kilometer Kletterstrecke über Eisbrüche, Schneeflanken, Felswände, Séraczonen und schwierige Grate und 5000 Höhenmeter allein im Aufstieg.

Muss man das scheinbar Nicht-Mögliche wagen, um Kräfte zu mobilisieren, von denen wir sonst nichts ahnen? Die Idee dieses Doppelaufstiegs auf zwei Achttausender war mir gekommen, weil ich gespürt hatte: Entweder machst du jetzt weiter, und zwar noch intensiver, noch frecher als bisher – oder du gibst auf. Wenn dein Bergsteigen zum Trott wird, geht nichts mehr. Das war mir am Dhaulagiri klargeworden. Heute glaube ich, dass diese Grundsatzfrage jeden Mann um die Vierzig umtreibt. Entweder sagt er sich: »Gut, mein Leben liegt weitgehend hinter mir, ich fahre fort in den eingefahrenen Gleisen« – und er beginnt zu sterben; oder aber er erkennt in der Mitte seines Lebens die Steigerung als Spielmöglichkeit. Ich also entschloss mich für Letzteres und steigerte mich wieder in eine Idee hinein, riskierte etwas, wagte mein Leben alle Tage neu, und zwar bis zur letzten Konsequenz.

Ich spürte, dass ich nicht nur körperlich, sondern vor allem seelisch viel Kraft und Schwung gewonnen hatte. Unbeschwert und altersfrei kam ich mir vor. In dieser Stimmung hatte ich die Gasherbrum-Überschreitung geplant. Ich wollte etwas tun, was junge Spit-

Wieder ist Rosi Ali (Bildmitte) dabei, der als Träger, Koch und Sirdar fungiert.

243

zenbergsteiger nicht einmal zu denken wagten. Und im 26-jährigen Bergführer Hans Kammerlander hatte ich den idealen Partner für mein Vorhaben gefunden.

Bis ins Basislager hatten wir das Unternehmen planmäßig durchgezogen. Mit 35 Trägern und einem Filmteam unter der Regie von Werner Herzog waren wir zehn Tage lang bis ans Ende der Welt marschiert. Hans und ich hatten auf eine Schönwetterperiode gewartet und waren dann in 5200 Meter Meereshöhe losgestiegen. Ohne mit dem Basislager Kontakt zu halten, ohne vorher Depots anzulegen, ohne zu pausieren. Wir wollten, in jeder Hinsicht völlig auf uns gestellt, zwei Achttausender über vier verschiedene Routen überschreiten. In der Mitte meines Lebens schien ich mir und der Welt beweisen zu müssen, dass ich noch mehr könnte. Mehr als bisher und mehr als alle anderen.

Vor unserem Aufbruch hatte ich Werner Herzog in einer Art Testament die Verantwortung für die Expedition übertragen für den Fall, dass Hans und ich nicht wiederkämen. Die Verantwortung für uns trugen wir selbst. Jeder die seine. Dabei wussten wir genau, dass der eine ohne den anderen nicht weit kommen würde – bestenfalls bis zur nächsten großen Gletscherspalte oder bis zum ersten Überhang. Und selbst wenn Hans und ich nicht gut miteinander auskämen, fest stand, dass wir auf Gedeih und Verderb aufeinander angewiesen waren.

Wettersturz

Tag eins. Nach einem missglückten Anlauf brachen wir endgültig auf. Nach den ersten 1500 Höhenmetern hatte Hans das Gefühl, dass wir diesen Weg auch nach seinem Plan nicht zu Ende gehen könnten. Trotz dieses stillen Zweifels kletterten wir in drei Tagen bei strahlendem Wetter auf den Gipfel des Gasherbrum II. Beim

Der Nebenfluss des Braldo ließ sich hinter Askole nur an einem Hängeseil queren.

Abstieg vom Gipfel zum Biwak beerdigten wir die Leiche des österreichischen Arztes, die schon seit zwei Jahren oben zwischen den Felsen gelegen hatte. Dies kostete uns nicht nur Zeit, sondern auch viel Kraft. Dann folgte der gefährliche Abstieg ins Gasherbrum-Tal. Wir rannten über harten Firn und Eis bergab, der Lawinengefahr bei steigender Sonne davon. Solche Risiken sollte man nicht alle Tage eingehen. Schwein gehabt! Zumal das Glück, das wussten wir, einen so großen Wurf wie eine Achttausender-Überschreitung allenfalls begleiten, nicht aber tragen kann. Insbesondere in diesem Extrem – Hans und ich waren an beiden Gasherbrums allein, keine andere Expedition operierte an unseren vier Routen.

Es war noch früher Nachmittag. Seit einer halben Stunde gingen Hans Kammerlander und ich über den flachen Gasherbrum-Gletscher. Die Furcht, dass sich hoch über uns eine Eislawine lösen und uns von hinten wie hundert fahrende D-Züge überrollen könnte,

Nur mit Hans Kammerlander, einem intuitiven Bergsteiger, konnte die Gasherbrum-Überschreitung gelingen.

zwang uns immer weiter, eine unheimliche Angst im Nacken spürend. Ich nahm sie stofflich wahr. Der Schnee war nicht aufgeweicht, aber die Harschschicht auf der blaugrauen Fläche so dünn, dass wir immer wieder bis zu den Knien einsackten. Das kostet nicht nur Energie, das untergräbt auf einer Meereshöhe von 6000 Metern den Willen. Jedes Mal dieser Schreck, in eine Gletscherspalte zu fallen.

Hans marschierte jetzt vor mir – stur, gebeugt unter dem Rucksack, bog er in der Mitte des Gasherbrum-Tals nach links. Kein Zweifel, er ging aufwärts, Richtung Gasherbrum La!

Ein Jahr lang hatten Hans und ich über diesen Moment diskutiert, ihn herbeigesehnt, ihn gefürchtet. Hier, am tiefsten Punkt zwischen den beiden Achttausender-Gipfeln, würde die Entscheidung fallen. Nur wenn wir nach dem ersten Achttausender – erschöpft, ausgezehrt und ohne jede Rückendeckung – den Willen aufbrachten, gleich den zweiten zu wagen, könnte uns gelingen, was bisher noch niemand versucht hatte: die Überschreitung zweier der 14 höchsten Berge der Welt in einem Zug und im alpinen Stil, eine neue Dimension des Höhenbergsteigens.

In sicherer Entfernung von den Steilwänden der beiden Gasherbrums blieb Hans stehen. Er zog unsere doppelt genommene Reepschnur ein, sodass ich zu ihm aufschließen konnte. Wir redeten nicht über Aufgeben oder Weitermachen, wir warfen die Rucksäcke ab und rasteten. Hans machte sich sofort daran, in einem handgroßen Topf auf dem Gaskocher Schnee zu schmelzen. Das dauerte lange, aber wir lagen gut in der Zeit. Bis zum Gasherbrum La, dem Sattel zwischen unseren beiden Bergen, würden wir an diesem Tag auf jeden Fall kommen. Als ich zum Eisbruch in der Südwestflanke des Gasherbrum II, über die wir erst im Morgengrauen abgestiegen waren, zurückblickte, erfüllte mich Lausbubenstolz. Nochmals, wir hatten auch Glück gehabt.

Um 3 Uhr morgens an diesem 26. Juni hatten wir das Biwak unter der Gipfelpyramide verlassen. Wir waren nach rechts gequert und direkt über den Hängegletscher abgestiegen, der zwischen der Franzosen- und Polen-Route eingebettet ist: Da oben hingen diese geborstenen Séracs, mehrere hundert Meter hohe, senkrecht übereinandergetürmte Eistrümmer. Dazwischen Lawinenrinnen, durch die Schnee und Eis wie tödliche Geschosse fegen konnten. Und wir, wir waren genau dort abgestiegen, um schnell zu sein und gleichzeitig eine neue Route zu eröffnen, nicht zuletzt auch um den ersten Achttausender, den Gasherbrum II, zu überschreiten.

Hans gab mir einen Plastikbecher voll Pfefferminztee. Dazu aßen wir Südtiroler Speck und hartes Bauernbrot. Unser zweites Frühstück. Um 3 Uhr früh hatten wir schon je einen halben Liter »prima colazione« geschlürft, ein Getränk, das italienische Ernährungswissenschaftler eigens für diese Überschreitung ausgetüftelt hatten:

eine Mischung aus Kakao, Haferflocken, Mineralsalzen, Vitaminen. Schließlich mussten wir ja bei minimalem Körpergewicht die Gewähr haben, an keinerlei Mangelerscheinungen zu leiden. Bisher ging alles schnell und glatt. Wir waren in blendender Form, psychisch und physisch. Wir hatten noch Proviant und Brennstoff für eine gute Woche. Nicht der geringste Zweifel, dass wir weitermachen würden, war mehr zu spüren – fühlten wir uns doch selbstbewusster und stärker als vor dem Aufbruch im 5200 Meter hohen Basislager.

Nach einer Stunde Rast setzten wir unseren Weg fort. Auch wenn die Rucksäcke jetzt weniger wogen als beim Aufbruch – je 15 Kilogramm etwa –, stellte das tagelange Unterwegssein mit dem schweren Gepäck eine enorme Belastung dar. Einfach zurücklassen konnten wir es auch nicht, denn mit dem Rucksack hätten wir unser Leben zurückgelassen.

Die Sonne begann nun den Schnee aufzuweichen. Knapp über der Randkluft – ein versteckter Spalt, der den Anfang der Steilwand zum Gasherbrum La markiert – banden wir uns wieder vom Seil. Jeder stieg für sich. Jeder rastete, wann er wollte. Hans ging dabei langsam und möglichst lange, ohne zu pausieren. Ich dagegen stieg schnell und hielt häufig inne, nach je 20 oder 30 Schritten, so wie ich es von den Sherpas im Himalaja gelernt habe.

Das Eis unter der zwei Finger dicken Schneekruste war hart. Die stumpfen Steigeisen griffen nicht sonderlich gut. Auch die Haue des Pickels war vom tagelangen Klettern nicht mehr messerscharf, und Feile hatten wir keine dabei. Äußerst vorsichtig kletterte ich in der Falllinie empor, beobachtete zwischendurch Hans, wie er in Serpentinen höherstieg. Dabei erhaschte mein Blick ein Stück des westlichen Himmels. Ein Schreck durchfuhr mich. Schlechtwetter! Dünne Zirren trieben wie Fische am Himmel. Dazwischen dunkles Blau. Auch Hans sah die Bedrohung. Aber er ging weiter, wollte

1984 waren die Eisgeräte weder so leicht noch so gut wie heute.

nicht darüber reden. Jedes Wort kostet in dieser Höhe Luft und Willen. Erst oben, am Rand des Gasherbrum La, 6600 Meter hoch, vertrieben wir uns unsere Ängste mit Beschwichtigungen.

»Zwei Tage hält das Wetter schon noch«, meinte Hans.

»Im Notfall können wir immer noch absteigen«, gab ich zurück.

Dann gruben wir eine Plattform für das Biwak aus dem Hang – etwa 2,10 Meter lang und 1,60 Meter breit. Als unser Zelt stand, schob jeder seine Schlafmatte hinein, dann den Rucksack. Dieses Zelt, nur eineinhalb Kilo schwer und im Windkanal für Stürme bis zu 180 Stundenkilometer getestet, bauten wir jeden Morgen wieder ab, verstauten es mit dem Rest unserer Habe im Rucksack und kletterten weiter. Kaputtgehen oder verloren gehen durfte uns nichts – Ersatz gab es nicht.

Die Nacht verging schnell. Wie immer in tieferen Lagen schliefen wir gut, so gut, dass wir am Morgen zu spät aufbrachen. Das Wetter schien besser geworden zu sein, nur die Windböen, die uns von Westen her anfielen, rissen unangenehm an den großen Rucksäcken. Wir stiegen stundenlang direkt über die Nordwand aufwärts. In der Mitte stießen wir auf einige ausgefranste Fixseile, Reste nur, die ein amerikanisches Team 1982 dort hatte hängen lassen. Als wir dann am frühren Nachmittag einen kleinen Sattel in 7500 Meter Meereshöhe erreicht hatten, wurde Hans und mir klar, dass wir in der Falle saßen: Der Sturm hatte sich zum Orkan gesteigert, die Nebelfetzen flogen wie gigantische Fledermäuse über uns hinweg. Es war unheimlich düster, sodass wir nur mit größter Mühe das Zelt auf einer kleinen Schneefläche, im Windschatten einiger Felsen, aufbauen konnten. Dabei überlegten wir, ob und wie lange wir abwarten sollten. Als ob wir nach drei Tagen im Schneesturm noch die Kraft gehabt hätten, zum Gipfel zu gehen.

Am Abend klarte das Wetter noch einmal auf. Wir kochten und tranken. Die ganze Nacht hindurch aber jagte ein derart gewaltiger Sturm über die Grate, dass ich kaum eine angefangene Gedankenkette zu Ende zu denken konnte. Da uns im engen Zelt Erstickungsängste plagten, hatten wir den Eingang einen Schlitz weit geöffnet. Schneestaub flog herein, sodass ich mich komplett im Schlafsack verkroch. Reden hatte keinen Sinn. Wir konnten uns unter den flatternden Zeltwänden nicht verstehen. »Wenn es das Zelt zerreißt, sind wir tot«, sagte ich nur kurz zu Hans. Das traf ihn wie ein Schlag mit dem Hammer auf den Kopf. Er antwortete nicht, aber das Zelt hielt. Am Morgen lag der Schnee eine Spanne hoch über den Schlafsäcken, der Sturm heulte weiter.

In meinem Bewusstsein war unser winziges Zelt mittlerweile auf Zimmergröße angewachsen. Hans faselte etwas von einem zweiten Zelt in der Nähe. Es wäre noch eine Seilschaft da. Seine lapidare

Feststellung überraschte mich nicht weiter. Schließlich war für mich das Gefühl, dass ein dritter Mann im Zelt lag, schon seit Stunden zur »Realität« geworden. Unumstößlich. Wir litten unter Halluzinationen. Gegen diesen Zustand der Apathie gab es nur ein Heilmittel: die Aktion.

Wir tranken Tee, bauten alles ab und gingen los. Nach oben. Nach unten zu steigen wäre ebenso gefährlich gewesen. Wir hielten uns immer an den Felsen, prägten uns einzelne Türme ein. Die Orientierung war äußerst schwierig. Dazu diese Hilflosigkeit im Schneetreiben.

Das Leben überschritten

Wenn man stundenlang in den Nebel starrt, wird der Blick stumpf. Wir wussten nur: Solange es aufwärts geht, sind wir nicht am Gipfel. Wenn ich mehr als zehn Schritte stieg, spürte ich ein Stechen in der Brust. Ich blieb also stehen, keuchend, den ganzen Leib auf die Skistöcke gestützt, den Mund weit offen, die Augen geschlossen. Ich musste alle Luft in mich einsaugen. So stand ich eine Zeit lang still, und alles wich weit von mir, der Kopf wurde leer, die Brust weit. Es waren Augenblicke der Erleichterung, die lange nachwirkten. Dann richtete ich mich wieder auf, fest entschlossen weiterzugehen, mich weiterzuquälen – wir mussten weiter.

Am Nachmittag, der Gipfel konnte nicht mehr weit sein, stieß Hans einen Skistock umgekehrt in den Schnee. Eine Orientierungshilfe für den Abstieg. Eine Stunde lang stiegen wir noch weiter, über ein sehr steiles Schneefeld, endloses Grau, in dem Hans irgendwo seinen zweiten Stock zurückließ. Dann sahen wir plötzlich wieder Felsen über uns. Darüber einen Schneegrat, darüber Luft!

Uns war zumute wie Kindern beim Versteckspiel, vielleicht auch wie Kolumbus, als er Amerika entdeckte. Nach rechts hin stieg der

Vertrauen auf den jeweils anderen, Wagemut und Geschick sind unser
Schlüssel zum Erfolg.

Grat an. Also weiter. Die Brillen waren vereist, die Gesichter gefühllos. Wenn wir die Gletscherbrillen abnahmen, brannten die Augen,
so spitz waren die Schneekristalle, die der Orkan vor sich hertrieb.
Endlich, hinter einer Wechte, der Gipfel. Der zweite Achttausender-
Gipfel innerhalb von vier Tagen. Keine Emotionen, kein Foto mit
Fahne, kein Hurra. Nur die Frage, wie wir da je wieder hinunterkom-
men sollten.

Hans begann als Erster den Abstieg, ich folgte. Knapp unter der
großen Wechte am Gipfelgrat verlor ich plötzlich den Halt: eine Un-
achtsamkeit, ein Windstoß. Ich fiel rücklings.

»Hans!« schrie ich, doch im letzten Augenblick konnte ich das
Gleichgewicht wiederfinden.

Wir stiegen zu den beiden Skistöcken ab und dann links am Westgrat entlang talwärts. Die Gratkante diente uns zur Orientierung. In
einer Höhe von 7400 Metern biwakierten wir wieder. Diese Nacht

Hans Kammerlander
im Schneesturm am
Gasherbrum I.
Der Abstieg wurde
zur Hölle.

war schlimmer als die vorhergehende. Nur die totale Erschöpfung ließ uns zwischendurch minutenlang dösen.

Am nächsten Tag vollzog sich der Abstieg ins Gasherbrum-Tal in tranceartiger Gleichgültigkeit. Der Schneesturm hielt ungebremst an. Ab und zu seilten wir uns ab, das Seil an Felszacken verankert. Meist aber kletterten wir seilfrei, jeder für sich. Einmal wartete ich auf Hans, ein anderes Mal wartete er auf mich. Wir waren mit einer Eiskruste gepanzert, in den Bewegungen schneckenhaft langsam. Oft rasteten wir zu lange. Hätten wir uns jetzt hingesetzt, zwei oder drei Stunden lang gewartet, wir wären nicht wieder auf die Beine gekommen, für immer eingeschlafen wie jener Österreicher, den wir erst vor einigen Tagen da oben bestattet hatten.

Wie viele Stunden lang kletterten wir nun schon abwärts? Zeit und Raum hatten sich geweitet, flossen dahin. Nur einmal, an einem Lawinenhang, gerieten wir ins Stocken. Keiner von uns beiden traute sich weiter. Der angetriebene Schnee lag brusthoch. Die Flanke unter uns war steil wie ein Kirchturmdach, und unten brach die Welt ins Bodenlose ab. Nur durch eine langwierige Umgehung und dank Hans' Instinkt kamen wir auch an dieser Gefahrenstelle vorbei.

Am Abend des siebten Klettertages erreichten wir endlich die flache Ebene des Gasherbrum-Tals. Müde, aber lebendig. Eine autobahnbreite Steinlawine, die wenige Minuten nach uns über die Abstiegsroute fegte, gab uns das Gefühl der Unverwundbarkeit. Sie beflügelte uns derartig, dass wir am selben Tag noch bis ins Basislager absteigen wollten. Der Wunsch, endlich in Sicherheit zu sein, das Glück nicht mehr strapazieren zu müssen, trieb uns voran. Der Schnee im Gletscherbruch war weich, im diffusen Licht konnten wir den festen Boden von den Spalten nicht unterscheiden. Ein halbes Dutzend Mal wollten wir doch noch aufgeben, biwakieren. Aber jedes Mal rafften wir uns wieder auf, gingen weiter.

Mitten im Eisbruch – ich versuchte gerade, Hans von hinten einzuweisen, und blickte zur Orientierung auf die Felsen am Rande des Spaltenlabyrinths – sah ich ihn plötzlich aus meinem Blickfeld verschwinden. Ich griff sofort in das Seil, wurde einige Schritte nach vorne gerissen, konnte Halt fassen, warf mich zu Boden.

Ich sah mich um: Nichts. Auch kein Laut. Das Seil war straff gespannt. Auf meine Rufe keine Antwort. Totenstille. Konzentriert fingerte ich eine Titanschraube vom Rucksack und drehte sie ins Eis. Als ich das Seil daran fixiert hatte, tauchte der Kopf von Hans wieder am Spaltenrand auf.

Er sagte kein Wort, fischte Rucksack und Brille aus dem tiefen schwarzen Eisloch und ging noch ein Stück weiter. An der ersten flachen Stelle, die sich uns bot, schlugen wir unser Zelt auf. Zum letz-

Zurück im Basislager. Dort warteten Werner Herzog und Bubu Klausmann, die die Expedition dokumentierten.

ten Mal. Wir tranken ungezuckerten Tee und schwiegen. Zu essen hatten wir nichts mehr, da wir, um schnell zu sein, beim Abstieg vom Gasherbrum I alle Nahrungsmittel am Berg gelassen hatten. Sie waren uns zu schwer geworden.

Am Morgen des 30. Juni 1984 näherten wir uns dem Basislager, dessen Zelte sich vom schmutzigen Moränengrau des Abruzzi-Gletschers als bunte Flecken abhoben. Winzig klein waren Menschen zu erkennen: unser Koch Rosi Ali, der Begleitoffizier und Werner Herzog mit seiner Filmcrew, die einen Dokumentarfilm über unser Bergsteigen gedreht hatten. Was Hans und ich in den acht Tagen zwischen Aufbruch vom und Rückkehr ins Basislager aber erlebt hatten, war nicht filmbar, nur fragmentarisch in Worten und Bildern festzuhalten. Die Ängste, die Hoffnungen, der Einsatz und die Verzweiflung im Sturm wogen zu schwer, als dass sie von zwei Menschen ins Tal hätten herabgetragen werden können.

Zweimal stand ich am Gipfel des Gasherbrum I. Einmal 1975 mit Peter Habeler im Rahmen der Erstbegehung über die Nordwestwand und dann 1984 nach der Überschreitung des G II zusammen mit Hans Kammerlander. Beide Male gelang es, neue Ideen in die Tat umzusetzen.

REINHOLD MESSNER

Meine Gasherbrum-Expedition in Bildern

1958 gelang Amerikanern die erste Besteigung des Gasherbrum I, den sie Hidden Peak nannten. Es war der erste und einzige Achttausender, den amerikanische Bergsteiger, die vor allem am K2 große Leistungen gezeigt hatten (1938, 1939, 1953), erstbesteigen konnten. Der Aufstieg über den IHE-Sporn (Bild oben), den Professor Günter O. Dyhrenfurth als Zustieg zu den Gipfelhängen erkundet hatte, war der Schlüssel zum Erfolg.

Blick von den hohen Hängen und Schneefeldern des G I nach Süd-Süd-Ost. Zwischen IHE-Sporn und Gipfel ist das Gelände weitläufig.

In der Bildmitte der Saltoro Kangri, links die Gipfel II, III und IV des
Sia Kangri.

Basislager der Grazer Expedition (Hanns Schell) 1975 am G I

Anmarsch zum G I 1975. Jahrelang hatte die pakistanische Regierung den Berg gesperrt, nun war er erstmals wieder zugänglich.

Skier sind im Mittelteil der Amerikaner-Route eine große Hilfe. Bei der zweiten Begehung hatten wir sie dabei.

Die letzten Meter zum Gipfel des G I. Vier Bergsteigern aus Graz gelang die dritte Besteigung des Berges.

Aufstieg mit schwerem Gepäck am G I

Verlorene Spuren am Wechtengrat, G I

Über die Amerikaner-Route gelang die dritte Besteigung des G I. Heute wird die Route gemieden, oder das pakistanische Militär verbietet den Zugang.

Gleichzeitig mit der Grazer Expedition operierten Peter Habeler und ich an der Gegenseite des G I.

Concordia: Trägerkolonne mit K 2, Broad Peak, G IV. G II und G I sind verdeckt.

Seit mehr als hundert Jahren begleiten Balti-Träger Expeditionen im Baltoro-Gebiet.

In der Nordwestwand des G I. Im Alpinstil zum Gipfel

Peter Habeler im winzigen Basislager am Abruzzi-Gletscher unterhalb des Gipfels des G I

Am Gipfel des G I nach der zweiten Besteigung des Berges 1975. Im Hintergrund erstreckt sich Sinkiang, China.

Peter Habeler im letzten Biwak an der Nordwestwand des G I

Blick vom K 2 über den mächtigen Broad Peak auf die Gasherbrum-Gruppe
(Bildmitte). Rechts erhebt sich die Chogolisa, an der Hermann Buhl verschollen blieb.

G II: Aufstieg über den West-Sporn. Über diese Route wurde der Berg 1956 erstbestiegen.

1984 wagte ich mit Hans Kammerlander die Doppelüberschreitung von G II – G I. Rechts im Bild erheben sich G V und G VI.

Vom Basislager aus brachen wir mit einem winzigen Zelt auf. Wir stiegen über beide Achttausender und kehrten nach acht Tagen wieder ins Basislager zurück. Im Hintergrund ragt der G IV empor.

Blick vom G II – auf halbem Weg zum Gipfel – auf die Nordflanke (Aufstieg) und den Nordwestgrat (Abstieg) des G I

Balti-Träger beim Anmarsch am Abruzzi-Gletscher. Hinter ihnen liegt der Baltoro-Gletscher.

Basislager am Fuße des Gasherbrum-Gletschers. 1984 waren wir dort noch die einzige Expedition.

Mittagsrast in Concordia. Rosi Ali (Bildmitte) hat mich wiederholt als Koch begleitet.

G I im Abendlicht. Über die Gratflanke links stiegen wir auf, rechts im Schneesturm ab.

Blick über das Eisdach der Chogolisa nach Südwesten. Rechts unten ist der G VI zu sehen, links unten der Gasherbrum-Eisbruch, darüber der Westgrat des Baltoro Kangri.

Die Strecke: 5000 Höhenmeter im Aufstieg, 5000 Höhenmeter im Abstieg, ein Dutzend Kletterkilometer und viele Laufkilometer

Hans Kammerlander in der Nordwand des G I. Wir trugen die gesamte Ausrüstung Tag für Tag weiter.

Erstes Ziel erreicht: Hans Kammerlander steht bei fabelhaftem Wetter am
Gipfel des G II; drei Tage später bei Sturm auf dem G I.

1997: Appell im Basislager. G I und G II sind heute begehrte Ziele für nationale und kommerzielle Expeditionen.

Mit der modernen Medizin und dem Wetter-
bericht aus dem Satellitentelefon ist das
Höhenbergsteigen noch einmal um ein Viel-
faches sicherer geworden.

REINHOLD MESSNER, 2007

G I und G II: Chronik

1861/1887

In den Tagebüchern von H. H. Godwin-Austen
und später von F. Younghusband findet der
Gasherbrum I erstmals Erwähnung.

1889–1929

Schon sehr früh in der Himalaja-Karakorum-
Erschließungsgeschichte werden Gasherbrum I und II von Briten und Italienern vermessen und fotografiert. M. Conway prägt für
die formschöne Pyramide des G I den Namen
Hidden Peak, zur Unterscheidung vom Gasherbrum II.

Vittorio Sella fotografierte
Träger am Abruzzi-Gletscher.

1909

Eine Expedition des Herzogs der Abruzzen, an
der auch der italienische Fotograf V. Sella teil-
nimmt, erkundet die Gasherbrum-Gruppe von
Norden (Sella-Pass) und studiert sie von der
Chogolisa aus.

1934

Eine internationale Expedition unter Leitung
des Schweizers G. O. Dyhrenfurth unternimmt
eine großangelegte Erkundungsfahrt zu den

Im Karakorum liegen viele Tote
im Eis.

Die Gasherbrums mit den wichtigsten Routen, aus dem Gasherbrum-Tal gesehen:

17 G I, Nordwestwand (italienische Expedition von P. Camozzi und A. da Polenza), 1985

18 Linke Westwand (schweizerische Expedition), 1983

18a Deutsche Route von 1982

20 G II, Linker Pfeiler der Südseite, Normalweg (österreichische Expedition unter F. Moravec), 1956

21 Rechter Pfeiler der Südwand (französische Expedition unter J. P. Fresafond), 1975

23 Ostgrat über den Gasherbrum-Ost (7772 m, polnische Expedition von J. Kukuczka und V. Kurtyka), 1983

24 Nordwand (R. Messner / H. Kammerlander, im Abstieg), 1984

26 G III, Südostwand (polnisch-britische Expedition unter W. Rutkiewicz), 1975

27 G IV, Nordostgrat (italienische Expedition unter R. Cassin), 1958

Gasherbrums. H. Ertl und A. Roch kommen am Südwestsporn des G I auf eine Höhe von etwa 6300 Metern. Der Zugang zum Gasherbrum-Kessel wird als möglich beschrieben.

1936

Transportprobleme und Trägerstreiks beeinträchtigen die französische Expedition unter H. de Ségogne, die am Südsporn des G I bis auf 6900 Meter gelangt.

1956

Nach den Erkundungen um 1900 und den Versuchen in den Dreißigerjahren gelingt der österreichischen Expedition unter Leitung von F. Moravec die erste Besteigung des Gasherbrum II über den Südwestgrat: Nachdem eine kleine Lagerkette aufgebaut ist, steigen S. Larch, H. Willenpart und F. Moravec – mit einem Biwak auf etwa 7700 Meter – am 7. Juli über den Ostgrat zum Gipfel auf.

1958

Der amerikanischen Expedition unter N. Clinch und P. Schoening gelingt der erste Aufstieg zum Gipfel des G I. Auf dem Weg über den Südost-

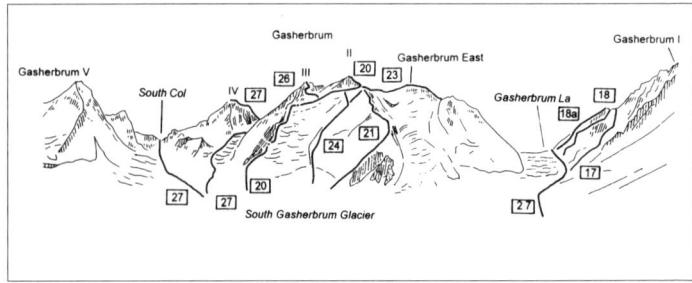

sporn und den Urdok-Kamm werden Schnee-
reifen eingesetzt. P. Schoening und A. Kauffman
erreichen am 4. Juli bei großer Kälte und tiefem
Schnee den höchsten Punkt. Im gleichen Sommer ist eine Expedition unter der Leitung von
R. Cassin am G IV erfolgreich – W. Bonatti und
C. Mauri bezwingen den schwierigen Gipfel.

1975

Östlich der Route der Erstbesteiger, über die
Südrippe, gelingt im Sommer einer französischen Mannschaft unter J.-P. Frésafond der
zweite Aufstieg zum Gipfel des G II, wobei Y.
Seigneur die Spitzenseilschaft führt. Ein Teilnehmer kommt dabei ums Leben.

Die dritte Besteigung (zugleich teilweise Überschreitung) gelingt einer polnischen Gruppe
unter Führung von J. Onyszkiewicz. Dabei klettern drei Teilnehmer vom Sattel zwischen Gasherbrum II und III (7600 m) durch die 500 Meter
hohe, felsige Nordwestwand auf einer neuen
Route zum Gipfel. Der Abstieg erfolgt auf dem
Normalweg. Kurz darauf gelangen drei weitere

G I von Südwesten:

10 Zentralpfeiler am Sporn
   und Südseite (amerikanische
   Expedition unter N. B.
   Clinch), 1958

10a H. Ertl/A. Roch (Versuch),
   1934

12 Südpfeiler und Westgrat
   (jugoslawische Expedition
   unter J. Loncar), 1977

13 Westgrat (jugoslawische
   Expedition unter N. Zaplotnik und A. Stremfelj), 1978

14 Südwestpfeiler von Punkt
   7069 m und Südgrat (französische Expedition), 1980

14a Französische Route von 1936

15 Westpfeiler von Punkt 7069
   m und Südgrat (spanischbaskische Expedition unter
   J. Escartin), 1983

16 Südwestwand (polnische
   Expedition von J. Kukuczka
   und V. Kurtyka), 1983

52 Urdok Kangri I (österreichische Expedition unter
   H. Schell), 1975

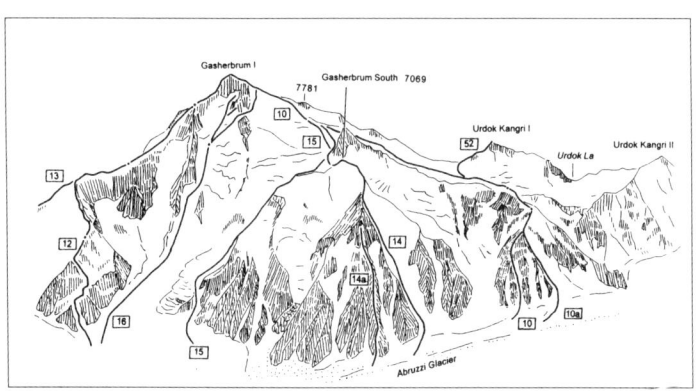

Teilnehmer auf dem Weg der Österreicher zum höchsten Punkt.

Auch zwei polnische Bergsteigerinnen erreichen den Gipfel des G II. Sie gehören einer von W. Rutkiewicz geleiteten Expedition an, die vorrangig die Erstbesteigung des Gasherbrum III zum Ziel hat. Jenen Gipfel bezwingt die Frauengruppe zusammen mit der Männerexpedition. Als Zwei-Mann-Expedition, mit nur zwölf Trägern bis zum Basislager, erklettern P. Habeler und R. Messner am 10. August den Gasherbrum I über die Nordwestwand. Der Aufstieg erfolgt aus dem Gasherbrum-Kessel im Alpinstil, ohne künstlichen Sauerstoff und ohne Hochlager (2. Besteigung des Berges).

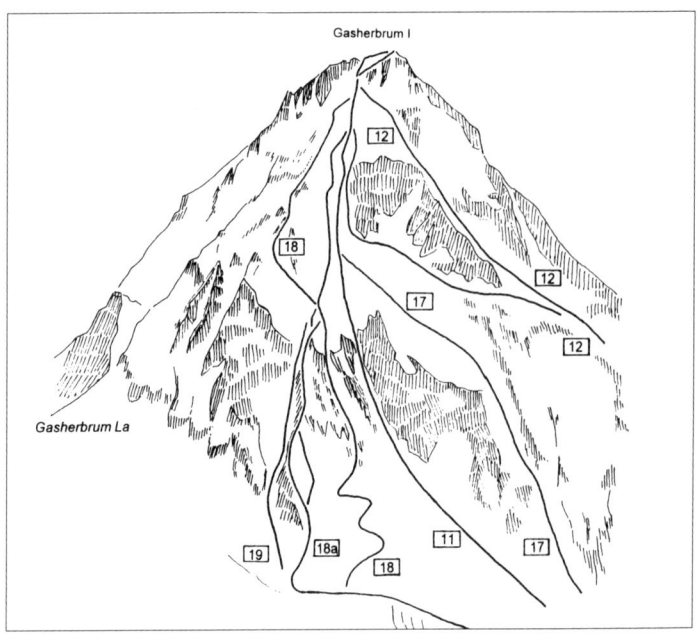

284

Einen Tag später stehen auch die Österreicher R. Schauer, H. Schell und H. Zefferer auf dem Gipfel, den sie auf dem Weg der Erstbegeher, von Südosten, erreicht haben.

1977

Die vierte Besteigung des Gasherbrum I glückt der Seilschaft Stremfelj / Zaplotnik im Rahmen einer Expedition aus Jugoslawien. Dabei wird zum ersten Mal der lange und schwierige Südwestgrat überklettert. D. Bregar, der allein den Gipfel versuchen will, bleibt verschollen.

1981

Einer japanischen Expedition gelingt die sechste Besteigung des Gasherbrum I. Parallelexpeditionen an den Gasherbrums beginnen sich zu häufen.

G II von Norden:

22 Nordwestwand (polnische Expedition unter W. Rutkiewicz), 1975

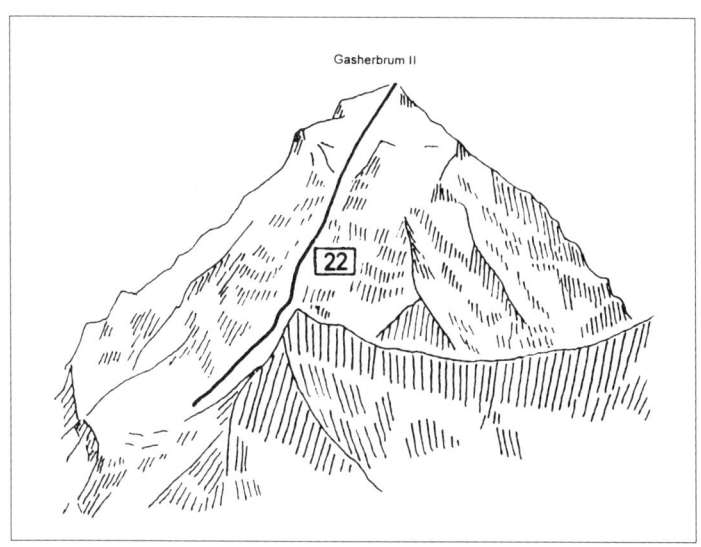

Gasherbrum II

1982

Unter der Leitung von G. Sturm bricht die Deutsche Karakorum-Expedition zum Gasherbrum I auf. Über eine neue Nordwandroute gelangen G. Sturm, M. Dacher und S. Hupfauer auf den Gipfel.

Im Rahmen einer französisch-schweizerischen Expedition unter Führung von S. Saudan erreichen fünf Teilnehmer, darunter Saudan und seine Frau, den höchsten Punkt am Gasherbrum I (erste Frauenbesteigung über den IHE-Sporn). Saudan fährt vom Gipfel bis ins Basislager mit Ski ab (erste vollständige Skiabfahrt von einem Achttausender).

Am 24. Juli führt R. Messner die beiden erfahrenen pakistanischen Bergsteiger S. Khan und N. Sabir im Alpinstil aus dem Gasherbrum-Tal auf den Gasherbrum II. Über den Südwestgrat (8. Besteigung) gelingt auch der Abstieg.

G I mit der großartigen Polen-Route:

10 Amerikanische Route 1958 (N. B. Clinch) über Zentralpfeiler des Sporns

15 Westpfeiler von Punkt 7069 m und Südgrat (spanischbaskische Expedition unter J. Escartin), 1983

16 Südwestwand (polnische Expedition von J. Kukuczka und V. Kurtyka), 1983

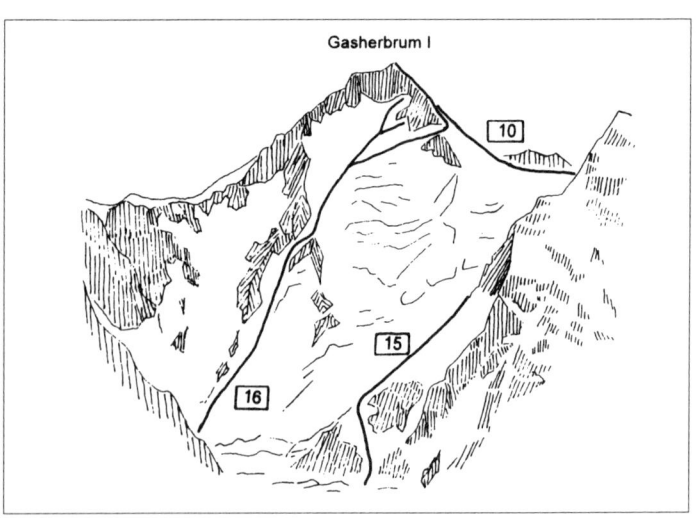

Gasherbrum I

Auch das französische Ehepaar L. und M. Barrard steht im selben Sommer auf diesem Gipfel.

1983

Im Sommer durchsteigen die beiden Polen J. Kukuczka und V. Kurtyka zum ersten Mal die Südwestwand des Gasherbrum I im Alpinstil. Im selben Sommer gelangen die beiden Spitzenbergsteiger aus Polen in nur drei Tagen über den langen Ostgrat zum höchsten Punkt des G II. V. Kurtyka und J. Kukuczka eröffnen dabei die neue Route aus dem Sattel zwischen Gasherbrum I, den sie vorher bestiegen haben, und Gasherbrum II.

Eine Schweizer Expedition schafft drei benachbarte Achttausender – Gasherbrum II, Gasherbrum I und Broad Peak – in Folge. Von den insgesamt neun Teilnehmern erklettern E. Loretan, M. Ruedi und J. C. Sonnenwyl innerhalb von zwei Wochen alle drei Gipfel im Alpinstil, wobei am Gasherbrum I ein neuer Weg über den Nordpfeiler begangen wird.

Sylvain Saudan fährt vom Gipfel des Hidden Peak ab.

G I über dem Abruzzi-Gletscher:

10   Zentralpfeiler und Südseite (amerikanische Expedition unter N. B. Clinch), 1958
10a H. Ertl / A. Roch (Versuch), 1934
14   Südwestpfeiler von Punkt 7069 m und Südgrat (französische Expedition), 1980
14a Französische Route von 1936
52   Urdok Kangri I (österreichische Expedition unter H. Schell), 1975

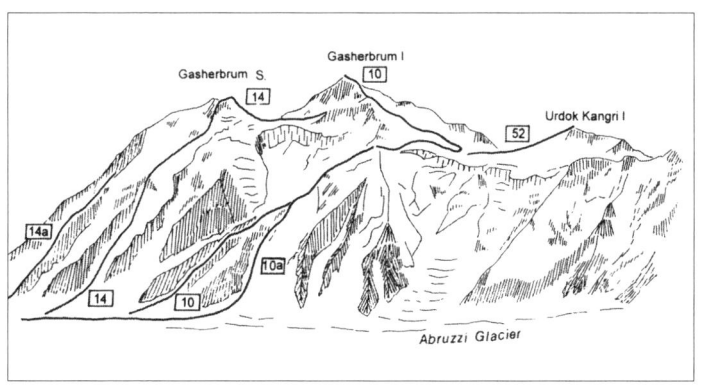

Blick vom G II auf den G I

Eine spanische Gruppe unter J. Escartin besteigt den Berg über die Südwestwand und den Südostgrat mit anschließender Skiabfahrt. Die nachfolgend geplante Besteigung des Gasherbrum II misslingt.

1984

Im Zuge ihrer Überschreitung Gasherbrum II–Gasherbrum I (Hidden Peak) eröffnen H. Kammerlander und R. Messner im Abstieg einen neuen Weg am Gasherbrum II, der im Gipfelbereich in die Route der Polen vom Vorjahr mündet. Auf diesem neuen Weg klettern die beiden ins Gasherbrum-Tal ab, wo die Nordwestwand des Gasherbrum I ansetzt, die sie gleich anschließend durchsteigen. Damit gelingt R. Messner und H. Kammerlander in nur einer Woche die erste Doppelüberschreitung zweier Achttausender – Gasherbrum I und Gasherbrum II – ohne Abstieg ins Basislager und ohne vorherige Anlage von Depots. Keine andere Expedition ist zu diesem Zeitpunkt im Juni vor Ort.

Später in diesem Sommer fahren ein Franzose und ein Schweizer mit Ski vom Gipfel des Gasherbrum II ab.

1989

Eine japanische Expedition scheitert an der gefährlichen G-I-Ostflanke, die bis heute nicht durchstiegen werden konnte.

1995

Gasherbrum I und II gehören mittlerweile zu den am häufigsten bestiegenen Achttausendern. Immer neue Varianten werden erschlossen, Unfälle häufen sich. Oft sind auf den Normalwegen ein Dutzend und mehr Gruppen parallel unterwegs, die sich gegenseitig behilflich oder hinderlich sind. Da der Aufstieg durch den Gasherbrum-Eisbruch im Sommer immer »offen« ist, wird die Nordwestflanke des G I (Japaner-Couloir) heute häufiger begangen als der lange Weg der Erstbesteiger. Am G II ist der Weg der Erstbesteiger bis dato der Normalweg geblieben.

Karl Unterkircher am
Nordostpfeiler des G II

1996

Dem Franzosen J. C. Lafaille gelingt zwischen dem 27. und 31. Juli eine Doppelbesteigung der beiden Gasherbrums. Dabei startet er von einem vorgeschobenen Basislager im Gasherbrum-Tal (5900 m) und folgt dem Normalweg zum Gipfel des G II und zurück ins Ausgangslager. Am 29. Juli bricht er von dort zum G I auf, den er über die Nordflanke besteigt, wobei er Fixseile und Camps anderer Expeditionen benützt.

2006

Einer Expedition unter der Leitung von Kari Kobler gelingt die Durchsteigung der Nordostflanke des G II. Ueli Steck, Hans Mitterer und Cedrik Hählen erreichen den Gipfel des Gasherbrum Ost (7772 m). Die Nordflanke am G II wird vorher vergeblich versucht.

2007

Dem Südtiroler K. Unterkircher sowie den Italienern D. Bernasconi und M. Compagnoni gelingt erstmals die Durchsteigung des Nordostpfeilers des G II (8035 m). Gemeinsam brechen sie auf der chinesischen Seite des G II auf. Während Unterkircher und Bernasconi über

G II von Osten mit der Route von Karl Unterkircher und seinen Kameraden

den Gipfel auf die pakistanische Seite gelangen, quert Compagnoni auf einer Höhe von 7800 Meter auf die Westseite des G II, um dort seine Kameraden wieder zu treffen. Gemeinsam steigen sie über die Normalroute auf der pakistanischen Seite ab. Diese Überschreitung des G II gehört zu den kühnsten Taten im Karakorum.

Karl Unterkircher ist ein Jahr später am Nanga Parbat tödlich verunglückt. Wieder wählte er eine von Eislawinen bestrichene Route, an die sich vor ihm niemand gewagt hatte. Zu gefährlich! Sein brillanter Stil aber – Schnelligkeit in der Gefahrenzone, Abstieg über die Gegenseite – ließ ihn den riskanten Gang riskieren. Zusammen mit Walter Nones und Simon Kehrer. Der große Sérac unterm Silberplateau kalbte nicht, aber Unterkircher fiel in eine Gletscherspalte und starb. Wie sich Kehrer und Nones aus der Gefahrenzone nach oben retteten und über Silbersattel und Nordflanke abstiegen ist bewundernswert.

Im Laufe des letzten Jahrzehnts hat sich die
psychologische Situation gänzlich verändert.
GÜNTER O. DYHRENFURTH, 1960

Nachwort – Herausforderungen im Zeitalter des Pistenalpinismus

Wie hat sich doch das Höhenbergsteigen verändert! Als ich im Sommer 1997 im Gasherbrum-Basislager ankam, zählte ich die Zelte nicht, die in einer Mulde entlang der Mittelmoräne des Abruzzi-Gletschers standen – es waren zu viele. Über eine Strecke von zwei Kilometern erstreckte sich die Zeltstadt, und sie wurde immer größer, denn es kamen immer mehr Bergsteiger hinzu. Dabei schienen die einzelnen Gruppen, wenn sie filmten und fotografierten, peinlichst darauf bedacht zu sein, ihre »Expedition« als einzige am Fuße des Berges abzubilden.

Als würde hier ein ganzes Jahrhundert Expeditionsbergsteigen innerhalb eines Sommers im Schnelldurchlauf abgespielt, herrschte ein ständiges Kommen und Gehen, wurde jede Mannschaft auf Erfolg eingeschworen – Nationalhymne, Victory-Gebrüll und Fahnenhissen inklusive – und in einem dritten Mannschaftszelt für den Gipfelgang gepackt. Jede Expeditionsgruppe hoffte stillschweigend, die anderen würden den Weg Richtung Gipfel weiter mit Markierungsfähnchen und Fixseilen präparieren, und drohte dann doch mit Nachstiegsverboten, wenn sie einmal selbst bis zur Spitze der Pyramide vorstieß.

»Über unsere Seile lassen wir keine dieser vielen Parasiten nachsteigen«, hörte ich im Japaner-Zelt, während Amerikaner, die als Erste einen Weg durch den Gasherbrum-Eisbruch gefunden und markiert hatten, überlegten, wo sie nun am Gasherbrum-II-Südwestgrat ihre Hochlagerzelte aufstellen sollten, nachdem sie täglich von später eingetrudelten Expeditionen überholt wurden. Diese Art von Bergsteigen ist nicht meine Sache. Ich nenne es »Pistenalpinismus«, eine Art Tourismus an den Achttausendern.

Das Dilemma aber von Staus an den Hochlagerplätzen und am Gipfelgrat sowie die Aggressionen im Basislager sind die Folge von zu vielen Menschen auf zu engem Raum. Alle Gruppen lagern an einem Platz, alle wählen die eine oder andere der beiden Routen – Südwestgrad (Normalweg) am G II oder Nordflanke über dem Gasherbrum La (Japanercoloir) am G I –, die, beginnend im Gasherbrum-Kessel, am leichtesten zu begehen und mit Fixseilen, Spuren, Lagern zu markieren sind. Andere Möglichkeiten gab es damals nicht, da das Ministerium für Tourismus in Islamabad, das die Genehmigungen für Bergbesteigungen vergibt, aus politischen Gründen – der Grenzkonflikt zwischen Indien und Pakistan in Kaschmir schwelte – alle anderen Flanken am Gasherbrum gesperrt hatte, und von Osten her sind die beiden Berge bis heute wenig erschlossen.

Ich blieb nur eine Nacht im Basislager und zog dann wieder talauswärts, auf der Suche nach stilleren Gegenden. Obwohl ich die Genehmigung hatte, den G I mit Wolfgang Thomaseth zu besteigen, hielt mich allein die Vorstellung, uns in den Gänsemarsch all der anderen Bergsteiger einzureihen und über eine vorbereitete Route zum Gipfel zu steigen, von einem solchen Versuch ab. Ich verzichtete freiwillig.

Trotzdem habe ich Verständnis für eine jüngere Generation von Bergsteigern, die diese Massenaufstiege mitmacht. Es bleibt ihr an den großen Modeachttausendern (Mount Everest, Cho Oyu, Shisha Pangma, Broad Peak, G I, G II) nichts anderes übrig, als Basislager und Aufstieg oft mit über hundert anderen Touristen zu teilen.

Dass es daneben unzählige Siebentausender gibt, die weit schwieriger sind als ein überlaufener G I oder G II, sollte jedoch kein Berg-

steiger außer Acht lassen – ebensowenig die Tatsache, dass das Aus-
gesetztsein, die Eigenverantwortung und die bewusste Suche nach
dem geeigneten Weg wesentlich zum Bergsteigen gehören. Eine Besteigung über eine ausgetretene Spur und der Achttausender-Erfolg
im Tourenbuch sagen wenig über die Qualität einer Tour aus. Erst
die intensive geistige Auseinandersetzung des Kletterers mit seinem ganz persönlichen Berg – angefangen bei der Idee selbst, über
das Hinaufsteigen im geistigen Vorausvollzug, die Aufstellung
selbst gewollter Regeln und die demokratische Erarbeitung einer
Taktik bis hin zum bewussten Verzicht auf Tricks und Hilfen –
macht aus einer Möglichkeit eine Herausforderung und aus einer
Bergtour dann und wann ein Kunstwerk.

 **Messner Mountain Museum**

/WW\ Firmian

Das Herzstück des »Messner Mountain Museum« auf
Schloss Sigmundskron bei Bozen nennt Reinhold Messner
den »verzauberten Berg«. In einem Rundgang über eine
jährliche Sonderausstellung und sechs Türme, in denen
die Entstehung, Erhabenheit und Eroberung der Gebirge
gezeigt werden, erleben die Besucher/-innen Ein- und
Ausblicke in die Welt der Berge.

/WW\ Ortles

Das Museum in Sulden am Ortler, auf 1900 m unter-
irdisch angelegt, ist dem Thema »Eis« gewidmet. Zu
sehen ist die weltweit größte Sammlung von Ortler-Bil-
dern. Dazu der Gasthof »Yak & Yeti« (mit Yakzucht und
Biohof) und in der nähe das Minimuseum Curiosa. Jährliche Sonderausstellung.

/WW\ Juval

Im Museum auf Schloss Juval im Vinschgau, dem Mythos
Berg gewidmet, sind mehrere Kunstsammlungen untergebracht: Tibetika-Sammlung, Bergbildgalerie, Masken-
sammlung aus fünf Kontinenten. Dazu die Ortlhöfe (Wein-
und Biohof) mit Gastwirtschaft, kleiner Bergtierpark und
Bauernladen.

/WW\ Dolomites

Auf dem Monte Rite (2181 m), im Herzen der Dolomiten,
eröffnet sich ein Rundblick auf die spektakulärsten Dolo-
mitengipfel. Das Museum zeigt das Thema »Fels« und
erzählt die Erschließungsgeschichte der Dolomiten mit
einer großen Galerie einmaliger Dolomiten-Bilder von der
Romantik bis heute. Jährliche Sonderausstellung.

/WW\ Bergvölker

Auf Schloss Bruneck im Pustertal wird das fünfte Museum
untergebracht (in Vorbereitung). Mit dem interaktiv angelegten Projekt will Reinhold Messner Gäste aus anderen Bergregionen zum Erfahrungsaustausch mit der bäuerlichen
Bevölkerung vor Ort einladen. Gezeigt werden Exponate aus
der Alltagskultur der verschiedenen Bergregionen und ihrer
Bewohner (z.B. Sherpa, Indios, Tibeter, Mongolen, Hunza).

www.messner-mountain-museum.it

An einem Finger in den Wänden der Welt

Gabriella Baumann-von Arx
Solo
Der Alleingänger Ueli Steck

»Ueli Steck gehört zu jener Hand voll Leuten, die wissen, wie zeitgemäße Herausforderungen gelöst werden können.«

Reinhold Messner

Alexander Huber
Der Berg in mir
Klettern am Limit

Die faszinierende Autobiografie des Ausnahmebergsteigers Alexander Huber: »ein Markenzeichen in der Alpinistenszene.«

Frankfurter Allgemeine Zeitung

Al Alvarez
Wandsüchtig
Linien eines Bergsteigerlebens
Mit einem Vorwort von Ueli Steck

Unvergessliche Momente im Leben der britischen Berg- und Ausrüsterlegende Mo Anthoine.

MALIK ☐ NATIONAL GEOGRAPHIC

10/1069/01/3s